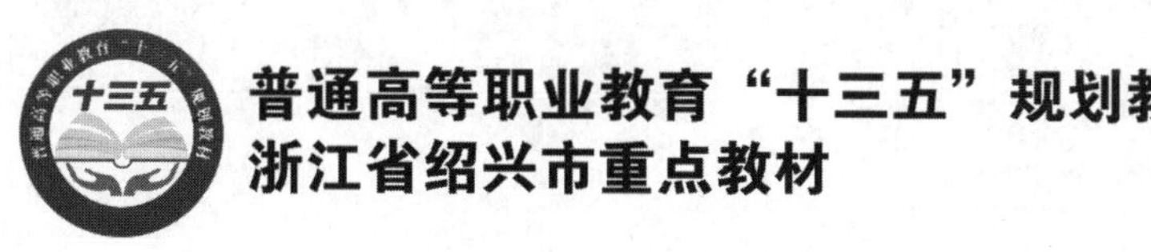

网络创业基础与实务

WANGLUO CHUANGYE JICHU YU SHIWU

主　编◎张立平
副主编◎吕新福　张仕军
姚雨婷

中国人民大学出版社
·北京·

前言

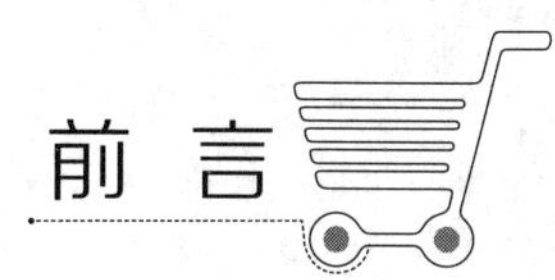

以互联网为代表的信息革命正席卷全球，加速向经济社会各领域渗透融合，不断催生新产品、新业务、新模式、新业态，深刻改变着个人生活、企业生产、经济运行、社会管理和公共服务。伴随着“大众创业、万众创新”浪潮的深入推进，网络创业受到创业者们的青睐。在如今的“互联网+”时代，网络创业的教材需要研究和适应新时代背景下创业者们的创业意愿、创业需求、创业形式的新变化、新特点、新动向，及时调整和修正不合时宜的内容知识，理解、领悟互联网思维，提高创业扶持的实效。

本书创新思路，改变传统教材简单堆积罗列知识的方式，以网络创业的过程为主线，主要介绍了网络创业的基本思维、知识技能、管理模式等，共分为5个项目，具体内容包括网络创业概述、互联网思维、网络创业模式、网络创业路径、网络创业管理。书中案例丰富，知识前沿，以网络创业过程中遇到的问题为原型，与章节内容紧密相关，有助于加深读者的理解，开阔读者视野。书中内容力求突出对技能的培养，把丰富的资讯和图片有机结合在知识点上，在使读者耳目一新的同时增强学以致用的效果。

本书的编写过程其实也是一次“创业”，从酝酿到出版也历经艰难，正所谓“艰难困苦，玉汝于成”。作为创业教育者，我们生当其时，团队凭借坚忍的意志，和衷共济，编书立言，努力为广大网络创业者提供支持。

本书由浙江邮电职业技术学院张立平副教授主持编写。感谢浙江邮电职业技术学院吕新福、浙江工业职业技术学院张仕军、姚雨婷在本书编写工作中的倾情付出，感谢中国人民大学出版社在本书出版中所提供的支持。书中引用了相关网站与著作中的材料，在此向相关作者一并致以诚挚的感谢。

由于编写时间仓促，作者的水平与能力有限，书中尚有不成熟、不完善之处，敬请各位读者和专家海涵，也恳请大家能不吝赐教，提出宝贵的意见和建议！

编者

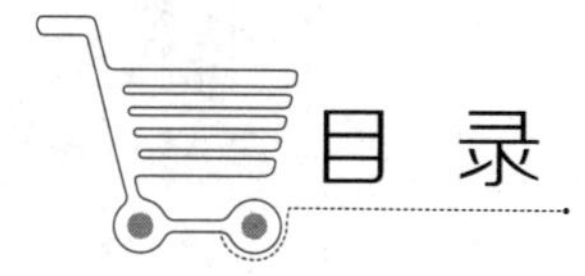

目 录

项目一 网络创业概述

项目介绍

作为21世纪全球经济发展的重要引擎，网络经济不仅有着广泛的应用领域和诱人的发展前景，并且正在成为连接生产、流通和消费等各领域的重要经济活动方式。世界银行《2016年世界发展报告》中指出："随着互联网的广泛应用，我们正身处人类有史以来最伟大的信息技术革命进程之中，充分利用这一变革契机发挥数字红利，建设更为繁华与包容的世界将成为可能。"继农业革命和工业革命之后，以互联网为代表的信息革命正席卷全球，加速向经济社会各领域渗透融合，不断催生新产品、新业务、新模式、新业态，深刻改变着个人生活、企业生产、经济运行、社会管理和公共服务。互联网的发展，也从消费领域持续向生产领域拓展，在以互联网为代表的信息技术驱动下，全球生产力正在经历又一次质的飞跃。中国互联网络信息中心（CNNIC）第40次《中国互联网络发展状况统计报告》显示，截至2017年6月，中国网民规模达7.51亿，互联网普及率达到54.3%。中国互联网行业整体向规范化、价值化方向发展，同时，移动互联网推动消费模式共享化、设备智能化和场景多元化。

面对越来越大的市场需求，面对前景美好的网络市场，越来越多的人开始加入网络创业者的队伍当中，做出大胆的创新和尝试，选择在网络世界另辟蹊径。淘宝就是"招商场"，阿里巴巴就是"批发市场"，京东就是"超级市场"，微店就是"商业街"，自建商场就是"独立门店"，微商就如流动的"路边摊"。下面让我们开始认知网络创业。

项目目标

知识目标

➢ 正确理解创业与网络创业的内涵，熟悉网络创业的核心要素，熟悉网络创业的形式与种类，掌握网络创业的机会识别技巧。

能力目标

➢ 能够运用网络创业的思想分析问题，能正确评估自己的能力与素质，能对网络创业环境进行评价与机会识别。

情感目标

➢ 树立网络创业的意识，培养网络创业精神，规划网络创业。

【引导案例】

“85后”女孩摩拜单车创业背后的故事

“嘿，姑娘，我这儿有辆自行车卖1 000块，你要吗?”

一个女孩儿被问到这个问题，思考了半天，比如“有没有钱?”“使用次数多吗?”“一定要买吗?”，最后犹豫半天也没有结果。但当问题换成“那这样，姑娘，这个自行车骑一下只要1块钱，并可随时随地骑”时，女孩三秒钟就做出决定了。这就是摩拜单车灵感的起源，故事中的女孩是摩拜创始人胡玮炜——一个“85后”女孩。短短2年时间，她就把一个企业从0做到估值高达100亿元，实现从0位数暴增到11位数的逆袭。而实现这个目标滴滴用了3年（2010—2013年）时间，阿里巴巴用了6年（1998—2004年）时间。

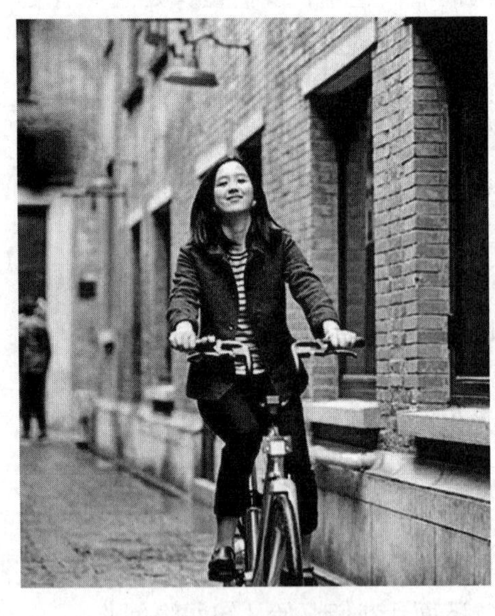

普通人一般没有直面新生事物的勇气，不敢做第一个吃螃蟹的人。在做单车创业项目时，她身边的工业设计师们都在不断地论证做这个事情有多难：会被偷走，不知道应该布在什么地方……反正各种各样的问题被提出来，最后他们就退出了。一开始有很多人在讨论这个话题，最后只有她愿意来研究这个话题，最后变成她来领导这个项目。

或许，我们也曾有过这样的节点，当所有人都在论证做这个事情有多难时，我们的选择是：好吧，我不做了，放弃。还有一个有趣的现象是，很多人会纳闷为什么是一个汽车行业的媒体女记者逆袭成为百亿公司掌门人?

所谓格局有多大，舞台就有多大，格局是可以决定人生维度的。什么是格局？一位古琴老师很形象地说：如果一个人总是住在几十平方米的房间里，给他一个五百平方米的房子住，他会觉得无所适从，空落落的。他的格局还在那个几十平方米的空间……

“我们希望让自行车回归城市，让骑行改变城市。”提到创业，胡玮炜说创业的路上，最大的竞争对手永远都是自己，并称公司实际上正处于婴儿时期，现在谈盈利的问题还太早。

“就算这次失败了，那就当作一项公益吧。”她意味深长地说道。

创新工场是投资摩拜单车的投资人之一，这份投资名单上还有高瓴、华平、腾讯、红杉、启明创投、贝塔斯曼、愉悦资本、熊猫资本、祥峰投资等，几乎所有的带有投资风向标的企业都投了。

这些就足以说明这个小女子不简单。她具备一种能力，一种随时调动各种社会资源的能力！如果你拥有能调动像李开复这样的社会顶级精英社会资源的能力，你想不成功都难！

案例思考："85后"女孩胡玮炜的摩拜单车创业为什么能成功？作为一名互联网创业者，需要具备哪些能力与素质？

模块一 创业与网络创业

一、创业与网络创业的概念

（一）创业

"创业"，在《新华词典》里的定义为"开创事业"。"创"，篆文从刀，仓声，是形声字。"业"，篆文像古代乐器架子横木上的大板，上面刻有锯齿，以便悬挂钟、鼓等乐器，后引申为所从事的学业、事业、职业、行业、就业、产业、创业、工作等。由此可见，创业是"创"字当头，"业"为基础。这就意味着任何一项事业都是一个由无到有、由小到大、由简到繁、由旧到新的创造过程。

学者们从不同的方面对创业进行定义：

创业是新颖的、创新的、灵活的、有活力的、有创造性的，以及能承担风险的过程，许多学者认为，发现并把握机遇是创业的一个重要部分。

创业是包括创造价值、创建并经营一家新的营利型企业的过程，通过个人或一个群体投资组建公司，提供新产品或服务，以及有意识地创造价值的过程。

创业是创造不同价值的过程，这种价值的创造需要投入必要的时间和付出一定的努力，承担相应的金融、心理和社会风险，并能在金钱和个人成就感方面得到回报。

国际管理科学学会的教授协会对创业也有自己广义上的定义：对新企业、小型企业和家庭企业的创建和经营。

综上所述，本书对创业的定义是：创业是这样的一种过程，在这个过程中，某一个人或一个团队，使用组织力量去寻求机遇，去创造价值和谋求发展，并通过创新和特立独行来满足愿望和需求，而不管企业家们手中此时有什么样的资源。

根据以上定义，创业应该包括以下内涵：

（1）企业家。毫无疑问，如果没有一位愿意去做一名企业家要做的事情的人，就不会有创业。因为企业家是创业行动中的关键要素，没有企业家就不会有创业。

（2）创新。创新包括变化、改革、改造，以及新方法的引进。

（3）组织创建。为了寻求已感知到的创新机遇，为了去创造价值，就必须具备有组织的努力和行动。必须有人挑头来做一些事情——采取行动让创业型企业建立并运行起来。

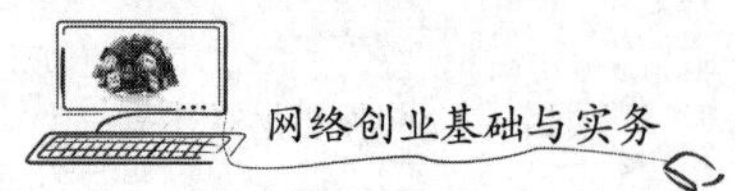

（4）成长。创业型企业区别于其他小型企业的关键点，就是创业型企业侧重于企业的成长。创业是创建一家企业，并在其成长过程中把握住发展机会。它不是停滞不前，或满足于一个市场或一种产品，创业包含着成长。

（5）过程。创业是一系列的进行中的决策和行动。创业不是昙花一现，而是一个需要时间的过程。

综合来看，创业是一种创新性活动，它的本质是独立地开创并经营一种事业，使该事业得以稳健发展、快速成长的思维和行为。走上创业之路，是人生的一个大转折，它是成就自己事业的过程，是自我价值和能力的体现。创业要直接面向社会，直接对顾客负责，个人的收入直接与经营利润连在一起。其实，创业的过程就是解决一个又一个矛盾的过程。“创业最大的好处，就是可以当自己的主人。”

（二）网络创业

“网络创业”这个词早在2000年就出现在一些期刊或杂志中，但是，那时的文章只是用“网络创业”这个词描述当时通过网络进行创业的现象，对于网络创业的具体内涵和特征则没有人去研究。直到近些年，网络创业逐渐成为一种新型的创业模式，被理论界、实业界以及政界所关注，并陆续有人对其概念和特征进行界定，但至今尚未形成统一的认识。因此，在对网络创业进行深入研究之前，我们非常有必要对网络创业的基本概念和特征进行梳理和界定。对于网络创业的概念，龚志周给出的定义是“网络创业是指利用计算机网络及其他电子通信设备，发现和捕捉新的市场机会，提供新的商品或服务，以创造新价值的过程。”

网络创业可以从广义和狭义两个层面来理解。从广义层面来看，凡是以互联网及其他电子网络通信设备为基础，发现和捕捉新的市场机会，通过提供新的商品或服务以创造价值的过程就是网络创业，如建立网站等；从狭义层面来看，以网络平台为基础，发现和捕捉市场机会，通过资源整合而向消费者提供有价值的产品或服务的过程就是网络创业，如在淘宝网上开店。相比而言，广义的网络创业包括狭义的网络创业，狭义的网络创业是在电子商务基础比较发达的情况下的一个普遍创业形式。现在我国比较普遍的网络创业形式是狭义的网络创业。

综合来看，互联网创业就是将创业项目利用互联网思维来完成一种生产力的转变，改革、创新、发展推动新经济形态不断发生演变。互联网创业主要有如下特征：跨界融合、创新驱动、重塑结构、尊重人性、开放生态、连接一切。

二、网络创业的核心要素

网络创业是一个复杂的过程，与现实中的创业相似，涉及多方面的内容。比如说，要实现一个完整的网上购物交易流程，就需要有多方参与主体共同完成，具体包括网店经营者本人、消费者、生产商或上游供货商、第三方物流、第三方支付、银行等。在开网店的初期，还要有工商税务等政府部门、地区电信管理机构、消费者协会等诸多主体的参与。在这个各个主体看似分散但又彼此紧密相连的复杂网络中，信息、资金、商品由此及彼地传递，通过各节点的协作，保证了网络交易活动的顺利开展。

(一) 网络创业中的信息流

网络创业中的信息流主要是指卖家信息、买家信息以及商品信息。

买家信息包括姓名、联系方式、送货地址、诚信度；相对应的，卖家信息包括卖家名称、经营内容、经营实力、信用等级等。商品的信息包括生产厂家、型号、样式、价格、功能等。在商品的各项信息中，最受关注的应当是商品的质量、价格和售后服务信息。

网店经营者将信息放在自己的网店上，展示给数以亿计的买家，其目的是在诸多竞争者之中脱颖而出，实现交易并获得收益，因此，以何种方式来传递这种信息是商家最关注的问题。

1. 网店商品信息的传递

近些年来，淘宝、卓越、当当等知名网店平台不断改进。人们发现这些平台模板在整体格局上越来越简明，越来越方便购买者检索和操作。网店经营者通常认为，网页的内容和产品信息的呈现方式对于网店的成功经营具有重要的意义。当然，内容重要并不是说就可以完全忽略网店的美化与装饰，这里所强调的是以最合理的表现形式为广大顾客提供最全面、最有效的商品信息，最终达到交易的目的。

2. 卖方信息的传递

卖方信息有一些是可视的，如经营商品种类、卖家地址，以及信用等级、好评率，都可以直观地在网店中看到。此外，还有一些隐性因素对网店能否成功经营起着举足轻重的作用。以客户服务为例，如果商家在每次交易时都能提供耐心周到的服务，就会逐渐建立起良好的口碑，不仅可以培养起越来越多的回头客（忠诚顾客），而且可以由这些忠诚顾客带来更多的客户资源。这样，网店得到的就不仅仅是一两个好评那么简单了。再比如售后服务，如果网店对客户的抱怨给予妥善处理，那么这些客户尚有再来光顾的可能，若处理不当，得到一个差评，恐怕就会得不偿失了。

(二) 网络创业中的资金流

资金流是指随着商品实物及其所有权的转移而在营销渠道成员间发生的资金往来。资金流作为电子商务的三个构成要素之一，是实现电子商务活动不可或缺的手段，也是网络创业者最关注的环节之一。

电子支付是目前网上购物采取的主要支付手段。根据中国人民银行发布的《电子支付指引（第一号）》公告："电子支付是指单位、个人（简称客户）直接或授权他人通过电子终端发出支付指令，实现货币支付指令，实现货币支付与资金转移的行为"。广义的电子支付包括三层含义：一是电子支付工具，二是电子支付基础设施或渠道，三是电子支付业务处理系统。三者有机结合，构成了整个电子支付交易形态，改变了支付信息和支付业务的处理方式。狭义的电子支付一般是指电子支付工具及相应的电子支付渠道。常用的电子支付工具有银行卡、电子钱包、电子现金、电子支票等。

对于网店经营者来说，采取多种多样的支付方式满足顾客的多种需求是非常重要的营销手段。目前比较常用的支付手段包括利用第三方支付平台付款、网上银行付款、消费卡付款，以及货到付款等。

第三方支付方式在几种支付方式中占有重要的地位。第三方支付是独立于电子商务商户和银行，为商户和消费者（在交易过程中，消费者也可能是其他商户）提供支付服务的机构。

(三) 网络创业中的物流

物流是指利用现代信息技术和设备，将物品从供应地向接收地准确、及时、安全、保质保量、门到门地移动的合理化服务模式和先进的服务流程。

电子商务物流又称网上物流，是基于互联网技术，旨在创造性地推动物流行业发展的新商业模式；通过互联网，物流公司能够被更大范围内的客户主动找到，能够在全国乃至全世界范围内拓展业务；商家能够更加快捷地找到性价比最适合的物流公司。网上物流致力把全世界范围内最大数量的有物流需求的货主企业和提供物流服务的物流公司吸引到一起，提供中立、诚信、自由的网上物流交易市场，帮助物流供需双方高效达成交易。

在网络创业中，创业者需要考虑的物流要素，主要是指进货时的物流成本，以及客户购买商品后的物流配送两个主要部分。在进货时，店主可选的货源渠道很多，但是降低进货成本，获得优质货物，始终是商家不变的追求，因此，当涉及运货成本时，商家一定要考虑到物流的费用。在为购买者进行物流配送时，选择合适的第三方物流商作为合作伙伴更是至关重要。一方面，合理的配送价格和经常开展的促销活动往往能够吸引购买者的眼球；另一方面，第三方物流商的优质服务，包括服务态度、服务效率等，往往间接地影响着顾客对商家的评价。服务良好的物流商可能会带来更多的交易，服务不佳的物流商可能会给商家带来不好的评价。

在任何一笔网络交易中都离不开信息流、资金流、物流三者的有机结合。信息技术的不断进步和整个系统运作效率的不断提高，为信息流、资金流、物流的融合提供了基本条件。在实现电子交易的过程里，资金流是条件，信息流是手段，物流是过程，而这一切都是为了商家最终满足客户的需要而形成的。

三、网络创业种类

(一) 网上开店与网店加盟

网上开店和网店加盟都是最常见的网络创业形式。

网上开店是指店主（卖家）自己建立网站或通过第三方平台，把商品（形象、性能、质量、价值、功能等）展示给顾客，然后在网络上留下联系方式和支付方式，买卖双方相互联系，最后买家以汇款或网上银行付款的方式与店主进行买卖完成交易的整个流程。网店加盟则是针对货源的一种说法，是具有相对固定的货源的一种网店经营模式，网店加盟店都有上一级的分销商，加盟店代理经营某些特定的商品或服务。

网上开店与网店加盟不同，二者的不同主要体现在进货方面。普通的网上开店要承受更为烦琐的货源管理过程，但是在经营内容和商品类别方面可以有更多的选择和更大的灵活性。如果合理经营，具有鲜明的特色，就会获得更大的利润空间。网上加盟则不具备这些优势。网上加盟通常是为某种品牌或者某类特定的商品做代理，有固定的经营模式和经营品类，在商品选择上会受到非常大的限制，影响网店的经营特色。在整个市场当中，加盟的品牌店会有众多的竞争对手，因为加盟商通常会有很多下级分销商，这就造成低级分销商的产品相似度很高，同质品牌店之间竞争激烈。但是，网店加盟方式有助于节省货源管理的成本，而且品牌的宣传和推广通常由总部负责。

(二) 基于移动网络的创业形式

艾瑞咨询的统计数据显示，经过过去几年移动互联网的高速发展，至 2017 年第一季度，中国移动互联网市场交易规模达到了 22.7 万亿元，环比增长 22.9%（如图 1-1 所示）

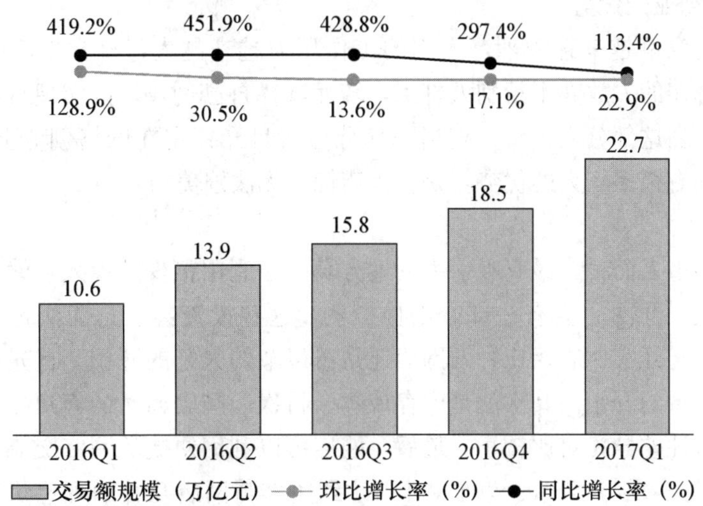

注释：1. 自 2016 年第 1 季度开始计入 C 端用户主动发起的虚拟账户交易规模，历史数据已做相应调整；2. 统计企业中不含银行，仅指规模以上非金融机构支付企业；3. 艾瑞根据最新掌握的市场情况，对历史数据进行修正。

图 1-1　中国第三方移动支付交易规模

随着移动互联网市场的发展壮大，各方网络创业者的焦点也都从电脑的大屏幕转移到了移动终端的小屏幕，基于手机、平板电脑等移动设备的移动网络市场这块大蛋糕引来了各大电商巨头的争抢。目前，很多电子商务网站都已推出自己的移动客户端，如淘宝网、聚美优品、京东商城等网站都有自己的移动客户端，这些网站通过移动应用软件，成功地将自己的营销范围从传统网络扩展到了移动网络。然而，除了这些已有网页版的电子商务网站外，还有一些直接加入移动网络战场的企业，如以手机实用软件、手机游戏软件开发为主的企业。以苹果的 App Store 为例，其中有一部分软件可以免费使用，有一部分软件可以先免费试用初级版然后通过付费的方式进行升级，还有一部分软件需要直接付费购买。这样，在苹果 App Store 上架软件的企业就可以通过软件下载量、内置增值服务、软件销售量等方式获取收入。

(三)“鼠标＋水泥”的创业形式

从越来越红火的本地生活服务网站可以看出，“鼠标＋水泥”这样一种新的创业形式是很有发展潜力的。首先，提到“鼠标＋水泥”，不得不提到的就是 O2O（Online to

Offline）商业模式，其主要的理念就是将线上的消费者带到线下的商店中去，即在线上进行支付，然后去线下商店享受服务。这种方式主要以提供本地服务的团购网站为代表，如美团网、大众点评网等。另外，“鼠标+水泥”还有一种形式，它以ITM（Interactive Trading Mode）的商业模式存在，这种以互动为基础的商业模式主要强调的是在线下体验店进行体验，然后去网站上进行支付，或者在线上进行个性化定制，然后去线下实体店进行体验，满意后付款，这类以钻石小鸟等网站为代表的经营模式给消费者提供了一个体验或检验商品实物的机会。

四、网络创业的优势与面临的挑战及适合人群

（一）网络创业的优势

就业市场的竞争越来越激烈，人们的工作压力越来越大，日常生活的成本越来越高，如今越来越多的人放弃了给别人打工，转而选择自己创业，以实现自我突破或是更高的人生理想。在这部分人当中，相当一部分人将目光锁定在网络创业上。究其原因，在于网络创业拥有很多巨大的优势，是实体店铺所无法媲美的。

1. 投资较小

开网店对很多人而言，最有吸引力的地方莫过于利用很少的投入，就可以拥有自己的店铺。实际上，开网店会有一部分隐性投资，这些投资甚至是无法预测、不可控制的。即便如此，与开实体店相比，开网店还是可以节约大笔的开销。首先可以节约的就是租赁房屋、柜台的开销。其次就是库存成本。再次，网店面对的客户比较广泛，与实体店相比，季节性差异相对比较小。最后，网店可以利用便捷的网络交流工具，如腾讯QQ、阿里旺旺等实现与客户的沟通，可以达到实体与网店互补的理想状态。在移动互联网时代，经营网店拥有更大的自由，开店时间有更大的弹性，比实体店面临的竞争压力小一些。

2. 库存管理成本低

在最初接触到“网店”这个概念的时候，很多人对网店的第一个印象就是零库存。的确，经营网店，库存的管理成本与实体店相比要低很多，甚至可以达到零库存。实体店需要琳琅满目的商品来吸引顾客，给顾客更多的挑选余地，这就需要具备一定数量的库存。实体店如果不能满足顾客挑选的需求，客户就很有可能会流失，从而造成商家的损失。网店经营则不同，网上购物随时随地，其发货有时间差，方便调货，可以将库存管理的成本转嫁给他人。这样一来，如何成功地“转嫁”库存管理成本，就成为网店经营能否成功的关键。这需要店主与其合作伙伴，即网店的供货商之间建立一种长期而稳定的共赢合作关系。因为只有这样，供应商才会随时满足网店经营者的需求，为其随时提货提供最大的便利，甚至允许网店经营者对货物进行更改和无条件退换。

3. 客户资源广阔

网店之所以能够在竞争激烈的环境下仍然让很多新的创业者去尝试，是因为网店的确有利可图。互联网连接着全世界，对于一个网店的店主来说，其客户群体至少可以定

位于全国。这一点与实体店不同，实体店只能将自己的客户锁定在本地区，客户资源要狭窄很多，而在互联网上开店，市场空间是无限大的。

不过，从不同地区的网店购买商品存在商品物流配送的差价问题。从目前物流公司的定价标准来看，配送给外地顾客的商品运费要比配送给本地客户的商品运费略贵些。从顾客的角度来讲，他们会更倾向于购买那些供货商在本地的商家的商品，这就使网店处于一种由于地域关系造成的竞争上的劣势。面对这一问题，商家可以通过适当的促销方式，比如包邮、降低运费、与物流公司洽谈开展优惠活动等方式，实现自己的总价格优势。

在互联网上，顾客来源更为广泛。创业者可以通过互联网获得更多的供货商资源，可选择的空间同样很大，而且产品种类很多，远多于某一特定区域的商品供应种类，这样一来，店主可以从互联网上得到本地缺少的“新、奇、特”商品，从而获得丰厚的利润。

4. 内外部环境相对简单

很多人通过开网店自主创业，是为了避免应对其他工作中纷繁复杂的人际关系。现如今，人们总要面对各种各样的人际交往。对外，要与不同性格、不同背景、不同身份的客户谈判与应酬；对内，要应对与领导、同事这些不同利益群体之间的相处与交际。现代社会竞争激烈、生活节奏快，人们本来就已经背负着沉重的压力，再加上复杂的人情世故，有些人选择放弃“稳定的”工作，转而选择网络创业。

的确，网络创业面对的内外部环境要简单许多。首先，到网店购物的顾客在进行购物时，与店主并非面对面的直接接触，这其实可以很好地缓解买卖双方的情绪，能够形成比较融洽的购物氛围。与在实体店中购物的情形相比，网店在经营过程中更不容易发生买卖双方的冲突。其次，网店的经营规模通常比较小，很多人都是在家办公，这样一来，就可以有效地避免与“同事”这一群体之间发生利益冲突。但是，开网店并非完全不涉及人际交往，与供应商之间的合作与沟通，与物流公司之间的交流与博弈，以及应对不同客户时真诚、细心地答复，仍然需要创业者用心去处理，因为任何一个环节出现问题，都可能会影响到网店的盈利能力。

（二）网络创业面临的挑战

网络创业面临的挑战主要源于网上商店相互之间的竞争关系。由于网上商店都处于共同的互联网平台上，虽然顾客的范围无限地被扩大，但是，商家的数量也是巨大的，对于顾客来说，可选择的余地远远超过了传统商店的经营时代，这对于网络创业者来说无疑是个巨大的挑战，主要表现在以下方面：

1. 能否保持成本优势

网店与实体店相比，成本优势是一个本质优势，然而在商品、网站、网店同质化越来越严重的今天，如何能在与其他同类网店竞争时保持自己的成本优势是极其重要的。对于相互竞争的网店来说，谁能让顾客花费最少的钱办最多的事，谁就能在竞争中取得优势。现代人在购物时，讲求选择性价比最高的商品进行购买，因此，通过牺牲质量取得价格优势，显然不是明智的选择。这就要求创业者必须慎重选择货源，并通过与商家、物流公司合作等一系列的营销手段，从每个细节注重成本的节约，才能取得比他人更大的成本优势。

2. 能否保证商品有竞争力

卖什么始终是网络创业者优先要考虑的问题之一。按商品种类分，可以分为服装、书籍、食品、化妆品、音像制品等；按商品特性分，可分为常规商品和新奇特商品。然而，无论选择哪种商品，创业者都要选择有竞争力的商品，即能卖出好价钱，获得好的销量，为自己带来可观收益的商品。能否保证商品有竞争力，当然不是完全由店主自己决定的，但是店主可以通过一些策略来提高商品的优质化程度。比如商家可以选择自己感兴趣的一类商品，因为兴趣往往使人对商品更为熟悉。这样的商品通常是商家平时比较关注的，更了解市场的行情，更清楚商品的市场价格和发展潮流，甚至有助于商家寻找好的货源并获得更优惠的价格。

3. 能否吸引到消费者

在中国电子商务市场发展得越来越好、范围越来越广的今天，商品的同质化问题也变得越来越严重，如何能使自己的商品在众多相同或相似的商品中脱颖而出，是当今各店主所应该关心的首要问题。店主可以通过更加优惠的价格、更优的产品质量、更多名人的推荐等各项推广促销活动来为自己的产品增加无形的价值，使消费者能够关注到自己的产品，进而购买产品。

4. 能否规避上下游的欺诈

网络是虚拟的世界，开网店就要承担这个虚拟世界中可能存在的风险。在网店经营的每个环节都可能有欺诈行为发生。比如在进货过程中，可能遭遇货品与描述不符等质量问题；在销售环节，可能遭到购买者的欺骗，比如恶意投诉、到期不付款等；在物流方面，可能遭遇物流商服务质量差，配送过程中造成商品损伤、毁坏货物等行为，严重时甚至会殃及网店的信用；还有可能发生的危险，就是遭遇第三方对网站进行的恶意攻击，篡改网页信息，冒充消费者进行交易进而盗取商家账户信息，或以假网站冒充、窃取消费者机密信息，以侵入客户账户进行非法转账。这些都是在网店经营过程中可能遭遇的欺诈行为。

5. 能否获得消费者的信任

如同前面所提到的，网络世界是虚拟的，消费者并不能亲眼见到商品或亲身试验商品，因此网络上消费者的信任是很脆弱的，如何让消费者对店家产生信任是店主应该关注的重要问题。店主应该如实地介绍商品信息，不得出现不实的、夸大的言论；店主在与客户进行沟通的过程中，也应当对消费者提出的疑问进行耐心细致的解答，尽量消减消费者的不信任；店铺的服务人员应该不断地提高自己的专业性，对店铺的产品一定要有一个全面的、专业的认识。

除以上几点外，网络创业者要面临的挑战还有很多，如能否把握最新的市场动态，以超越竞争者的速度占领市场先机；能否以巨大的耐心，定期向自己的顾客做新产品和服务的宣传；能否合理地运用资金，最大限度地压缩经常性开支；能否不断地学习，了解自己所经营商品的最新情况，以及不断地完善自己的营销方式，更好地推广自己的网店等。能够长期坚持做好这些工作并非易事，因此，网络创业者一定要做好应对风险与挑战的心理准备，并且要通过努力，将这些风险降到最低。

(三) 网络创业的适合人群

1. 大学毕业生

大学生的就业形势近些年来受到越来越多的关注，随着高等教育普及程度越来越高，大学毕业生人数越来越多，大学生的就业问题一直是国家亟待解决的重要问题之一。事实上，大学生是非常适合网络创业的人群之一，因为网络创业具有投资小、风险低、灵活性强等特点，适合年纪较轻、有活力、有斗志而又缺少初始创业资金的大学生进行。大学生通常对互联网比较熟悉，很多人都有网上购物的经历，对网上购物有一定的了解，因此在接触这一创业模式时比较容易上手。

2. 赋闲者

赋闲在家的人拥有大量的上网时间，会有更多的精力从事网店经营中一些琐碎、细致的工作。虽然说网店经营可以不必像实体店一样，每时每刻都在店里等着顾客的到来，为顾客提供服务，但是，一些销售量比较大的网店，店主甚至要花费比实体店更多的时间来不断更新自己网店的商品、为顾客提供售前客服、进行物流和发货管理等。因此，这些琐碎、庞杂的网店工作很适合拥有大量时间的人员从事。

3. 实体店经营者

由于开设网店所需投入的成本、时间和精力都相对较少，因此实体店经营者可以选择“双管齐下”的方式，在开设实体店的同时，也在网上建立自己的网店。首先，实体店经营者拥有丰富的货源，即实体店里卖的产品都可以拿到网上去卖；其次，实体店经营者可以利用没有客户的时间来经营网店生意；最后，实体店经营者拥有丰富的经验，可以选择适合自己的宣传推广方式及服务方式。

4. 有特殊货源者

一些有特殊货源的人，能买到其他人需要却买不到的东西，或以更优惠的价格买到其他人需要的东西，如最近越来越火热的代购店家。代购一般有海外代购和国内代购两种。海外代购大部分是在国外工作、学习的人员，或者经常到国外出差的人员，替国内的消费者在国外购买一些国内买不到或者国内价格很高的商品；国内代购一般是一些商场的内部员工或者 VIP 会员帮助其他消费者以更优惠的价格购买商品。

5. 其他

除上述几类人群之外，其实还有很多类人都适合网络创业，如在校大学生可以利用课余时间进行网络创业；一些想创业却资金较少的人员也可以利用网络创业来试水或筹资。网络创业一旦符合市场需求，星星之火就可以燎原。

与其他创业形式相比，网络创业具有投资小、难度低、操作性强等特点，即使仅做一次创业的尝试，也是一个不错的选择。因此，只要为自己的网店找好市场定位，做好做足每个环节的工作，拥有合理的规划和足够的耐心，网络创业很容易取得成功。

模块二　网络创业者与创业环境

一、创业者的素质与能力

创业是极具挑战性的社会活动，是对创业者自身智慧、能力、气魄、胆识的全方位考验。一个人要想获得创业成功，必须具备基本的创业素质。作为创业者，必须具有优良的道德品质、坚韧不屈的精神、坚定不移的信念、丰富的经验、渊博的知识、充沛的体力和精力等优秀素质。进行网络创业，尤其要注重以下素质与能力：

（一）社交能力

社交能力非常重要，是必备能力的第一位。会社交是一种能力，更是一种软实力。特别是在中国的社会环境中，人脉能够发挥的作用很大。

总的来说，互联网行业就是一个小圈子，创业要成功，社交人脉是必需的。因为人脉在一个人的互联网职业生涯中会贯穿始终。作为一个创业者，寻找人才需要人介绍，谈业务需要人介绍，融资更需要人介绍。比如雷军作为天使投资人就有一个投资准则，看人胜过看项目，只投熟人和熟人的熟人。目前中国互联网界的大佬们的社交图谱无不如此。曾有媒体总结过，中国互联网行业创业有十大派系，分别是金山系、谷歌系、腾讯系、百度系、携程系、雷军系、蔡文胜系、周鸿祎系、搜狐系、网易系。一年一度的乌镇互联网大会，众多互联网大佬齐聚在一张桌子上，把酒言欢，就是开展社交、拓展人脉的体现。

（二）快速接受新事物的能力

互联网行业是一个充满着变数、随时随地都会产生变革的行业。作为一个互联网人，就需要随时准备拥抱变化和接受新事物。同样的，每一次互联网行业的变革，都会涌现一批优秀的创业公司。正如互联网上一句非常流行的话：站在风口上，猪都能飞起来。在一款具有潜力的产品类型诞生后，从业者如果能够保持高度的敏感性，并能投身其中，就有可能获得回报。

总之，在互联网行业，要想做得好，就要时刻对新科技和新产品具有强烈的好奇心和敏感度。比如最近流行的智慧城市、人工智能等。如果你想觅得其中的良机，就一定要时刻关注它们，并尽快搞懂它们到底是什么，并判断是否有价值，从而迅速介入。在微博大火的时代大赚一笔的酒红冰蓝就是一个案例。酒红冰蓝曾经是一个失败的站长，在微博火起来的时候，她迅速切入，顺利地由一个家庭主妇转变成为一个成功的微博营销公司老总。

小知识

马云口中的“五新”分别是：新零售、新制造、新金融、新技术和新资源。

（1）新零售：未来没有电子商务这一说，只有新零售这一说，也就是线上、线下和物流结合在一起，只有这样才能诞生真正的新零售。

(2) 新制造：过去制造讲究规模化、标准化，但未来30年制造讲究的是智慧化、个性化、定制化。

(3) 新金融：未来的新金融必须支持新的八二理论，也就是支持80%的中小企业和个性化企业。

(4) 新技术：原来的机器吃的是电，以后的机器吃的会是数据。

(5) 新资源：数据是人类第一次自己创造出来的资源，而且数据越用越值钱。

(三) 学习能力

互联网行业是一个复杂和交叉的行业，有时候除了你的专业能力，还需要你具备多种能力。特别是你作为一个互联网创业者，就更需要有跨界的思维。

假如你是程序员出身，就需要学习一些营销知识；如果你是一名市场营销人员出身，就需要了解一些技术工作流程或一些术语；如果你以前是做产品的，就更需要懂技术、市场或营销，因为这些都是必不可少的。互联网行业对一个人的综合能力要求非常高，复合型人才是最容易成长的，也是创业过程中最容易成功的。对于一些新技能，不会也没关系，只要具备学习能力，你大可以发挥互联网上学习的便利性，通过互联网来学习到各种各样的技能。

(四) 坚持做到极致的毅力

总有一天，你会明白坚持会是一个人最核心的竞争力。如果你做了自己喜欢做的事情，就要坚持下去。持之以恒地坚持做一件正确的事情，带来的收益是巨大的。相对来说，互联网公司的成长周期是比较快的，但也不要寄希望于一夜暴富，或很短时间内能够成名。马云、马化腾、刘强东都经过长期的努力奋斗才成功。

(五) 做感兴趣事情的专注力

做自己感兴趣的事情是走向成功的必备条件。这不是心灵鸡汤，是很多过来人总结的经验。其实之前说的学习能力也跟兴趣有关系，如果没有兴趣，相信没有人愿意花费额外的功夫去钻研。企业家马克·库班在《创业12法则》一书中说过："一件事如果不是你所爱的、令你着迷的，那么就不要创业。"的确，当一个人的注意力聚焦在所做的事情上，并且他的处理速度趋近于接收速度，然后思维再跟上所做的事情，就能取得很好的效果。

(六) 充沛的精力

成功的互联网人通常都具有非常充沛的精力。周鸿祎曾经说他一年看300多本书，几乎是每天一本书。而且他还管理着一家市值超百亿的互联网公司，还坚持写微博、做演讲、开自媒体专栏。当然，作为一个互联网企业家，他肯定不是一个人在战斗，肯定有助理在帮忙打理微博、微信，但即使不用自己写，单单只是看书和思考的时间也足以耗费他很多精力。

毋庸置疑，从事互联网类职业就是从事一个体力和脑力都有巨大消耗的职业。早出晚归、起早贪黑，加班更是常态，这就需要互联网创业者具有充沛的精力，战胜疲惫，从容面对快速变化的行业，从而获得更大的发展。

（七）生命力——健康的体魄

前面提到充沛的精力，就不能不说到健康。这跟行业无关，但却是最为关键的。作为一个人，健康的体魄是必需的，如果你不能保证自己具有顽强的生命力，那你之前的一切奋斗都将是白费。李开复用自己的亲身经历给我们上了教训深刻的一课。正如李开复在病中的感悟一样：我以前常说，我们太多的时间花在了事业和金钱上，没有足够地思考兴趣和理想。但是生病了，才知道最珍贵的是亲情和友情，最不能失去的是健康。

总之，生命的意义在于奋斗，但如果没有了健康，又如何享受奋斗得来的成果呢？所以，奋斗在互联网一线的小伙伴们，珍惜自己的身体吧，无论你的事业是否成功，健康地活着才是最重要的。

二、创业者自我评估

创业这条路并不适合每一个人，十个创业的人中能成功一个就很不错了，所以想创业，你首先需要进行自我创业评估。创业者的自我评估，主要是对个人的身体情况、创业意识、创业心理品质、创业能力等内在因素进行的综合分析，以确定自己是否适合创业。如果评估出自己适合创业，还要进一步考虑自己适合在哪些行业创业，以什么项目为切入点进行创业等问题。

（一）身体情况

创业者的身体情况主要是指健康和精力两个方面。几乎所有的企业家都认为健康和精力充沛是成功创业的前提，这里的健康不仅指身体处于没有疾病的状态，体格强壮，能够支撑长时间的工作，而且指在心理上能够承受外界的压力，能对环境的变化做出相应的调整，能够以一种恰当的心态面对工作和生活中的问题。心理健康对企业家的成功尤其重要，它往往是一个人能够承受巨大压力的前提。除此之外，创业者应当是精力充沛的人。他们的工作时间常常要比他们的雇员长，可能一天工作长达 12 小时，特别是在事业初创阶段，每天甚至高达 16 小时，工作时间长加上巨大的风险与压力，没有过人的精力是很难出色高效地完成工作的。因此，大学生在准备创业前首先应该考察自己的身体条件能否适合高强度的创业。

（二）创业意识

创业意识主要由创业需要、创业动机、个人兴趣、个人理想、个人信念、世界观等因素构成。强烈的创业意识是创业实践活动赖以开展的最初诱因和最初动力。只有拥有强烈的创业意识，才能激活创业者的创业激情，使其产生克服艰难险阻的大无畏精神与坚强的意志，为了自己的理想坚持不懈地向前奋进。所以说，创业意识是影响创业活动的主观意识因素，缺乏强烈的创业意识的人不太适合创业。对此，准备创业的大学生可以通过自设“我为什么要选择自主创业”“我所选择的未来行业是否是最喜欢的或是最擅长的”“我一定要创业还是找一份稳定的工作”“如果家人不支持我创业，我会因此而动摇或退缩吗”等问题进行自评。

（三）创业心理品质

创业心理品质是开展创业活动的精神支持力和推动力，主要包括个人的自信心、冒险精神、坚韧性、克制性、适应性、合作性等。“如果市场的竞争很激烈，我会是最后的胜利者吗?”“如果市场机遇出现，我是否敢大胆投入资金?”“三番五次的失败后，我能否继续支持下去?”“我是否愿意并善于与人合作?”等问题都是对个人创业心理品质的考查。大学生可以设置类似的问题进行自我分析。

（四）创业能力

创业能力是一个人创业成功的重要保障，也是评价自我是否适合创业的一个硬性指标，主要包括自身的专业知识和专业技术、经营管理能力（包括善于经营、善于管理、善于用人、善于理财等）、综合能力（包括理性认识能力、综合感知能力、捕捉机遇能力、公关能力、应变能力等）。

以上是创业者在进行自我评估时需要考查的重要因素。实际评价可通过与他人的行为、能力进行横向对比，发现自我认识的错位。“不识庐山真面目，只缘身在此山中”，这是一些人不能对自己做出正确自我评价的原因之一。

小贴士

创业成败的十个基本问题

创业成败的十个基本问题可供有意创业者做自我评估。对于这十个问题，如果你能够清楚回答，而且获得的都是正面答案，那么就可尽管大胆地启动创业计划。但如果这十个问题中有部分还不清楚或还未具备条件，建议你对于创业还要慎重考量。因为仓促创业，半途失败的概率很大。

(1) 你是否具有一个能够振奋人心的愿景？这个愿景必须是远大且清晰的，除了能使自己兴奋，也能激发他人追随你一起创业。

(2) 你是否具有强烈的创业企图心？唯有强烈的企图心才能化为持久的行动与坚持的毅力，没有强烈企图心的人一般不太适合创业，这点创业者自己必须要三思。

(3) 你是否勇于承诺愿意承担风险与愿意吃苦耐劳？能够勇敢地在公开场合向大众做出承诺的创业者，他的决心与行动力就不会令人质疑。

(4) 你是否看到一个具有潜力的市场机会？必须是一个潜力够大，且在可见的未来能够被实现的市场机会，当然也需要能够大略估计实现市场潜力所需要的时间与资源条件。

(5) 你是否提出了一个明确可行且能够结合市场机会的创业构想？这个创业构想必须具有一定程度的创新以及能带来市场竞争优势。

(6) 你是否拥有一个能够创造利润的创新经营模式？并且能够描述经营模式中顾客、核心策略、资源能力、价值网络各要素的内涵与创造利润的可能方式。

(7) 你是否拥有足以判断产业相关技术与产品发展的专业能力？

(8) 你是否拥有足以经营管理一个新生企业发展的经验与能力?

(9) 你是否拥有带领团队前进的领导与沟通能力?

(10) 你是否拥有能够协助企业取得各项必要资源的网络关系能力?

三、网络创业环境评价

创业环境是一系列概念的集合体，是各种因素综合的结果，正确认识和了解创业环境的前提是对创业环境进行评价。创业环境是指与创业活动相关联的因素的集合，包括宏观环境、行业环境和微观环境。

宏观环境又叫总体环境，是指给企业造成市场机会或环境威胁的主要社会力量，包括政治、经济、社会、技术、自然和法律等因素。

行业是指提供同一类产品（或服务）或提供具有可替代性产品（或服务）的企业群。行业环境分析的内容包括行业的生命周期阶段、行业的进入与退出障碍、行业的需求及竞争状况、行业主导技术的发展趋势及行业的发展前景。

微观环境是指企业的顾客、竞争者、营销渠道和有关公众等对企业营销活动有直接影响的各种因素。

创业者在对地区的环境因素进行评价时要考虑以下几个方面：对该地区的熟悉程度如何；在该地区有多大的影响力；新创企业在这个地区内将会有何影响；地区的人文和支持体系是否完善；地区的基础设施是否满足创业等。

(一) 对宏观环境因素的分析评价

1. 政治法律因素

一些政治因素对创业行为有直接的影响，但一般来讲，政府主要通过制定一些法律和法规来间接影响创业活动。因此，作为创业者应具备一定的政治头脑与法律意识。

2. 经济因素

一个企业经营成败与否，在很大程度上取决于整个经济运行情况，创业者要善于对经济因素进行分析。与企业经营有关的经济因素主要包括：整个国民经济的发展状况、产业结构的构成与发展、价格的升降和货币升贬值、银行利率的升降和信贷资金的松紧程度等。

3. 社会因素

社会因素包括社会文化、社会习俗、社会道德观念、社会公众的价值观念、职工的工作态度以及人口统计特征等。变化中的社会因素影响社会对企业产品或劳务的需要，也能改变企业的战略选择。因此，创业者需要在创业前对有关的社会因素加以考虑。

4. 技术因素

技术的进步可以减少或消除企业间的成本壁垒，缩短产品的生产周期，极大地影响企业的产品、服务、市场及竞争地位，可以带来比现有竞争优势更为强大的新的竞争优势。对于创业者来说，能正确识别和评价关键的技术机会与威胁是至关重要的。

5. 自然环境因素。

自然环境主要指企业所在地的全部自然资源。对于创业者，应该基于资源从事创业，对于选定的创业项目，需要认真地分析是否有足够的资源来支持创业企业的生存与发展。

（二）对行业环境因素的分析评价

1. 新进入者的威胁

新进入者是行业的重要竞争力量，它会对本行业带来很大威胁，称之为进入威胁。进入威胁的大小取决于进入障碍和原有企业的反击程度。如果进入障碍高，原有企业激烈反击，进入者则难以进入本行业，进入威胁就会小；反之，进入威胁就会大。

2. 其他利益相关者

其他利益相关者可能是股东、员工、政府、社区、借贷人、贸易组织以及一些特殊利益集团。它们各自对企业的影响大小不同。创业者从创业初始就应该适当考虑与利益相关者的价值均衡的问题及他们对创业的影响。

3. 与现有竞争者的抗衡

行业内企业之间存在着竞争，其竞争程度是由一些结构性因素制约的。每个行业的进入和退出障碍是不同的，理想的情况是进入屏障高而退出屏障低。这样，新进入者扩张会受到阻挡，而不成功的竞争者将退出该行业，企业就会获得稳定收益。

4. 替代品的竞争压力

所谓替代品，就是满足同一市场需求的不同性质的产品。例如，塑料替代钢材、空调替代电扇等。科学技术的发展将导致替代品的不断增多。创业者在制定战略时，必须识别替代品的威胁及程度，顺应时代潮流，尤其对于采用最新技术、最新材料的产品更需要高度关注。

（三）创业环境评价的原则

1. 全面性原则

影响创业环境的因素有很多，既有内部因素也有外部因素，既有宏观因素也有微观因素，既有社会因素也有自然因素。这些因素涉及市场、行业、经济、环境、政治、社会等各个方面，因此，在评价创业环境时，要全面考虑、综合评价。

2. 科学性原则

创业环境评价的科学性体现在评价指标的科学性和评价方法的科学性。对于评价指标而言，科学性表现在两个方面：第一，指标是在实证的基础上确定的；第二，在参考国外评价指标体系的基础上，是结合中国实际确定的。评价方法的科学性体现在对关键指标要采取定性分析方法，然后结合定量分析方法进行评价。

3. 重要性原则

在坚持全面性原则的基础上，我们需对影响创业环境的指标进行分类，对影响创业机会的关键指标采用定性的方法，这也是创业环境评价的第一步；同时，考虑不同地区、不同省份、不同历史阶段的差异性，对创业环境指标体系要进行调整，保留影响创业环境的关键要素，去掉对创业环境影响不大的因素。

四、识别网络创业机会

机遇总喜欢光顾有准备的人。机会识别是创业的开端，也是创业的前提。围绕创业机会，有些基本的问题是所有想创业的人都关心的，比如：为什么是他而不是别人看到了机会？未经系统论证调查的（甚至可以说偶然发现的）机会是否是成功的创业机会？机会识别要进行哪些可行性论证？

(一) 关注环境的变化中的商机

市场环境的变化会给各行各业带来良机，人们透过这些变化能发现新的前景。变化可以包括：(1) 产业结构的变化；(2) 科技进步；(3) 通信革新；(4) 政府放松管制；(5) 经济信息化、服务化；(6) 价值观与生活形态化；(7) 人口结构变化。

对于创业者来说，可以结合自身情况来判断与选择创业机会。

1. 先前经验

在特定产业中的先前经验有助于创业者识别机会。有调查发现，70%左右的创业机会，其实是在复制或修改以前的想法或创意，而不是全新创业机会的发现。

2. 专业知识

在某个领域拥有更多专业知识的人，会比其他人对该领域内的机会更具有警觉性与敏感性。例如，一位计算机工程师就比一位律师对计算机产业内的机会和需求更为警觉与敏感。

3. 社会关系网络

个人社会关系网络的深度和广度影响着机会识别，这已是不争的事实。通常情况下，建立了大量社会与专家联系网络的人，会比拥有少量网络的人容易得到更多机会。

4. 创造性

从某种程度上讲，机会识别实际上是一个创造过程，是不断反复地创造思维的过程。在许多产品、服务和业务的形成过程中，甚至在许多有趣的商业传奇故事中，我们都能看到有关创造性思维的影子。

(二) 构思创意，抓住机会

创业因机会而存在，而机会是具有时间性的有利情况。纽约大学柯兹纳教授认为机会就是未明确的市场需求或未充分使用的资源或能力。机会具有很强的时效性，甚至瞬间即逝，一旦被别人把握住也就不存在了。而机会又总是存在的，一种需求被得到满足，另一种需求又会产生；一类机会消失了，另一类机会又会产生。大多数机会都不是显而易见的，需要去发现和挖掘。

对机会的识别源自创意的产生，而创意是具有创业指向同时具有创新性的想法。在创意没有产生之前，机会的存在与否意义并不大。有价值潜力的创意一般具有以下基本特征：

(1) 独特、新颖，难于模仿。创业的本质是创新，创意的新颖性可以是新的技术和新的解决方案，可以是差异化的解决办法，也可以是更好的措施。另外，新颖性还意味着一定程度的领先性。不少创业者在选择创业机会时，关注国家政策优先支持的领域就是在寻找领先性的项目。新颖性还可以加大模仿的难度。

（2）客观、真实，可以操作。有价值的创意绝对不会是空想，而要有现实意义，具有实用价值，简单的判断标准是能够开发出可以把握机会的产品或服务，而且市场上存在对产品或服务的真实需求，或可以找到让潜在消费者接受产品或服务的方法。

（3）有潜力的创意必须具备对用户的价值与对创业者的价值。创意的价值特征是根本，好的创意要能给消费者带来真正的价值。创意的价值要靠市场检验，好的创意需要进行市场测试。

需要注意的是，创意与点子不同，区别在于创意具有创业指向，进行创业的人在产生创意后，会很快甚至同时把创意发展为可以在市场上进行检验的商业概念。商业概念既体现了顾客正在经历的也是创业者试图解决的各种问题，还体现了解决问题所带来的顾客利益和获取利益所采取的手段。例如，帮助球手把打丢的球找回来是一个创意，容易把球打丢是实际存在的问题。而有人试图要解决这个问题，在高尔夫球内安置一个电子小标签，开发手持装置搜索打丢的球是解决问题的手段。

创业机会指那些适合创业的机会。看到机会、产生创意并发展成清晰的商业概念意味着创业者识别到了机会，至于发展出的商业概念是否值得投入资源开发，是否能成为有价值的创业机会，还需要认真地论证。

（三）做好市场测试，准确把握机会

创业者对机会的评价来自他们的初始判断，而初始判断通常是假设加简单计算。牛根生在谈到牛奶的市场潜力时说：民以食为天，食以奶为先，而我国人均喝奶的水平只是美国的几十分之一。这就是他对乳制品机会价值的直观判断。这样的判断看起来不可信，甚至会觉得有些幼稚，但却是有效的。假设加上简单计算只是创业者对机会的初始判断，进一步的创业行动还需依靠调查研究，对机会价值做进一步的评价。

创业者经常容易犯的错误是，自己认为是好的，则一厢情愿地断定顾客也应该认为好。如何确定顾客的偏好，通常可以采用市场测试的方法，将产品或服务拿到真实的市场中进行检验。市场测试可以说是一种比较特殊的市场调查，是创业者必须学习的必修课程。市场测试与市场调查不完全相同，询问一个消费者是否想购买和这位消费者实际是否购买很多时候是两回事。雀巢咖啡为打开中国市场，选择一些城市向住户投递小袋包装咖啡就是一种市场测试。

商业模式是产品、服务和信息流的一个体系架构，包括说明各种不同的参与者以及他们的角色，各种参与者的潜在利益，以及企业收入的来源。商业模式设计也是机会识别和论证工作的一部分，尽管创业者在机会识别阶段难以设计出完整的商业模式。

需要注意的是，不能把盈利模式简单等同于商业模式。例如将福建的茶叶贩到俄罗斯再高价卖出是盈利模式，报纸通过低价和好的新闻扩大读者群吸引企业在报纸上做广告进而赚取企业的广告费也是盈利模式。但这样的盈利模式容易被模仿。盈利模式仅仅是商业模式的一部分，商业模式往往包含了更长链条的盈利逻辑。只有开发出有效的商业模式，才能激发足够多的顾客、供应商等参与合作，创建成功的新企业才更具有可行性。

(四) 网络创业的 SWOT 分析

SWOT 分析，即基于内外部竞争环境和竞争条件下的态势分析，就是将与研究对象密切相关的各种主要内部优势、劣势和外部的机会和威胁等，通过调查列举出来，并依照矩阵形式排列，然后用系统分析的思想，把各种因素相互匹配起来加以分析，从中得出一系列相应的结论，而结论通常带有一定的决策性。

运用这种方法可以对研究对象所处的情景进行全面、系统、准确的研究，从而根据研究结果制定相应的发展战略、计划以及对策等。

S（Strengths）是优势、W（Weaknesses）是劣势，O（Opportunities）是机会、T（Threats）是威胁。按照企业竞争战略的完整概念，战略应是一个企业“能够做的”（即组织的强项和弱项）和“可能做的”（即环境的机会和威胁）之间的有机组合。SWOT 分析模型如图 1－2 所示。

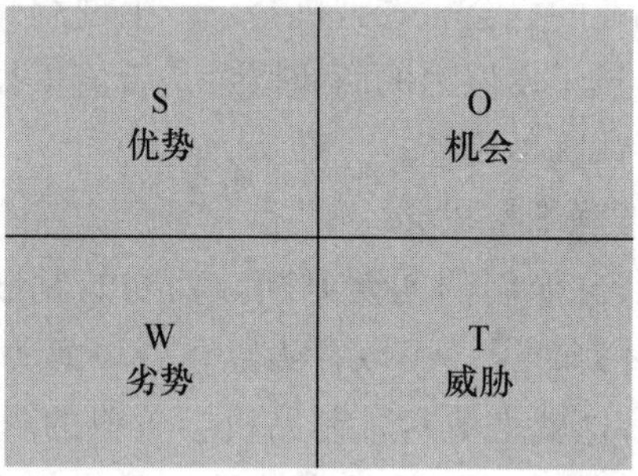

S 优势	O 机会
W 劣势	T 威胁

图 1－2　SWOT 分析模型

优势是组织机构的内部因素，具体包括：有利的竞争态势；充足的财政来源；良好的企业形象；技术力量；规模经济；产品质量；市场份额；成本优势；广告攻势等。

劣势也是组织机构的内部因素，具体包括：设备老化；管理混乱；缺少关键技术；研究开发落后；资金短缺；经营不善；产品积压；竞争力差等。

机会是组织机构的外部因素，具体包括：新产品；新市场；新需求；外国市场壁垒解除；竞争对手失误等。

威胁也是组织机构的外部因素，具体包括：新的竞争对手；替代产品增多；市场紧缩；行业政策变化；经济衰退；客户偏好改变；突发事件等。

使用 SWOT 分析工具的目的是让分析者清晰并客观地了解自己（或被分析者）在竞争中处于何种地位、具备哪些可利用的有利资源条件，为将来采取何种竞争策略提供现实依据。SWOT 分析是将创业各方面的条件进行综合和概括，进而分析项目的优劣势、面临的机会与威胁的一种方法。

优劣势分析主要是着眼于企业自身的实力及其与竞争对手的比较，而机会和威胁分析将注意力放在外部环境的变化及对企业的可能影响上。在分析时，应把所有的内部因素（即优劣势）集中在一起，然后用外部的力量来对这些因素进行评估。

SWOT 分析步骤如下：

(1) 罗列企业的优势和劣势，可能的机会与威胁。

(2) 优势、劣势与机会、威胁相组合，形成 SO、ST、WO、WT 策略。

(3) 对 SO、ST、WO、WT 策略进行甄别和选择，确定企业目前应该采取的具体战略与策略。

具体讲解如下：

A. 竞争优势（S）是指一个企业超越其竞争对手的能力，或者指企业所特有的能提高企业竞争力的东西。

例如，当两个企业处在同一市场或者它们都有能力向同一顾客群体提供产品和服务时，如果其中一个企业有更高的赢利率或赢利潜力，那么我们就认为这个企业比另外一个企业更具有竞争优势。

竞争优势包括以下几个方面：

● 技术技能优势：独特的生产技术，低成本生产方法，领先的革新能力，雄厚的技术实力，完善的质量控制体系，丰富的营销经验，上乘的客户服务，卓越的大规模采购技能。

● 有形资产优势：先进的生产流水线，现代化车间和设备，拥有丰富的自然资源储存，吸引人的不动产地点，充足的资金，完备的资料信息。

● 无形资产优势：优秀的品牌形象，良好的商业信用，积极进取的公司文化。

● 人力资源优势：关键领域拥有专长的职员，有积极上进的职员，员工有很强的组织学习能力、丰富的经验。

● 组织体系优势：高质量的控制体系，完善的信息管理系统，忠诚的客户群，强大的融资能力。

● 竞争能力优势：产品开发周期短，有强大的经销商网络，与供应商良好的伙伴关系，对市场环境变化的灵敏反应，市场份额的领导地位。

B. 竞争劣势（W）是指某种企业缺少或做得不好的东西，或指某种会使企业处于劣势的条件。可能导致内部弱势的因素有：

● 缺乏具有竞争意义的技能技术。

● 缺乏有竞争力的有形资产、无形资产、人力资源、组织资产。

● 关键领域里的竞争能力正在丧失。

C. 企业面临的潜在机会（O）是影响企业战略的重大因素。企业管理者应当确认每一个机会，评价每一个机会的成长和利润前景，选取那些可与企业财务和组织资源匹配、使企业获得的竞争优势的潜力最大的最佳机会。潜在的发展机会可能是：

● 客户群的扩大趋势或产品细分市场。

● 技能技术向新产品新业务转移，为更大客户群服务。

● 前向或后向整合。

- 市场进入壁垒降低。
- 获得购并竞争对手的能力。
- 市场需求增长强劲，可快速扩张。
- 出现向其他地理区域扩张，扩大市场份额的机会。

D. 危及企业的外部威胁（T）是存在某些对企业的盈利能力和市场地位构成威胁的因素。管理者应当及时确认危及企业未来利益的威胁，做出评价并采取相应的战略行动来抵消或减轻它们所产生的影响。外部威胁可能是：

- 出现将进入市场的强大的新竞争对手。
- 替代品抢占公司销售额。
- 主要产品市场增长率下降。
- 汇率和外贸政策的不利变动。
- 人口特征，社会消费方式的不利变动。
- 客户或供应商的谈判能力提高。
- 市场需求减少。
- 容易受到经济萧条和业务周期的冲击。

创业之初，团队还没有真正介入市场竞争，首先，需要了解：目标行业市场中同类产品及其替代产品的销售分布情况；市场容量有多大；目前目标市场供求关系如何；主要供应商各自的市场占有率如何；目标市场进入门槛如何；主要竞争企业的资源配置情况如何；不同品牌间消费群的差异如何；包括政策环境影响在内的，未来目标市场的总体趋势如何；等等。

其次，用上述这些内容来对比自身现状，先找出优势，如自身和团队的能力优势——自身具备的哪些有利于将来竞争的能力是其他竞争者没有或是比较薄弱的；资源优势——包括资金、社会关系（人脉）、针对性的保护政策、渠道、成本、专利、技术、客户以及自然环境等各方面资源中，哪些是竞争者不具备或是不充分的；管理优势——是否掌握了新的更为高效运营模式或盈利模式，且这种模式是目标竞争者尚未采用的或是无法模仿的。

再次，需要了解企业在这些方面存在哪些劣势，分析潜在威胁。首要的威胁是关于市场进入的门槛，其次是可能的资源消耗情况，即现有资源能够让企业支撑多长时间，在这段时间内，企业有无可能达成基本的盈利目标；而后是产品及其技术的生命周期对企业的竞争目标的达成有何影响；政策环境或市场环境的变化对企业有何不利的影响；以及其他可能的干扰因素的影响；等等。

最后，企业结合自身优势，对比威胁因素，找出可能的机会，比如有无可能发现或掌握新的资源，有无可能发现客户新的价值需求；有无可能找到一些新的方法以规避或减少不利因素的影响；等等。

从整体上看，SWOT 分析可以分为两个部分：第一个部分为 SW，主要用来分析内部条件；第二个部分为 OT，主要用来分析外部条件。利用这种方法可以从中找出对自己有利的、值得发扬的因素，以及对自己不利的、要避开的东西，发现存在的问题，找出解决办法，并明确以后的发展方向。根据这个分析，可以将问题按轻重缓急分类，明确哪些是急需解决的问题，哪些是可以稍微拖后一点儿的事情，哪些属于战略目标上的障碍，哪些属于战术上的问题，并将这些研究对象列举出来，依照矩阵形式排列，把各种因素相互匹配起来加以分析，从中得出一系列相应的结论。

小　结

随着网络的发展与普及，网络创业开始成为众多创业者的选择，并且开展得很火热。作为创业者，必须正确理解创业与网络创业的内涵，熟悉网络创业的核心要素，熟悉网络创业的形式与种类，掌握网络创业的机会识别技巧。能够运用网络创业的思想分析问题，能正确评估自己的能力与素质，树立网络创业的意识，培养网络创业精神，规划网络创业目标。

简答题

1. 简述网络创业的内涵。
2. 简述网络创业的核心要素。
3. 简述网络创业的种类。
4. 简述网络创业环境评价的内容。
5. 简述网络创业机会识别的方法。

案例思考

无论是“大学生心灵导师”李开复，还是“创业教主”周鸿祎，都曾奉劝：学生最好不要直接创业，要先进入社会积累一些经验……似乎学生创业或一毕业就创业，成了导致创业失败的一大因素。事实果真如此吗？

细数我们手机中的App，不难发现，很多互联网公司都是典型的学生创业，比如豆瓣、美团、沪江，他们用自己的实例证明，中国的年轻学生也可以像扎克伯格那样成为一个互联网创业的成功者。下面我们从中国互联网的大圈子里挑选出五个具有代表性的学生创业成功案例。他们有的是大学期间创业，有的是读研读博期间创业，还有些一毕业便创业。

陈欧（聚美优品 CEO）

陈欧，聚美优品的CEO，也是一名标准的大学生创业者。陈欧是一个资深游戏爱好者，当时在新加坡南洋理工大学计算机专业读大四，决定在游戏领域创业，凭着有限的资源做出了游戏平台 GG-game。

2010 年，陈欧获得美国斯坦福大学 MBA 学位，3 月创立化妆品电商网站——聚美优品。2014 年 5 月 16 日，聚美优品正式在美国纽约证券交易所挂牌上市，市值超过 35 亿美元。

王兴（美团 CEO）

一提到王兴，很多人脑海里第一想到的一个词语就是连环创业者，因为他是校内网、饭否网、美团网三个中国大名鼎鼎的网站的联合创始人，除此之外，他还有另外一层身份：大学生创业者，在毕业之后，没有丰富的职业履历就开始创业的人。

他是人们口中的天才少年，高中没有参加高考就被保送到中国名牌学府——清华大学，毕业后拿到全额奖学金去了美国特拉华大学，师从第一位获得 MIT 计算机科学博士学位的中国学者高光荣，随后归国创业，接连创立了校内网、饭否网，并于 2010 年 3 月上线新项目美团网，并在"团购大战"之中脱颖而出，稳居行业前三。

庄辰超（去哪儿 CEO）

庄辰超，本科毕业于北京大学电子工程系，是去哪儿网的 CEO。在读大学的时候，庄辰超就和同学创业，做了一套搜索软件，成立了公司，并成功找到百万融资，最后卖给了 Chinabyte。

1999 年，庄辰超和美国人戴福瑞做体育门户"鲨威体坛"。此后，庄辰超曾在美国华盛顿工作过四年，担任世界银行系统架构的核心成员，设计并开发世界银行内部网系统，2003 年，该系统被专业研究网站和产品易用性的权威公司 Nielsen Norman Group 评为"最佳内部网"。2005 年 5 月，他创办去哪儿网。用了仅仅 8 年时间，去哪儿网成长为互联网旅游业的佼佼者。

阿北（杨勃，豆瓣 CEO）

阿北，本名杨勃，是豆瓣网创始人兼 CEO，2007 年青年领袖评选候选人。2005 年 3 月，阿北一个人开发了豆瓣网，到 2013 年，豆瓣注册用户已经有 7 900 万，成了 Web 2.0 的明星。阿北在清华大学念的物理专业，然后去美国读博。

他曾经把物理作为事业，"计算机不过是工具和兴趣"，最后却"玩出了名堂"。他一手打造的豆瓣网，成为互联网 Web 2.0 时代的一个奇迹。

阿诺（伏彩瑞，沪江创始人兼 CEO）

阿诺，本名伏彩瑞，是沪江网创始人兼 CEO。2001 年，尚是上海理工大学大三学生的伏彩瑞，创办了沪江语林，2006 年开始公司化运营。在十数年如一日所坚持的教育理念下，沪江网已成长为影响力覆盖 2 亿受众、8 000 万用户、300 万学员的大型互联网教育企业。

从一个不为人知的互联网细分领域起步，阿诺始终倡导"把学习这件事情弄简单"，在互联网教育行业深耕数十载，这让他获得了 2014 中国十大经济潮流人物、2014 中国企业未来之星、上海 IT 青年十大新锐、上海首届新锐青商等荣誉，被不少师弟、师妹们昵称为上理工新生代"第一学长"。

我们不难发现，无论是豆瓣的阿北、沪江的阿诺，还是美团的王兴，几乎每一个创业成功者，都是抱着对互联网的浓厚兴趣，本着在网上做点什么的想法，一步步踏实地把企业做大做强。理想是初心，务实是核心，两者缺一不可，对于血气方刚的学生来说，兼顾很难，或许这正是李开复建议年轻学生不要着急创业的一大原因。但自古英雄出少年，我们应该相信互联网给大学生带来了更多的创业机会，相信他们能把握网络创业热潮，开启自己的一番事业。

问题： 结合案例，请评估自己的网络创业能力与环境，说一说如何抓住机会进行网络创业。

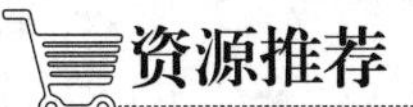

资源推荐

1. 中青在线：http://chuangye.cyol.com

2. 淘宝服务市场：http://fuwu.taobao.com

3. 阿里巴巴：http://www.1688.com

4. 淘宝大学：https://daxue.taobao.com

5. 创业商机网：http://www.78.cn

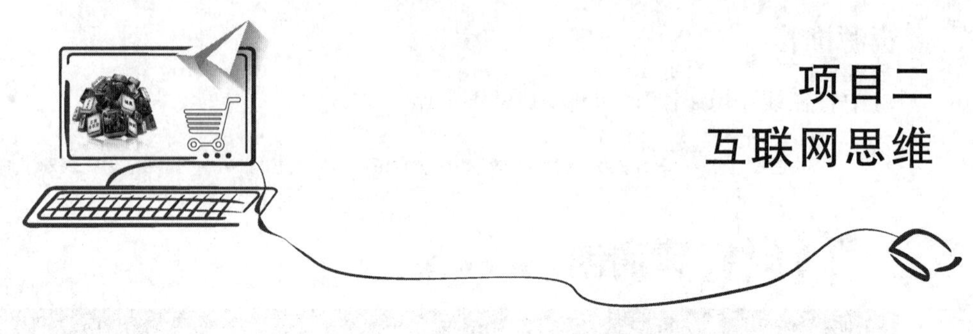

项目二 互联网思维

项目介绍

人类社会每次经历的大飞跃的关键不是物质催化，不是技术催化，而是思维工具的迭代。一种技术从工具属性到社会生活，再到群体价值观的变化，往往需要经历很长的过程。就如珍妮纺纱机、瓦特蒸汽机带来的影响，互联网也同样如此。

今天，互联网已经越来越广泛地深入生产生活的方方面面，人际交往、工作方式、商业模式、企业形态、文化传播、社会管理、国家治理……都因为互联网而发生了巨大变化。互联网已经成为这一轮科技革命的时代标志，相应地，互联网思维成为客观需要的社会思维，成为时代思维。

互联网已经渗透到企业运营的整个链条中，从基础应用（如 E-mail 发邮件、微信发通知、百度查信息）到商务应用（如在线协同办公、在线销售、在线客服），乃至用互联网思维去优化整个企业经营的价值链条。互联网时代的商业思维是一种民主化的思维。消费者是媒介信息和内容的生产者和传播者，生产者和消费者的权利发生了转变，消费者主权时代已真正到来。

作为互联网创业者，应提前掌握互联网思维，少走弯路，本项目将会为你全面分析互联网创业需要具备的思维。

项目目标

知识目标

➢ 正确认识互联网思维的重要性，熟悉互联网思维的原则与内涵，掌握互联网九大思维技巧。

能力目标

➢ 能对互联网思维做出自己的判断；能够运用互联网思维分析问题、解决问题，寻找合适的网络创业项目。

素质目标

➢ 树立互联网思维；培养互联网精神；培养互联网创业的信心与精神。

【引导案例】

从三个“段子”看互联网思维

第一个“段子”

北京五道口有家名为“西少爷肉夹馍”的小店，仅有10平方米左右。每天下午，店门口都会排起上百人的长队，甚至有顾客专程从济南坐高铁来这里吃肉夹馍。肉夹馍只是一种普通小吃，许多摊点、饭店都有销售，但能够将肉夹馍卖得供不应求的，却非常少见。

“西少爷”是用互联网思维来实践传统行业的。如果以一个互联网人的角度来看传统产业，就会发现太多的事情可以做。那么互联网思维下的玩法是什么呢？

第二个“段子”

这是一个淘品牌，2012年6月在天猫上线，65天后成为中国网络坚果销售量第一；2012年“双十一”创造了日销售766万元的奇迹，名列中国电商食品类第一名；2013年1月单月销售额超过2 200万元；并获得IDG公司600万美元投资。这个品牌是三只松鼠。

三只松鼠拥有品牌卡通形象的包裹、开箱器、快递大哥寄语、坚果包装袋、封口夹、垃圾袋、传递品牌理念的微杂志、卡通钥匙链，还有湿巾。

一个淘品牌，为什么要煞费苦心地做这些呢？

第三个“段子”

这是一家非常年轻的创业企业。2011年销售额为5亿元；2012年销售额达到126亿元；2013上半年销售额达到132.7亿元；在新一轮融资中，估值达100亿美元。

这家企业是小米。雷军说，参与感是小米成功的最大秘密。那么怎样理解参与感呢？

这三个企业虽然分属不同的行业，但又惊人地相似。

模块一　互联网思维的内涵、原则和要求

一、互联网思维的内涵

互联网思维，就是在（移动）互联网＋、大数据、云计算等科技不断发展的背景下，对市场、用户、产品、企业价值链乃至对整个商业生态进行重新审视的思考方式。互联网思维是人们立足于互联网去思考和解决问题的思维。它是互联网发展和应用实践在人们思想上的反映，这种反映经过沉积内化而成为人们思考和解决问题的认识方式或思维结构。

最早提出互联网思维的是百度公司创始人李彦宏。在百度的一个大型活动上，李彦宏与传统产业的企业家探讨发展问题时，首次提到“互联网思维”这个词。李彦宏说，我们这些企业家们今后要有互联网思维，可能你做的事情不是互联网，但你的思维方式要逐渐从互联网的角度去想问题。现在几年过去了，这种观念已经逐步被越来越多的企业家甚至企业以外的各行各业、各个领域的人所认可。“互联网思维”这个词也演化出多个不同的解释。

互联网时代的思考方式，不局限在互联网产品和互联网企业。这里指的互联网，不单指桌面互联网或者移动互联网，而是泛互联网，因为未来的网络形态一定是跨越各种终端设备的，例如台式机、笔记本、平板、手机、手表、眼镜等。

（一）互联网思维是一种高度重视互联网的思维

倡导互联网思维，就是倡导人们重视互联网：学习互联网知识，掌握互联网的特点，充分了解互联网的作用，清晰认识互联网对生产生活带来的变革甚至是颠覆，改变对互联网漠不关心、一无所知、不求甚解的态度。

（二）互联网思维是一种力求适应互联网的思维

政府机关推行无纸化办公，参观采取网上申请，购物在网上进行，研究项目通过网上招标……所有这些，人们必须适应；如不适应，就跟不上时代。在互联网时代，每一个人都要学会适应互联网；如果不适应，自己的工作舞台、生活空间、自身的意义和价值，只能萎缩，难以拓展。

互联网进入大规模应用时期以来，几乎对所有传统行业和管理模式都形成了巨大冲击，使不少行业和企业陷入困境；同时，互联网应用本身存在着诸如假冒伪劣、信息垄断、侵犯隐私、宣传过度等问题。于是，批评、谴责、要求限制互联网的声音也此起彼

伏。这些声音所反映的互联网的问题值得重视，但对互联网的义愤和要求限制的心态，折射的恰恰是对互联网的不适应，需要通过强化互联网思维去加以改变。

（三）互联网思维是一种利用互联网的思维

它驱使人们积极主动地思考如何利用互联网作为新型工具服务于自己的创造性劳动。是不是借助互联网，在一定意义上成了传统管理与智慧管理、传统产业与新型产业、传统销售与现代销售、传统金融与现代金融的重要区别。

（四）互联网思维是一种大数据思维

数据是对客观世界的测量和记录。在互联网时代，数据就是资源、财富、竞争力。收集数据、积累数据、分析数据，依据大数据思考，依靠大数据决策，用大数据立业，就是大数据思维。众包、众筹、共享经济，都是大数据思维的产物。办理一笔贷款，传统银行的考察、论证、决策，要花几个月乃至更多时间，而基于淘宝卖家的营销数据，互联网银行就可以知道商家的利润率，从而对有能力偿还的商家果断提供贷款，快速一秒到账，而且坏账率非常低，这是传统银行无法做到的。

二、互联网思维的原则和要求

互联网思维具有人类思维的共性。思维形式离不开概念、判断、推理；思维方法会使用分析和归纳、综合和演绎；思维类型包含抽象思维、形象思维、直觉思维；思维原则是从实际出发、实事求是。鉴于此，互联网思维的要求如下：

（一）按互联网特点和规律思维

开放、平等、互动、协作、共享，目前被公认是互联网最重要的几个特点。互联网思维就是要按照互联网的特点和规律思维。比如，互联网是开放的，开放就是互联互通，因此，互联网思维就要按照这种开放的特点去思维，如果不这样思维，就无法与互联网相匹配，互联网是平等的，因此，互联网思维就要遵循平等要求，只有与网民、网上客户平等地交流共商，才能赢得他们的关注和使用兴趣；互联网的特点是互动，因此，互联网思维就要把如何实现最优互动、确保信息对称，作为考虑问题的重点之一；互联网的特点是共享，因此，互联网思维就要让“共享”二字在思维中深深扎根。

（二）按互联网用户需求思维

努力满足互联网客户的需求，这是一切互联网和“互联网＋”行为的重要原则。因此，“用户至上”的理念在互联网思维中居于核心位置。互联网客户喜欢方便、简单、快捷，互联网思维就要把方便、简单、快捷作为追求目标，努力降低使用或购买门槛。互联网客户比任何其他客户更担心假冒伪劣，互联网思维就要把货真价实作为永恒的信条。互联网客户的需求是不断变化的，互联网思维就要跟踪这种变化，随时把握甚至超前预见这种变化。

（三）按行业规范和产品质量标准思维

尽管互联网使一些产品由滞销产品转变为畅销产品，由小众产品转变为大众产品，但不能由此下结论说“在互联网条件下，再次的产品也不愁没有销路”。质量是一切产品的生命，互联网思维是讲究产品质量的思维。现在网购中出现大量的产品质量问题，平台、电商和生产厂家都要引以为戒，否则会毁了网购的声誉，损害这个产业。

三、互联网思维下的去中心化

从互联网发展的层面来看，去中心化是互联网发展过程中形成的社会化关系形态和内容产生形态，是相对于“中心化”而言的新型网络内容生产过程。相对于早期的互联网（Web 1.0）时代，今天的网络（Web 2.0）内容不再是由专业网站或特定人群所产生的，而是由全体网民共同参与、权级平等的共同创造的结果。任何人都可以在网络上表达自己的观点或创造原创的内容，共同生产信息。

随着网络服务形态的多元化，去中心化网络模型越来越清晰，也越来越成为可能。Web 2.0 兴起后，Wikipedia、Flickr、Blogger 等网络服务商所提供的服务都是去中心化的，任何参与者，均可提交内容，由网民共同进行内容协同创作或贡献。

伴随更多简单易用的去中心化网络服务的出现，Web 2.0 的特点越发明显，例如 Twitter、Facebook 等更加适合普通网民的服务的诞生，使得为互联网生产或贡献内容更加简便、更加多元化，从而提升了网民参与贡献的积极性、降低了生产内容的门槛。最终使得每一个网民均成了一个微小且独立的信息提供商，使得互联网更加扁平、内容生产更加多元化。

去中心化，意味着企业必须适应互联网的变化，建立起从属于自己的信息流通节点和品牌，使信息的传播效率显著提升，成本大大下降。也就是说，企业要学着做自媒体。小米兴起之后，行业内不少企业开始学雷军，学他演讲，学小米对微博和社区的把控建设，学所谓的“饥渴营销”，根源就在于小米比别人快一步，建立了一个有效的信息流通渠道，并拥有足够的把控力。中小企业未必能有雷军的资源和思路，但学着建立自己的自媒体传播渠道，学着通过各种宣传打造品牌，这点还是学得到的。

小知识

企业家眼中的互联网思维

关于互联网思维，企业家到底说了些什么？他们又是如何理解互联网思维的呢？

互联网思维三大定义：一、依托互联网做传播，找到目标客群，让目标客群认识你，进行参与、互动；二、以用户为核心进行产品开发，根据找到的目标客群做精准型“窄众产品”；三、微小改进、快速迭代、以互联网手段收集反馈，迅速改进产品，进行再传播。随着功能、服务及产品线的完善与扩充，逐步扩大目标人群。

——雕爷牛腩创始人　雕爷

换一种角度，从结果的角度来解读互联网思维与传统产业的对接，会改变传统的商业模式。从结果看，大致会产生这么几个效应：长尾效应、免费效应、迭代效应和社交效应。互联网思维开放、互动的特性，将改变制造业的整个产业链。因此，用好互联网思维，制造业链条上的研发、生产、物流、市场、销售、售后服务等环节都要顺势而变。

——联想集团执行委员会主席 柳传志

互联网思维分为以下三个层级：

层级一：数字化；互联网是工具，提高效率，降低成本。

层级二：互联网化；利用互联网改变运营流程，电子商务，网络营销。

层级三：用互联网改造传统行业，商业模式和价值观创新。

——前微软亚太研发集团主席、百度总裁 张亚勤

在互联网时代，传统企业遇到的最大挑战是基于互联网的颠覆性挑战。为了应对这种挑战，传统企业首先要做的是改变思想观念和商业理念。要敢于以终为始地站在未来看现在，发现更多的机会，而不是用今天的思维想象未来，仅仅看到威胁。

——华为轮值 CEO 胡厚昆

互联网思维就是：专注、极致、口碑、快！专注就是只做一款 47 寸的电视，其他型号不考虑。极致就是做到你能力的极限。口碑是互联网的核心，没有口碑靠广告一点戏都没有。快，只有互联网企业能实现，都是 24 小时值守，有问题立即解决。

——小米科技创始人、董事长 雷军

模块二 互联网思维模式

一、用户思维

互联网思维中最重要的思维方式是用户思维。用户思维是指在价值链各个环节中都要“以用户为中心”考虑问题。作为企业，必须从整个价值链的各个环节，建立起“以用户为中心”的企业文化，只有深度理解用户才能生存。

有关互联网用户思维有以下几条法则需要了解：

(一)“得‘屌丝’者得天下”法则

网络是由一个又一个的“屌丝”组成的，“屌丝”群体庞大，消费能力惊人。在传统生意里，很多高大上的朋友爱面子可能不好在实体店过多地还价，但是在网络上，这些人都化身为各类“屌丝”，所以在网络世界里有一个海量的“屌丝”人群。成功的互联网产品大多抓住了“屌丝群体”“草根一族”的需求。

腾讯的成功源于腾讯上很大一部分消费者都来源于“屌丝”，腾讯游戏牢牢抓住了“屌丝”的心理需求，比如最近非常火的“王者荣耀”游戏。360 的成功也是看中了“屌丝”喜欢免费的、便宜的心理成就了 360 商业王国。淘宝的成功与淘宝早期店铺老板都来源于“屌丝”人群密切相关。所以互联网企业必须充分了解“屌丝”心态，在归属

感、存在感、参与感上下功夫。

案例

微信

满足“屌丝”群体的基本需求——沟通

微信团队带领人张小龙认为沟通是人与生俱来的需求，在新环境下的消息系统本身就是个有巨大价值的产品。根据人与人之间的沟通建立起来的消息系统，由强弱关系不同而产生的用户黏性也不相同。

突破传统人与人之间靠电话、短信沟通的瓶颈局限，沟通方式由人与人发展到人与组织甚至人与物体之间的沟通。微信改变的是人的沟通方式，联系的是不同个体，满足“屌丝”群体对于沟通的强烈需求，这种面向大众而非小众高端人群的应用，从面世到发展至今赢得了好评。

建立同类型用户之间的联系——摇一摇

“如果我不在上网，就是在开电脑的过程中”，“屌丝”的生活到底有多无聊与寂寞，互联网同胞们应有或多或少的感受。用“摇一摇”这个非常简单的动作来寻找身边同时在摇手机的人，建立相同无聊的两个用户之间的联系来达到满足用户对于社交、沟通的需求。

当它发展到除了能摇到人，还能摇到网页、图、音乐之后。摇，变成了一种明确的信号，让手机帮忙找、帮忙听，形成了一些特定场景下的“人体增强动作”。也就是说“摇一摇”，不只是建立“屌丝”用户之间的联系，而是改变了“屌丝”沟通的方式。

陌陌

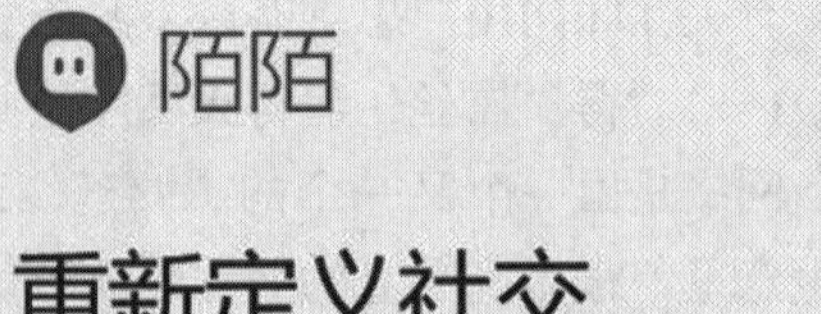

陌陌的定位是陌生人之间的沟通交友——POI（用户兴趣点）。

同为漂泊在外的年轻人，如果又身在同样的环境中，拥有同样的兴趣与爱好，那为何不交个朋友呢？陌陌提供的核心功能是解决陌生人之间认识的问题，在此阶段，陌陌承担了IM的功能，通过与附近的陌生人搭讪聊天来建立朋友关系，达到沟通交友的目的。

随着陌陌的发展，基于地点来组织人的关系，让距离比较近，有相同兴趣爱好、志同道合的人聚在一起形成朋友群组，从而满足“屌丝”群体的社交需求。

无论是微信、陌陌还是其他应用如视频、小说、浏览器等，都是抓住“屌丝”们内心的某个需求，并通过产品来满足这一需求，使产品获得成功。

（二）“兜售参与感”法则

“参与感”这个词在小米公司和雷军手中得到了强调和广泛传播。为什么要强调“参与感”？这与互联网时代成长起来的年轻消费人群的消费特性有关。他们自我意识强烈，对产品和服务的需求不再停留于功能层面，更想借此表达自己的情感。既然用户的需求发生了变化，那么品牌商的沟通诉求自然也要随之改变。

在互联网时代，每个消费者都可能和素未谋面的消费者在某个购物社交网络中相互交流，分享他们的消费主张，形成物以类聚、人以群分的消费社群。他们渴望参与供应链上游活动（如采购、设计甚至制造）的决策。例如，Amazon 每次的董事会，总有一把空着的椅子，就是留给他们的顾客的，他们认为顾客是董事会的一员，应该主动邀请他们参与企业的决策。

参与感是用户思维最重要的体现，主要包括两个方面：一方面是让用户参与到产品研发与设计中，即 C2B 模式；另一方面是让用户参与到品牌传播中，即粉丝经济。

第一种情况为 C2B 模式，其又分为两种形式，（1）按需定制，厂商提供满足用户个性化需求的产品，如海尔的定制化冰箱。（2）在用户的参与中优化产品，如淘品牌“七格格”，每次新品上市，都会把设计的款式放到管理的粉丝群组里，让粉丝投票。这些粉丝决定了最终的潮流趋势，自然也会为这些产品埋单。

第二种情况为让用户参与品牌传播，即粉丝经济。我们的品牌需要粉丝，而不只是用户，因为用户远没有粉丝那么忠诚。粉丝是最优质的目标消费者，一旦注入感情因素，有缺陷的产品也会被接受。未来，没有粉丝的品牌都可能会消亡。

电影《小时代》豆瓣评分不到 5 分，但这个电影观影人群的平均年龄只有 22 岁，这些粉丝正是郭敬明的“富矿”。正因为有大量的粉丝“护法”，《小时代 1》《小时代 2》才创造出累计超过 7 亿元的票房神话。

（三）“体验至上”法则

苹果公司的成功秘诀就在于：始终坚持不变的是满足消费者的体验需求，不断推出能更好满足消费者体验的产品，即用户体验至上！苹果是履行“用户体验至上”理念方面做得最好的企业之一。

用户体验是一种纯主观的感受，是在用户接触产品或服务的整个过程中形成的综合体验。好的用户体验一定要注重细节，并且贯穿于每一个细节。这种细节一定要让用户能够感知到，并且这种感知要超出用户的预期，给用户带来惊喜，贯穿品牌与消费者沟通的整个链条。微信新版本对公众账号的折叠处理，就是很典型的“用户体验至上”的体现。

用户思维体系涵盖了最经典的品牌营销的 Who-What-How 模型。Who，目标消费者——“屌丝”；What，消费者需求——兜售参与感；How，怎样实现——全程用户体验至上。

案例

三只松鼠的创新用户体验

电商平台为企业和消费者提供了非常多的接触点，如果这么多接触点中的某一环节做不好，体验不好，消费者就会立即离开。三只松鼠创始人章燎原把这些接触点分为两类：物理和感知。在他看来，传统购物主要是物理接触，眼见为实，感知只有广告；而电商反过来了，收货之前全是感知接触，通过一种情感来对未知做出判断。因此，电商企业只有营造一种好感，才能引发消费者第二次、第三次的购买。

在营造好感方面，网络推广可让用户建立深刻印象，进而点击。传统户外广告是3秒钟效应，而互联网是1秒钟。消费者看到页面的内容产生好感，就会立刻点击，进而与客服沟通。

在客服沟通上，三只松鼠大胆创新，一改过去淘宝“亲”的叫法，改称为“主人”。“主人”这一叫法，会立即使关系演变成主人和宠物的关系，客服妹妹扮演为“主人”服务的松鼠，这种购物体验就像在玩Cosplay。

其对于客服的考核指标，也不再是常用的交易量，而是好评率和沟通字数。顾客成了主人，客服就变成了一个演员，这就是一个感知接触点，把商务沟通演变成话剧。对于客服的话术，要点就是要把自己想象成松鼠。“过去常说把顾客当上帝太夸张了，我们现在就是要做一只讨好主人的宠物，让主人快乐！如此一来，客服也可以撒娇、卖萌等，带给顾客的感觉跟之前有一点点不同。”

如此尝试选择下单的消费者的心理是痛并快乐着的：一方面顾客非常兴奋和期待，另一方面也很担忧，东西怎么样呢？要一直纠结到收到包裹。而这时，三只松鼠在发出快递的短信通知上体现了安抚细节：“松鼠已经火急火燎地把主人的货发出来了”。

“包裹箱也不能马虎，也要做足功课，这是消费者的第一次物理接触，要把此前的感知接触存留的好感一直延续下去，因此三只松鼠的包裹箱和里面的包装都是经过精心设计的。”章燎原说，不仅如此，还要给消费者带来更多惊喜：比如纸袋、夹子、垃圾袋、纸巾、微杂志……吃坚果的工具一应俱全，几乎都能从包裹里找到，这样的细微服务牢牢抓住了消费者的心。这些细节的处理往往会让顾客在办公室分享、发微博分享。而这些举动，对带来二次销售和口碑传播至关重要。

此外，三只松鼠还通过微博和微信等途径和消费者沟通，征求他们需要哪些礼品。章燎原说：“三只松鼠会开发更多的有意思的赠品送给消费者。”他认为，如果把一些小点做到极致化，价值也就出来了。“一些人把电商看成是一个渠道，但我更愿意把它理解成一个媒体。如果把它当作媒体，那么就会大有文章可做。”

二、简约思维

互联网时代，信息爆炸，用户的耐心越来越不足，所以必须在短时间内抓住用户。所谓简约思维，用一句老话就能概括："一切从简"。这句话在过去代表人的素养和修为，在今天则代表了互联网企业在开发产品和服务上所展现的素养和修为。它包括三个要素：看起来简洁、用起来简化、说起来简单。可了解以下两个法则：

(一)"专注，少就是多"法则

苹果公司就是典型的例子，1997 年苹果公司接近破产，乔布斯回归，砍掉了 70% 的产品线，重点开发 4 款产品，使得苹果公司扭亏为盈，起死回生。即使到了 5S，iPhone 也只有 5 款。

品牌定位也要专注，给消费者一个选择的理由，一个就足够。

最近很火的一个网络鲜花品牌 RoseOnly，它的品牌定位是高端人群，买花者需要与收花者身份证号绑定，且每人只能绑定一次，意味着"一生只爱一人"。2013 年 2 月上线，同年 8 月份就做到了月销售额近 1 000 万元。

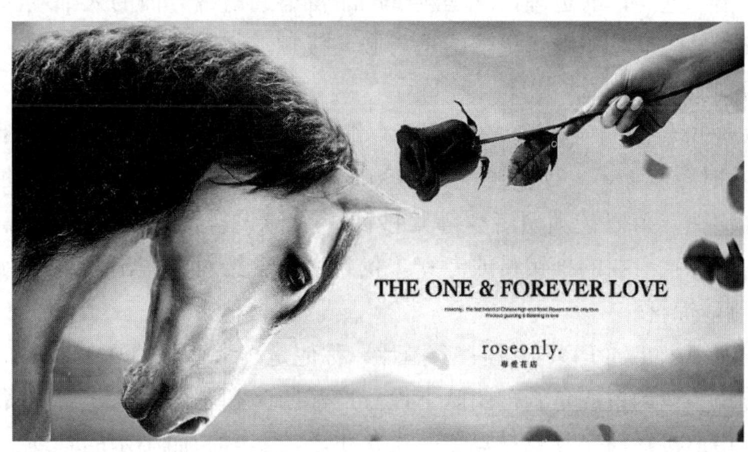

大道至简，越简单的东西越容易传播。专注才有力量，才能做到极致。尤其在创业时期，做不到专注，就可能无法生存下去。

(二)"简约就是美"法则

亚里士多德曾说"自然界选择最短的道路"。14 世纪哲学家奥卡姆·威廉提出著名的奥卡姆剃刀原理，告诫人们"切勿浪费较多东西去做用较少的东西同样可以做好的事情"。后来以一种更为广泛的形式为人们所知，即"如无必要，勿增实体"。奥卡姆剃刀原理则演变为一种"以结果为导向，始终追寻高效简洁"的思维方法。

企业在产品设计方面，要做减法。外观要简洁，内在的操作流程要简化。Google 首页永远都是清爽的界面，苹果的外观、特斯拉汽车的外观，都是这样的设计。

三、极致思维

互联网时代的一个重要标志是极致思维，反映在行动上是付出不亚于任何人的努力，反映在目标上是提交的结果超出客户预期并感动客户。把简单的事情做到极致，功到自然成，最终“止于至善”。正如：成大人成小人全看发心，成大事成小事都在愿力。

极致思维，就是把产品、服务和用户体验做到极致，超出用户预期。有关极致思维可了解以下两个法则：

(一)“打造让用户尖叫的产品”法则

用极限思维打造极致的产品。第一，“需求要抓得准”（痛点，痒点或兴奋点）；第二，“自己要逼得狠”（做到自己能力的极限）；第三，“管理要盯得紧”（得产品经理得天下）。一切产业皆媒体，在这个社会化媒体时代，好产品自然会形成好的口碑传播。

尖叫，意味着必须把产品做到极致；极致，就是超出用户想象！2012 年 8 月，苹果公司处在最高峰时代，微软、谷歌、Facebook 和亚马逊这四家科技公司的市值加起来是苹果一家公司的市值，而苹果做到这一点只凭一款产品——iPhone。iPhone 每年只发布一款产品，苹果公司每年只用一款手机打败四家世界顶级公司。

(二)“服务即营销”法则

服务即营销，这句话的道理，凡是从事产品营销或销售方面的人都应深有体会，毕竟消费者不仅仅是与产品接触，更多的是与服务接触。与产品接触只发生在一瞬间，而与服务的接触则贯穿始终。

阿芙精油是知名的淘宝品牌，有两个小细节可以看出其对服务体验的极致追求：(1) 客服 24 小时轮流上班，他们使用 Thinkpad 小红帽笔记本工作，因为使用这种电脑切换窗口更加便捷，可以让消费者少等几秒钟；(2) 设有“CSO”，即首席惊喜官，每天在用户留言中寻找潜在的推销员或专家，找到之后会给对方寄出包裹，为这个可能的“意见领袖”制造惊喜。

雷军在发布小米 1 的 PPT 中有一个图片，称他是小米客服的 001 号，而整个小米是全员服务。传统企业的做法是管理团队下设置产品团队和客服团队，后两者不定期进行用户调研，与用户接触与交互总是隔着一层，也不能实时。而小米的管理、产品和客户团队则是同时通过新媒体接触用户。

提升客户响应速度也很关键，小米的微博客服团队有一条硬性规定：在用户@小米之后，必须在 15 分钟之内做出反应。要知道小米的新浪微博自 2011 年 8 月上线以来，@小米手机拥有 217 万粉丝，@小米公司拥有 159 万粉丝。

此外，小米还对新媒体阵地进行了定位划分，除了共同承诺的客服任务，基本形成了“微博拉新、社区沉淀、微信客服”的体系化运作架构，依次将每个阵地的属性效果发挥到最大化。

四、迭代思维

迭代，起初是用计算机解决问题的一种基本方法。它利用计算机运算速度快、适合做重复性操作的特点，让计算机对一组指令（或一定步骤）进行重复执行，在每次执行这组指令（或这些步骤）时，都从变量的原值推出它的一个新值。迭代思维其实就是借用了这一模式，设计了一种重复反馈过程的活动，其目的是逼近所需目标或结果。每一次对过程的重复称为一次“迭代”，而每一次迭代得到的结果会作为下一次迭代的初始值。换成一种比较好理解的说法，就是一种对产品的“微创新—验证—反馈—优化—再创新”的过程。

迭代思维的典范，莫过于腾讯的微信了。微信在发布第一个版本的时候，只有一些最基本的功能，如即时通信、更换头像等，与QQ并没有太大的区别，但就是这么一个最初看起来并不起眼的App在日后竟会在移动互联网掀起大风大浪，成为App开发中的标杆性应用，腾讯更是因此一举进入国际化市场，全面开启全球市场的争夺战。

微信是如何做到的？首先是快，当类似软件在市场上刚刚起步的时候，腾讯就嗅到了商机，Kik软件推出没多久，腾讯就召集团队进行了开发，仅3个月之后就推出了第一版，短短的4个月后迅速推出了2.0版。其次是产品的不断迭代，第一版推出之后收到了众多的用户反馈，腾讯方面也积极对产品进行升级打造，有了第一版的经验之后，迅速推出了1.1版、1.2版、1.3版三个版本，截至2018年1月，已经到了6.6版，并且功能不断增加。每一次产品推出之后腾讯都会着手下一个版本的研发，有些功能甚至在前一版本就已经想出来了，但是为了用户体验会推迟到下一版本中。

迭代思维说起来很简单，就是快和重复，但是如果要运用真正的迭代思维需要做的还远不止这些。快是迭代的必然要求，重复是迭代的表现形式，迭代的真正内涵是升华、积累、总结，是量变到质变再到量变的过程，每一次迭代是站在新的起点上再开始的。对反馈信息的总结是迭代过程中的重点，没有反馈和总结，迭代出来的结果跟迭代前没有本质的区别。有关迭代思维可了解以下两个法则：

（一）“小处着眼，微创新”法则

“微”，要从细微的用户需求入手，贴近用户心理，在用户参与和反馈中逐步改进。“可能你觉得是一个不起眼的点，但是用户可能觉得很重要”。360安全卫士当年只是一个安全防护产品，后来发展成了新兴的互联网巨头之一。

（二）“精益创业，快速迭代”法则

“天下武功，唯快不破”，只有快速地对消费者需求做出反应，产品才更容易贴近消费者。Zynga游戏公司每周对游戏进行数次更新，小米MIUI系统坚持每周迭代，就连雕爷牛腩的菜单也是每月更新。这里的迭代思维，对传统企业而言，更侧重在迭代的意识，意味着我们必须要及时乃至实时关注消费者需求，把握消费者需求的变化。

五、流量思维

我们现在处在一个“酒香也怕巷子深”的时代，因此，流量是用户量的基础。本质上，互联网的生意实际上就是流量生意。从Yahoo时代开始，无论是广告模式还是电商模式，互联网的本质都是把流量转化为收入，因此，大流量是每一个互联网企业的追求。可以说，流量交易是互联网上最早的商业模式。

有关流量思维可了解以下两个法则：

（一）“免费为更好地收费”法则

互联网产品大多用免费策略极力争取用户、锁定用户。当年的360公司，以提供免

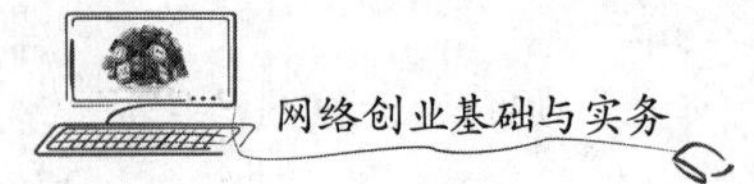

费杀毒软件入侵杀毒市场，一时间搅得天翻地覆。

例如一家只有4个人的小公司，一年净赚7 000万元。这家公司只做一种女式睡衣产品，销售价格为188元一件。只有两种款式，吊带的和齐肩的。也只有两种颜色：橙色和紫色。他们的推广方式是免费赠送：选择一部分用户，免费赠送内衣，如果穿了感觉很好，请帮忙做口碑宣传。

其实，这种免费赠送的营销模式我们并不陌生。铺天盖地的电视购物广告，也是这种营销模式。天下没有免费的午餐，免费赠送的商业模式其实并不免费。只不过，它们有效地利用了现代科技成果，运用了互联网思维，另辟蹊径，在惨烈的商战中异军突起，形成了与传统商业模式迥异的新商业模式。

对于企业来说，免费是为了吸引消费者实现成瘾消费，而更好地收费。对于互联网产品来说，免费往往成了获取流量的首要策略，互联网产品大多不向用户直接收费，而是用免费策略极力争取用户、锁定用户，淘宝、百度、QQ、360都是依靠免费起家。其实免费不是互联网公司独有的，但被互联网公司用到了极致。

(二)“坚持到质变的临界点”法则

互联网创业要“耐得住寂寞，经得住考验”。任何一个互联网产品，只要用户活跃数量达到一定程度，就会开始产生质变，从而带来商机或价值。QQ若没有当年的坚持，也不可能有今天的成就。注意力经济时代，先把流量做上去，才有机会思考后面的问题，否则连生存的机会都没有。我们回望一下如今成功的互联网企业，它们的成功不是偶然，也不是顺应发展的大趋势，曾经有多少和它们在同一时期进行竞争的互联网创业者都成了铺垫者，成了过去式，并被人们遗忘。为什么它们会成功？因为贵在坚持。王兴从“校内网”“海内网”“饭否”一直做到“美团”，创办的网站一个接一个，最终跻身互联网大佬之列。中国互联网业就是有了这样一批坚持的创业者，才能有更深的根基，才能更茁壮成长。

六、社会化思维

社会化思维就是组织利用社会化工具、社会化媒体、社会化网络，重塑企业和用户的沟通关系以及组织管理和商业运作模式的思维方式。传统商业中，消费者以点形式存在，与公司是垂直参与关系；社会化商业中，消费者以网形式存在，与公司是水平参与关系。用户即媒介，用户可参与和创造内容，是一种互动式的社会化思维。社会化商业的核心是网，公司面对的客户以网的形式存在，这将改变企业生产、销售、营销等整个形态。有关社会化思维可了解以下几个法则：

(一)“利用好社会化媒体”法则

如今的网络社会时代，社会化媒体营销有一个非常显著的优势——大家对信息的高度信任，也就是口碑效应。只有拥有这种非常好的信任度和关系链才能发挥出绝对的优势。

只要是具备社交属性的媒体，都属于社会化媒体，比如大家常用的博客、论坛、QQ群等都属于社会化媒体。目前被大家看好的，比如百度、腾讯、淘宝、微博的开放平台，网站的社会化分享功能及第三方登录等都是社会化媒体。因此几乎所有的网络媒体都可以称为社会化媒体。如图 2－1 所示。

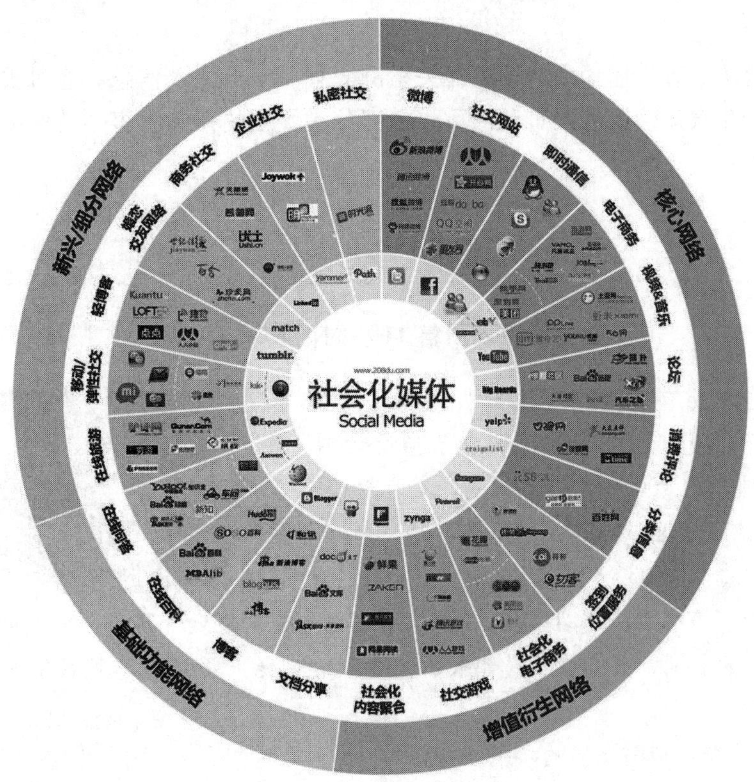

图 2－1　社会化媒体

最近比较热门的微博大号、网红直播也是社会化媒体营销的一种方式，实际上根据不同的资源优势可以有不同的运用方式，比如利用传统的电视广告、网络视频、各大地方性论坛或者百度平台，甚至靠水军的力量冲上热门话题排行榜等。这些传播力就像是一块石头投入由广大关系链用户组成的“池塘”中，掉下去那一刻产生的涟漪会一圈又一圈迅速传播出去，越传越广。

2015 年 10 月，董明珠作为大股东成立了珠海喜马明珠新媒体有限公司，其中董明珠出资 84 万元。在成立了自媒体后，董明珠尝试借助网红经济的力量推广自家产品，格力手机、大松小家电等产品被放在了董明珠自媒体平台中进行销售。

小知识

你知道哪些直播平台？

当下的视频直播主要由三种模式组成，一种是如斗鱼 TV、虎牙 TV 等主要以网络游戏为中心，进行网络游戏的竞技、对战的直播；第二种更被大众所熟知，是类似 YY、一直播、映客等，带有生活与娱乐性质的直播平台，除了有普通人在平台中进行日常生活的展示，还能类似在秀场一般，进行歌舞表演；除此之外，以蘑菇街、淘宝直播为代表的直播电商是第三种类型。

营销内容决定着传播动力，即可在关系链的某一个点注入信息，通过关系链迅速传播。因此社会化媒体营销最困难和最重要的部分是优质的营销内容，就像电流需要电压才能传输一样。

案例

土曼智能手表预售 11 小时内收入 930 万元

没有广告，没有软文，也没有自媒体账号推送，没有功能介绍，没有配置参数，只有 3 张设计图。战果：10 条微信，近 100 个微信群讨论，3 千多人转发，11 个小时内预订售出 18 698 只土曼 T-Watch 智能手表，订单金额为 933.030 2 万元！

2017 年 9 月 5 日，土曼 T-Watch 智能手表以 499 元超低价预售，引发微信朋友圈巨大轰动。不经意之间，蓝港在线董事长、土曼联合创始人王峰创下了微信朋友圈卖货的纪录。

9 月 6 日上午，应朋友们的“强烈控诉”，土曼又追加了 4 小时预售，订货量为 5 000 只。在个人采购爆棚的情况下，还有许多人疯狂下单作为企业礼品，礼品采购 50 000 只。总计通过微信朋友圈卖出 73 698 只 T-Watch，预售订单额为 36 775 302 元！按 10 条微信计算，平均每条微信等于 367 万元！

新兴的硬件极客公司土曼科技，不但借势三星发布智能手表的热点上位，更成功完成接近 2 万名种子客户的积累和品牌势能，这就是社会化媒体的威力。这就是中国首例“热门产品＋封测价格＋微信朋友圈传播”的极客营销。

这个案例有如下启示：

(1) 相信朋友的力量。这个案例利用的是社交平台的力量，也是朋友支持和信任的力量。告诉人们：你的社交关系链，其实也是你的传播链，更是你的生意链。

(2) 相信占便宜的力量。如友人说，我们“高端大气上档次”的另一面就是“求真务实占便宜”。很多人爱占便宜，大热的智能手表，价格又是成本价 499 元，时间又是 12 小时生死时速。一般人无法不动心！

(3) 内容要足够性感。微信无法直接转发，只能复制内容后粘贴，还得每次把设计图拷贝到手机再贴上，如果内容不好，朋友才懒得转发。

(4) 保持重复。营销的核心都是重复，发微信频率要足够，保持好友打开微信就能看到，而且每一次都要带上照片、预售地址，这是重复的要害所在。

(5) 快速迭代。将快速迭代的精神发挥得淋漓尽致。

(6) 单点做到极致。这一次，不去微博喊话，不通过媒体发稿，不去打广告，不去买搜索引擎，就是专注做微信朋友圈，把朋友圈的力量做到极致。

(二)“众包协作”法则

在经济全球化进程加速和互联网技术日新月异的背景下，来自行业内外的竞争压力让企业不得不谋求更开阔的视野、更独特的创意，以及更高效的生产。通过互联网，企业内部的创新机制能够快速地扩展到外部，在全球范围内寻求创意支持。众包模式正在挑战甚至颠覆企业的传统运作。

众包是以“蜂群思维”和层级架构为核心的互联网协作模式，维基百科就是典型的众包产品。传统企业要思考如何利用外脑，不用招募，便可“天下贤才入吾彀中”。

众包模式中企业价值的创造有两种主要途径：一是提供一个供用户交流分享创作内容的平台，并通过这些内容产生直接销售或广告收入。例如 iStockphoto 网站可为业余摄影师提供照片分享和销售。二是通过采纳爱好者的产品设计和改进建议，直接将用户贡献转化为产品价值的一部分。例如宝洁公司向社会征集各种技术问题的解决方案。

当采用第一种途径时，企业同时为内容贡献者提供了用户价值，比如图片、视频的在线存储和管理功能。此时，用户并不苛求企业对自己创造的内容提供额外报酬。而采用第二种途径，虽然业余爱好者提供解决方案的部分动机来自自我价值实现的需要，但企业通常会为价值创造者提供一定的奖励。这类平台通常允许任何企业和个人发布任务，并设置奖励。承包方在提交任务解决方案后，需要等待发包方审核。如果其解决方案能在若干候选方案中脱颖而出，被发包方选中，承包方就能获得相应的奖金。

在物流快递领域，随着移动互联网时代的到来，越来越多的餐饮、零售企业实现了线上与线下的无缝对接和深度融合，同城配送尤其是末端的最后 3 公里业务订单量日益激增，传统物流行业越发难以处理每天如此庞大的业务单量，而自建物流又面临着成本过高等许多问题，于是以信任为基础的众包模式不知不觉间成为解决同城配送的最佳方式，众包物流迎来了“互联网＋物流”的最好时代，也重新定义了时间与成本的意义。

 **案例**

京东众包：携手如风达力推众包服务，实现同城快速送达

日前，拥有国内领先的自建物流企业京东与落地配公司如风达完成战略合作，为京东旗下全资子公司“京东到家”提供基于 O2O 业务的众包服务，名为“京东众包”，已于 2015 年 5 月中旬上线。据悉，“京东众包”是基于京东 O2O 产品“京东到家”的延伸，立足于众包模式和共享经济，企业向社会招纳自由职业者和闲散劳动力，作为京东物流配送团队的一部分。据了解，只要年满18周岁且身体健康，拥有合法身份证，具有完全民事行为能力和相应劳动能力的公民均可申请为京东众包快递员，配送人员只要缴纳一定的保证金并完成平台相关考核即可上岗。“京东众包”目前主要配合“京东到家”平台向用户提供3公里范围内生鲜、超市产品、鲜花、外卖送餐等各类配送服务。

七、大数据思维

数据是一种新资源，大数据思维，是指对大数据的认识，对企业资产、关键竞争要素的理解。大数据思维能使我们在决策过程中超越原有思维框架的局限。

人们对事物的理解和判断会受制于自身思维框架的局限。但大数据思维不是从某个人的思维框架出发，而是让海量数据碰撞，寻找相关性，先看到结果再分析原因，冲破了原有思维框架的局限。比如，美国一家零售商在对海量的销售数据处理中发现每到星期五下午，啤酒和婴儿尿布的销量会同时上升。通过观察发现星期五下班后很多青年男子要买啤酒度周末，而这时妻子又常打电话提醒丈夫在回家路上为孩子买尿布。发现这个相关性后，这家零售商就把啤酒和尿布摆在一起，方便年轻的爸爸购物，大大提高了销售额。

大数据思维有助于开创新的商业模式。美国的Uber打车服务和中国的滴滴出行（原滴滴打车）是大数据思维产生的经典O2O（网上网下完美结合）新型商业模式。智能手机在移动互联网时代的普及使实时定位的数据传递和信息沟通成为可能。它为乘客和司机之间的商业交换提供了一个崭新的平台，改变了传统的电话叫车或路边招车，降低了沟通成本和空驶率，极大地节省了司机和乘客双方的资源和时间。源源不断的乘车交易和时间地点的电子数据在高速地积累和储存，数据专家可以通过对海量数据的分析寻找规律以提高和改进乘客打车出行的体验，找到新的商机和推出新的服务。

互联网将各种信息仪器（手机、电脑、传感器、相机、摄像头等）联为一体（物联网），数码化的数据和信息在这个庞大的网络中时时刻刻地传递、储存和积累。数码化数据可以被高速处理，而且已经成为新型的、甚至是最有价值的生产资料。如何将数据加工成信息、产生智能、解决过去无法解决的老问题和开创新的管理和商业模式以产生新价值是对我们的挑战。而迎接这一挑战的第一步就是要懂得和理解大数据思维。理解大数据思维要了解以下两个法则：

（一）“小企业也要有大数据”法则

用户在网络上一般会产生信息、行为、关系三个层面的数据，这些数据的沉淀有助于企业进行预测和决策。一切皆可被数据化，企业必须构建自己的大数据平台，众多创业初期的小企业也要有大数据。

要搭建一个大数据平台，并非易事，特别是对耕耘在传统行业中对IT技术没有积累的中小企业来说，更是困难。面对这种情况，小企业要善于应用市场上已有的大数据服务，给自己的业务插上腾飞的“翅膀”。

小企业首先要做的不是追求大量的数据，而是具备大数据思维。目前数据资产处在跑马圈地的阶段，任何一个小企业都可以通过提供新颖的服务来获取不同的数据资产，大数据给小企业提供了难得的超越机会。

拥有了大数据思维，小企业可以借助大数据来确定营销方向和策略。有两种方式可供企业选择：第一，可从一些大企业买数据，像 BAT 这样的互联网巨头，掌握了非常多的数据，不论各行各业的小企业，都能发掘出对自己有价值的数据，从第三方买不但节省了自己开发大数据的成本，也能借鉴第三方的数据分析方式等为自己所用。第二，小企业自身不会产生过多的数据，量上很难达到一定规模，这使得企业在确定或调整自己发展方向时缺少了重要的量化依据，对于这种情况，小企业可以抱团取暖，上下游企业或同一行业的企业联合起来共同开发，充分分享自己的数据，可以促进参与企业的共同发展。

（二）“你的用户是每个人”法则

在互联网和大数据时代，企业的营销策略应该针对个性化用户做精准营销。了解“你的用户不是一类人，而是每个人”。

亚马逊公司总裁杰夫·贝索斯说过：“如果我的网站上有一百万个顾客，我就应该有一百万个商店。”现在的零售网站在挖掘顾客偏好的时候主要有两种方式：一种是基于用户来判断顾客之间的相似性，比如当你在网上买了一本最新的小说，网站就会自动提醒你买这本小说的顾客中还有 65%的人买了另外一本。借助群体的智慧，让顾客的购买行为来帮助完成“人以群分”。另一种方式是基于商品，通过判断商品之间的关联度来完成推荐，比如当你购买了一款剃须刀，网站就会就推荐一款对应的须后水，由此形成“物以类聚”。

这种基于“协同过滤”技术的推荐引擎，现在已经比较普遍，其实，大数据还能做更多。比如，当你登录某购物网站，浏览了几款商品，但最后没有下单，以前认为这些数据是没用的，不计入交易记录，但其实你的网络路径已经折射了你的喜好，你寻找某一款商品的方式，你在某一款商品上停留的时间多少，都可以推断出你潜在的购买意愿。

未来，随着大数据的深度挖掘，很有可能会出现这样一幕场景——你想买一款护肤品，登录购物网站后，还没搜索，就已经有两款适合你的护肤品显示在页面上了，而且还是你心仪的牌子。为什么网站能了解你的需求？很可能是因为你刚刚在微博上跟朋友讨论了这个牌子的护肤品。

大数据时代，零售企业可以将每个顾客在全渠道（包括地面店、网店、移动商店、社交网络、数字货架和社交媒体）的数据碎片汇聚起来，绘制出每个顾客的完整全渠道顾客云图。同时借助每个顾客的大数据，零售企业可以发动每一位员工（而不仅是首席营销官）倾听或监测、参与和管理现有的和潜在的每一个客户，在全渠道的每个接触点上建立有影响力的“一对一”的对话和关系。

购物中心越建越多，加之电商的分流，如何吸引顾客到店，成为经营者们共同思考的课题。一方面越来越多的商场希望借主题式商业走出同质化，另一方面商场也在加强对互联网工具的运用，借助 O2O 平台、大数据进行引流。例如，银泰网上线后，打通了线下实体店和线上的会员账号，在百货购物中心铺设免费 Wi-Fi。这意味着，当一位已注册账号的客人进入实体店，他的手机连接上 Wi-Fi，后台就能识别出来，他过往与银泰的所有互动记录、喜好便会一一在后台呈现。当把线上线下的数据放到集团内的公共数据库中去匹配，企业就能通过对实体店顾客的电子小票、行走路线、停留区域的分析来判别消费者的购物喜好，分析购物行为、购物频率和品类搭配的一些习惯。这样做的最终目的是实现商品和库存的可视化，达到与用户之间的无缝沟通。

八、平台思维

互联网的平台思维指的就是开放、共享、共赢的思维。平台模式最有可能成就产业巨头。全球最大的 100 家企业里，有 60 家企业的主要收入来自平台商业模式，例如苹果、谷歌等。实际上，Uber、Airbnb、Palantir 等美国的独角兽企业 75%运用了平台模式盈利或者是扩展流量；蚂蚁金服、小米科技、滴滴出行、陆金所等中国企业的这一比例更高，有 94%的企业运用平台模式或者是部分运用平台模式打造生态圈。

案例

拥有 25 年经验的洗衣连锁品牌荣昌公司曾在中国有近千家线下实体门店，不过，因为此前香港高盛洽谈投资时预言“重资产模式不可持续”，以及未深度参与日常运作、持续走低的加盟管理费无法贡献稳定营收，荣昌董事长张荣耀开始思考转型。

2013 年张荣耀开始孵化 e 袋洗公司，并挑选了来自互联网行业的“85 后”陆文勇担任 CEO，新平台采用在移动互联网上收取衣物的 O2O 新玩法，通过上门收取衣服的方式来解决洗衣店停车难、上班族不方便送衣服、洗衣完成时间不确定等现存痛点。

2015 年 4 月，e 袋洗当日订单突破 10 万单，相当于 1 000～2 000 家洗衣店的订单总和。到 2016 年 1 月，其为正章、福奈特、象王、衣贝洁门店导流，非荣昌品牌的门店已经占到了 75%，并陆续推出了 48 小时、24 小时，甚至 12 小时、6 小时内送达的“e 袋洗”急速达产品。现在 e 袋洗的估值是荣昌公司之前的 100 倍。

开始用平台思维来创造新价值，颠覆自身行业固有做法的企业在国内外还有不少。例如，在家政行业，无忧保姆公司让雇主在平台可以直接浏览家政服务人员的信息并对接沟通，给予雇主更多选择和自由，改变了家政链条上的利益分配；在家电制造行业，海尔用平台思维调整现有的组织结构，从以往庞大的事业部模式转为更注重小团队价值的“小微平台模式”；在汽车制造业，上汽集团感受到汽车后市场等诸多互联网创新的威胁，从制造厂向平台转型建立车享网，让更多的上下游同伴共同服务终端消费者。要了解平台思维，需要了解以下两个法则：

（一）“打造多方共赢的生态圈”法则

平台模式的精髓在于打造一个多主体共赢互利的生态圈。

将来的平台之争一定是生态圈之间的竞争。百度、阿里、腾讯三大互联网巨头围绕搜索、电商、社交各自构筑了强大的产业生态。

一家平台企业的终极目标在于打造出拥有成长活力和赢利潜能的生态圈。若想将平台战略发挥到极致，最重要的是打造一个多方共赢的生态环境，并在平衡中成长。无论是一个依循基本的双边、三边模式的平台企业，还是一个已连接了无数边群体的平台帝国，都需要妥善经营所有参与者共同联系起来的网状关系，满足所有使用者的需求，共同成长获利，并且有效维持生态圈的利益平衡，并在平衡中携手前进。

无论是何种形态的平台企业，最关键的制胜之道是“有能力为各边用户提供最多利益与最能满足各边用户的需求”，以在竞争与覆盖之中胜出。淘宝网、京东、亚马逊等电子商务平台便是通过扶植商家壮大，为网民提供多样的商品选择，发展出生态圈优势的。苹果或安卓等移动应用平台也是通过让“愤怒的小鸟”“神庙逃亡”等第三方游戏接触到广大使用者才壮大了自己。反之，当平台企业危害到生态圈成员的利益时，随之而来的反弹有可能瓦解平台的优势。此种反击的体现如苹果与亚马逊的出版业之争，以及腾讯与360之战。因此平台战略的精髓，在于打造一个多主体共赢互利的生态圈。只有让栖息在生态圈中的多数成员获得壮大的机会，并享受到福利——无论是提供免费服务还是协助他们赚到钱，平台企业才有可能共同壮大，并持续获利。

知识点

开展平台事业的实战守则

首先，必须摆脱“只专心服务单边使用者”的传统思维，将平台事业定位为可以服务“多边”群体的机制，增强各群体之间的跨边网络效应，增强同边群体间的同边网络效应。采用补贴模式，设定谁是“付费方”、谁是“被补贴方”。建立用户过滤机制，决定对每一边群体实施多少开放程度以维护生态圈的质量。小心审视最重要的赢利模式——在各群体对彼此需求最强大的关口设置赢利的机制，并且有效挖掘用户数据以探索更多元的赢利渠道。

其次，在互联网生态圈大幅成长的关键，除了赢得“意见领袖”的青睐，更要跨越网络效应的真空带，突破临界数量，促成正向循环，将潜在用户拉进来。该怎么做呢？

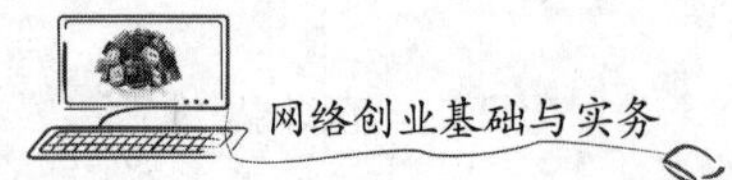

方法包括：纳入知名用户以达到推波助澜的效果，拟定细分市场以迎合多元需求，多方向操控累积话语权，制定有效的定价策略来推动各边成长。遵循察觉、关注、尝试、行动这四大环节建立营销机制，吸引用户进驻生态圈。而当用户踏进来后，要聪明地提高转换成本，将他们留在生态圈之内。

再次，面对竞争时，平台企业必须留意自己所处的产业是否存在天然的“赢家通吃”现象，并通过提升跨边网络效应、同边网络效应、转换成本等来达到战胜竞争对手的目的。更重要的是，平台企业必须清楚知道自己的定位：在所有同质的竞争者当中，你的生态圈究竟占有多广及多深的市场范畴？当然，最重要的是确保生态圈的机制体系有良好的延展性。

最后，平台模式也会带来威胁。所有企业都要留意新形态的“覆盖”战争——利润池捣毁之战。敌人可能从你周围的任何方向出现：可能是曾经与你互补的相邻产业，可能是与你有共同替代性的重叠产业，可能是来自不同维度的交叉产业，也可能是来自毫不相关的产业。更骇人的是，最强大的覆盖者多半属于多环状生态圈，也就是由众多平台组成的庞大帝国。它们可以实施难以想象的补贴策略，彻底颠覆你所处的产业现状。面对覆盖者的威胁，你可以采取和对手相称的战略模式，或设法分散你的利润池，或寻找异业同伴一起对抗覆盖者。

在未来的几十年内，绝大部分的商业领域都将遭到平台模式的洗礼，这是令人欣喜且兴奋的事。食、衣、住、行、育、乐等各环节都会源源不断地冒出创新的平台思维，彻底改变人群行为和产业模式。

（二）“善用现有平台”法则

当你不具备构建生态型平台实力的时候，需要思考怎样利用现有的平台。马云说：“假设我是‘90后’，重新创业，前面有个阿里巴巴，有个腾讯，我不会跟它挑战，心不能太大。”

现在互联网的发展趋势，越来越向开放、社交、整合发展，互联网创业者在面临

Google、腾讯、百度、阿里等巨头公司时，想要与这些巨头抗争，似乎比较困难，但是可以好好思考如何利用这些平台。目前利用现有平台成功的案例有很多。

对于创业者来讲，与其做一个平台，不如做一个平台之上的内容提供商。所有的平台企业一开始都是从满足一个点的需求出发的，先解决一部分人的需求，让自己成为这个领域的专家和权威，成为这个领域中最好的公司。然后在慢慢发展的过程中，发现客户越来越多的需求，让越来越多的客户使用它的产品，通过产品或服务解决他们生活中存在的一些问题，这个时候就会逐渐地走向平台的发展之路。在这个过程中始终坚守的是对用户需求的理解和满足。

案例

北京醋溜科技公司是善用平台获得成功的典范

北京醋溜科技公司是一家由和君商学院学生创立的公司，当初从和君咨询获得了5万元的天使投资，在经历了7年的创业后，2012年已经成为腾讯金牌合作伙伴。

其旗下的“欢乐淘”是一款专注于女性用品的导购类应用，目前在腾讯开放平台上的日用户活跃度已达80万，而上线不久的两款移动端App欢乐淘，在iOS和安卓平台上合计商品点击数超过160万。

“欢乐淘”定位为年轻人提供时尚、文化、娱乐等领域的互联网应用产品与内容服务，和所谓的“第一代导购类先驱”不同，其产品模式只有十个。“限量推荐”是他们开发过程中一个被反复验证的模式。就像用户在腾讯平台上天天分享的十张图、十句话、十件糗事、十个笑话、十大星座等，都来自北京醋溜科技公司的团队之手。

他们在研究中发现浏览用户中18～24岁的女性占到70%～80%。于是，“欢乐淘”锁定了三、四线城市年轻女性和大学生群体进行主力推广。这两个群体对商品价格较为敏感，属于QQ空间上活跃度最高的群体。公司选择在QQ空间的开放平台开发应用，一举获得了巨大流量。

（三）“让企业成为员工的平台”法则

互联网技术已冲击了经营逻辑，也冲击了管理逻辑。在互联网时代，企业最重要的战略应该是把自己变成一个“互联网化的企业”。具体来说，企业必须在需求侧交互用户，获得用户真实需求；同时在供给侧自由联动，形成内外部一体化的超级供应链（或者叫供应生态）。换而言之，企业必须要让自己变成一个平台，平台上所有的资源能够自由连接，以满足各种用户需求。而带动资源自由连接的关键是人，因此这类企业必然打破传统的科层制架构，以“激活个体”，实现用户需求驱动下的自由连接。

互联网巨头的组织变革都是围绕着如何打造内部“平台型组织”而开展的。包括阿里巴巴 25 个事业部的分拆、腾讯 6 大事业群的调整，都旨在发挥内部组织的平台化作用。海尔将 8 万多人分为 2 000 个自主经营体，让员工成为真正的“创业者”，让每个人成为自己的 CEO。

内部平台化就是要变成自组织而不是他组织。他组织永远听命于别人，自组织是由自己来创新。在亚马逊，首席执行官杰夫·贝索斯和他的团队非常重视良好的客户服务，同时也非常重视客户服务团队的价值。为了让公司所有员工都认识到客户服务团队对亚马逊公司整体的成功有多重要，包括贝索斯在内的所有员工，每两年都会安排两天的时间在顾客服务柜台工作。这样的经历有助于员工更好地理解整个过程，并更加欣赏这个团队。

九、跨界思维

所谓跨界思维，就是用多角度、多视野来看待问题和提出解决方案的一种思维方式，释义为交叉、跨越。它不仅代表着一种时尚的生活态度，更代表着一种新锐的眼光和思维特质。

随着互联网和新科技的发展，很多产业的边界变得模糊，互联网企业的触角已无孔不入，如零售、图书、金融、电信、娱乐、交通、媒体等。如果说当初小米雷军的一句戏言：站在风口的猪也能飞起来，开启了互联网思维的真正风靡，那么随着越来越多的成功案例，互联网思维的落地也变得越来越普遍。在越来越激烈的市场竞争中，合作共赢正在成为一股不可抵挡的潮流，而跨界合作更是这股潮流中最突出的典型代表。

通过与不同行业的企业或品牌的跨界合作，拓展更大的传播空间，开创更大的市场空间，正在成为越来越多具有远见卓识企业的共识。这种思维模式打破了行业营销固有的藩篱，是一种真正跨行业的合作共赢。把一些原本毫不相干的元素重新组合在了一起，融合在了一起，跨界营销让不同行业的企业或品牌之间有了共同的联系，并充分发挥出了各自企业或品牌之间的协同效应，让营销发挥出了更大的效用。

比如民生直销银行与游心旅游网合作，推出“有你有我，金彩同行”活动。银行和游戏合作，这种跨界还是跨度相当大的。“带我去旅行”成为主题，用户通过互动游戏集齐旅行必备品，参加活动抽奖可获取 4 999 元旅游基金、旅游折扣券、0.1 克民生金、10 万元旅游基金、30 万份旅游折扣券等。

再比如热门综艺《奔跑吧兄弟》也和服装企业合作，苹果公司也在进行这种跨界营销，在推出 AppleWatch 之后，包括苹果公司涉足汽车的传闻也不少。貌似苹果公司造车是“不务正业”，但更多的业内专家认同苹果公司是“全球跨产业升级的典范”。毫不夸张地说，苹果公司的成功，依靠的不是产品，也不是创意，而是超越传统的思维观念和经营体系。

正如百度 CEO 李彦宏指出的：“互联网产业最大的机会在于发挥自身的网络优势、技术优势、管理优势等，去提升、改造线下的传统产业，改变原有的产业发展节奏、建立起新的游戏规则。”

（一）“携‘用户’以令诸侯”法则

成功的互联网企业为什么能够赢得跨界竞争？答案就是：掌握用户！

它们一方面掌握用户数据，另一方面又具备用户思维，自然能够携“用户”以令诸侯。阿里巴巴、腾讯相继申办银行，小米做手机、做电视，都是这样的道理。

未来十年，是中国商业领域大规模“打劫”的时代，一旦用户的生活方式发生根本性的变化，来不及变革的企业必定遭遇劫数。

（二）“用互联网思维，大胆颠覆式创新”法则

今天看一个产业有没有潜力，就看它离互联网有多远。只有能够真正运用互联网思维重构的企业，才可能真正赢得未来。

美图秀秀蔡文胜说：未来属于那些传统产业里懂互联网的人，而不是那些懂互联网但不懂传统产业的人。

金山网络傅盛说：产业机会属于敢于用互联网向传统行业发起进攻的互联网人。

未来一定是属于既能深刻理解传统商业的本质、也具有互联网思维的人，不管你是来自传统行业还是互联网领域。

小 结

互联网思维是人们立足于互联网去思考和解决问题的思维。它是互联网发展和应用实践在人们思想上的反映，这种反映经过沉积内化而成为人们思考和解决问题的认识方式或思维结构。互联网时代的思考方式，不局限在互联网产品、互联网企业。这里指的互联网，不单指桌面互联网或者移动互联网，是泛互联网。未来的网络形态一定是跨越各种终端设备的，包括台式机、笔记本、平板、手机、手表、眼镜等。

简答题

1. 简述互联网思维的内涵。
2. 简述互联网思维的原则与要求。
3. 简述互联网思维的九大模式。
4. 简述互联网思维中的用户思维。
5. 简述互联网思维中的跨界思维。

案例思考

小支红酒：用互联网思维改造传统产业

传统行业总有传统的打法！“红酒文化”是中国红酒行业所有品牌的必修课，小支红酒偏偏不谈任何红酒文化，独创“100 毫升，一杯刚好的红酒”，扮演着颠覆者的角色。这其中，究竟有着怎样疯狂的商业逻辑？

2017 年 6 月 29 日，小支红酒正式发布了 3.0 版本——1 号酒“智利赤霞珠干红”和

2号“南非莫斯卡托干白”。自诞生起，小支红酒备受关注与喜爱。

初见小支红酒产品包装的人，往往会眼前一亮：还有这种红酒？试管状的小玻璃瓶，印上一个阿拉伯数字的酒款，图片 Logo 和文字 Logo——Lesslive，正如小支红酒的内涵一样，类似于“1.0、2.0、3.0 版本、酒瓶开发者、产品朋友圈”的小支红酒独有的语录，使得这款产品更具有互联网科技思维，而不仅仅是一款红酒。

打破传统红酒品牌固有的形象，这正是小支红酒品牌创始人张红年的想法：“我们甚至把这款红酒定义为一个互联网产品，因为我们想不借别人的文化，做中国人的红酒。”所以小支红酒走的是与传统红酒截然不同的路线——大瓶变小瓶、酒款信息用数字代替。

“和朋友聚会的时候，有时候红酒经常喝不完，并且每个人想喝的口味也不同，喜欢的红酒但叫不上酒名，在朋友面前也显得尴尬”。在张红年看来，这意味着消费者在喝红酒上有很明显的痛点，解决喝不完的问题，口味变得更丰富多样，这对于消费者来说可能更容易接受。

红酒行业正是需要这样一批符合消费者喜好的产品去激发潜在的红酒用户，潜在用户的唤醒刺激了小支红酒这类概念的爆发。

问题：小支红酒成功的秘密在哪里？小支红酒创始人张红年如何用互联网思维改造红酒行业？

资源推荐

1. 经理人：http://www.sino-manager.com

经理人manager影响中国管理实践

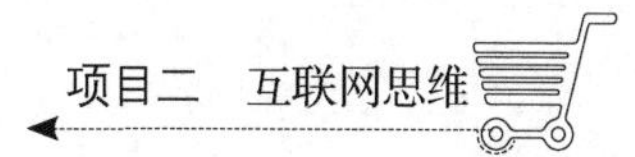

2. 亿邦动力网：http://www.ebrun.com

ebrun亿邦动力

3. 阿里学院：http://page.1688.com/ac/alichuangye.html

4. 中国国际电子商务网：http://www.ec.com.cn

5. 销售与市场：http://www.cmmo.cn

项目三 网络创业模式

项目介绍

通过前面的学习，了解了网络创业的一些基本内容，这些都是网络创业的“硬知识”，现在我们需要学习一些“盈利模式”方面的“软知识”。只有软硬结合，才能利用现有的网络条件，再加上我们的智慧进行网络创业。

盈利模式是指在竞争条件下，由几种管理要素有机结合而成的，能满足客户价值并实现利润最大化，且具有市场竞争力和动态稳定性的企业经营模式。因此，对于企业经营来说，盈利模式决定了企业是否能持续发展。每个企业只有找到了适合自己的盈利模式，才能为企业带来源源不断的利润。网络创业也是如此。

项目目标

知识目标

➢ 熟悉传统的商业盈利模式，了解常见的网络盈利模式的分类，了解并掌握网络创业模式。

能力目标

➢ 能够正确理解网络商业价值的重要性；通过分析传统的网络盈利模式和网络创业模式，进行准确定位和选择。

素质目标

➢ 培养网络商业价值的意识。

【引导案例】

辍学大学生网上创业被称“鞋神”

尹志强是淘宝店铺羊皮堂男鞋专营店的创始人。2006 年正在读大学的他由于在宿

舍卖鞋被发现，选择了中途退学。2009 年，他在广州佛山边界的郊区开始自创品牌，在淘宝商城设立了“羊皮堂男鞋专营店”。而现在，他的网店发展到日售两千多双鞋，每月有 300 多万元的营业额，并以每月 15%以上的速度增长，被人称为“鞋神”。

淘宝卖外贸尾单，赚到第一桶金

尹志强说，大学时的生活费和学费都是靠自己赚取的。他认识了一名福建人，他向尹志强提供当地加工厂里的外贸尾单鞋，尹志强便把货放在宿舍里，开起了淘宝小店，赚中间差价来维持生活。后来，他在宿舍里存放鞋子的事情被学校发现，勒令他搬走，理由是这样会影响其他同学的学习生活秩序。正在读大三的尹志强选择了退学。之前卖鞋也让他积攒了几千元，他就拿着这几千元，跑到了福建泉州，直接跟当地的工厂联系预订外贸鞋。他的生意越来越红火，平均一天就能卖出四五百双，网店的规模也很快从个人店发展到有四十多名员工的大店。到 2008 年，他已攒下了自己的第一桶金：60 万元人民币。

但尹志强渐渐发现，外贸尾单不稳定。遇到质量好的一批货，很快售完也不能再进货；遇到质量平平的一批货，很可能会因销量不佳而积压。他意识到做外贸货并不是长久之计，于是他开始考虑自创品牌。他想以男士休闲鞋作为突破口，因为国外进驻的几个休闲鞋大品牌往往定价较高，但年轻人的休闲鞋领域还是一片空白。

自创品牌，已有几十家经销商

福建的鞋类加工厂是流水线加工方式，只接收大批量的订单，不适合尹志强的小批量进货。广州许多中小规模的加工厂流水化作业程度不是很高，有些环节还要靠手工，为小批量生产提供了可能。于是，他就在广州佛山郊区开始了自己的第二次创业之路，他在淘宝商城推出了自创淘品牌“MR. ing”。

弥漫全球的经济危机却给尹志强带来了机会，广州本地的一些外贸加工鞋厂因为接不到国外订单而面临危机，它们对于尹志强的订单十分欢迎。但由于淘宝商城大多数商家是将线下有一定口碑和粉丝的品牌搬到商城上，他这种新品牌开始不受青睐。2009 年 1 月到 5 月期间，他的店每天只有二三十双的销量，大量货物都卖不出。但当年 5 月上市的一款透气鞋，改变了滞销局面。该款透气鞋上市后每天的订货量都在 500 双以上。时至今日，这种黑色单款共销售了十万双以上，也带动了其他鞋款的销售，创下淘宝网上的一个奇迹。

案例思考：为什么尹志强会选择在网上销售鞋类？尹志强自创品牌有哪些风险？

模块一　商业模式

一、传统商业模式

（一）传统的商业表现形式

自从有了人类，商务活动就从未间断过。在人类社会的发展过程中，随着社会生产的发展，逐渐产生了商品交换。商业随着社会生产的发展而发展，对生产力起到了促进和推动作用。以原始社会末期出现的原始形态的交换行为为开端，经历了物物交换（W—W）、简单商品交换（W—G—W）和发达商品交换（G—W—G）三种形式和三个发展阶段。在商品交换的进化发展过程中，商业活动的范围日趋扩大，商业活动数量不断增加，但是其商品交换的本质并未发生太大的变化。商业是以媒介和促进商品交换为基本职能的社会行业，就其本质功能而言，主要是通过一系列的商品交换活动，实现社会资源在各个领域的合理分配，满足人们的消费需要，促进社会经济的健康发展。在传统的商业中，商品交换的主要模式是柜台式，一手钱一手货的交易方式。售货员和推销员是顾客与商品之间的桥梁，售货员和推销员的服务态度和服务效率直接影响商品的销售。

（二）传统的商业盈利模式

传统商业的盈利模式主要有进销差价模式、渠道控制模式、供应链管理模式和增值服务模式。

1. 进销差价模式

进销差价模式，顾名思义是指企业通过以高于采购成本的价格将商品销售给消费者赚取利润。进销差价模式是最基本、最传统的一种盈利模式，它伴随着企业的产生而产生，并贯穿于企业的发展过程之中。

（1）利润来源。

进销差价模式的利润来源主要有两个：一是进销差价，企业首先向生产商购得产品所有权，然后以高于购买成本的价格卖给消费者实现价格差，以及建立在一定销售规模上的销售奖励；二是企业通过提供仓储运输等简单的附加服务来获得收入。在传统企业的利润来源中，进销差价是企业的主要业务收入，在企业总体盈利中占有很大的比例，而诸如销售返利以及提供仓储运输服务的收入来源只占有很小的比例。

（2）模式评价。

以进销差价作为主要利润来源是企业最传统也最基本的一种盈利模式，它对企业积累原始资本，为今后的发展壮大起到了促进作用，但是由于其仅仅是通过转移商品的价值来获得收入，因此本身又存在着一定的局限性，主要表现为：1）不利于企业的规模扩张；2）缺乏核心竞争优势；3）企业经营成本和风险较高。

从以上分析可以看出，进销差价作为一种传统的盈利模式，虽然对企业的发展壮大起到了积极作用，但是由于其获利手段单一，运行模式缺乏灵活性，不能反映市场需求的变化，并且容易导致企业运营成本较高的缺点，存在着较大的改进空间。

2. 渠道控制模式

目前绝大多数生产企业没有显著差异化的产品，没有强势的品牌，自身没有完善的分销体系，同时又要面临市场上同类商品的激烈竞争，这就使得生产企业对企业的分销渠道相当依赖，导致拥有强大分销能力的企业具备了控制上游生产企业的能力。

渠道控制模式指企业凭借强大的分销网络和分销能力，对上游生产企业实施控制，迫使生产企业做出妥协，让渡更多的生产利润给企业的一种盈利模式。渠道控制模式是建立在企业不断发展壮大的基础之上的，按其利润来源的不同可以再分为通路费用模式和类金融模式。

(1) 通路费用模式。

通路费用模式产生的利润来自商品买卖差价之外，通常是指经营场地所产生的效益，即收取场地柜台的租赁费。通路费用模式指企业凭借其渠道控制力向上游生产企业收取诸如商品进场费、购货折扣、物流费、仓储费、节庆赞助费、新店赞助费、促销费、场地使用费等通路费用赚取利润的盈利模式。

(2) 类金融模式。

类金融模式利润的来源除了包括进销差价和销售返利之外，还可以通过延迟对生产商购贷款的支付，利用延迟付款将这部分资金投入资本市场、房地产市场或者设立连锁分店，通过在资本市场和房地产市场赚取利润来弥补零售市场的低利润甚至是负利润，同时利用连锁扩张增加分销渠道的覆盖面，进一步提升对上游生产企业的影响力和控制力。

企业在模式的选择上可能不仅仅局限于采用通路费用模式或者是类金融模式中的一种，而往往是两种盈利模式的混合体，如目前市场上的家电零售行业，返利加上各项费用再加上苛刻的贷款支付方式，是家电连锁企业敢于以超低价格销售的资本，也成为几家家电零售巨头，如国美、苏宁等之间相互竞争的利器。

案例

家乐福收费

家乐福建立了一个详细的收费标准，它明确规定了收费的种类，包括进店费、条码费、货架费、促销费、节庆费、信息系统使用费等。因此，一家生产企业要想进入家乐福，大致要交纳6大门类的费用。据推算，各项进场费用总共占到供应商总销售额的8%～25%，最高可达35%。按照家乐福的理念，卖场中不同货架的不同位置体现着不同价值，收取货架费是对这些位置价值的体现。除此之外，每开一家新店，家乐福会在收银台的外面开辟很大的区域出租给一些百货类商店，如服装、鞋帽、化妆品、饰品等。这些商店在共享家乐福的客流量的同时，也给家乐福带来稳定的租金。

企业由于缺乏对下游消费者的控制，降价让利是其聚拢消费群体的主要手段。其利用渠道不断加大对上游行业的控制，在上下游产业链利益分配中迅速占据主导地位，向价值链上游环节转嫁竞争压力，挤压上游利润空间，从而巩固并扩大其盈利空间，转移其让利消费者带来的经营风险。在此基础上，企业通过提高其销售规模以提高产品绝对销量和采购量来要挟供应商加大返利力度和交纳更多的通道费，通过从供应商获得返利和通道费获取丰厚的隐蔽利润，并且在很大程度上抵消低价销售带来的损失。其弊端：1）它会引起供应商与企业矛盾冲突不断升级；2）会降低产品质量；3）容易导致腐败行为的出现；4）导致经营风险。

3. 供应链管理模式

供应链管理模式指企业通过与上下游客户之间建立战略合作伙伴关系，以客户需求为导向，运用供应链管理技术，从生产和流通两个角度降低成本、提高盈利空间并且利益共享的一种盈利方式。供应链是将供货商、制造商、分销商、零售商直到最终用户联结成一个整体的功能网链结构。

在供应链管理模式下，大型企业仍然是供销关系中的主导企业，企业运用供应链管理模式获取利润，必须做到：（1）以顾客为中心，以市场需求拉动上游的生产行为。（2）整条供应链上的企业专注于核心业务，建立核心竞争力，在供应链上明确定位，将非核心业务外包。（3）链上的各企业必须紧密合作，做到利益共享、风险共担。（4）对商流、物流、信息流、资金流进行设计、执行、修正和不断改进。（5）建立高效、先进的信息系统，利用信息系统优化供应链的运作。（6）合理预测市场需求，缩短产品完成时间，使生产贴近实时需求。（7）通过流程优化减少各环节成本，推动盈利的增长。

（1）利润来源。

企业运用供应链管理模式主要从以下三个方面改善企业的盈利能力。

1）通过为消费者和客户创造价值增加收入。企业特别是零售企业应当运用与消费者紧密联系这一独特优势，有效地把握市场需求，并及时回馈给上游企业，为消费者生产更多的满足他们需求的畅销产品，达到增加收入的目标。

2）运用供应链管理技术对流程进行再改造，降低在供应链各个环节上的成本，如各种交易成本、物流成本等，通过节约成本提高盈利空间。

3）通过设备共享、降低库存，减少资产的占用（如资金、设备和存货等），以较少的资源投入获得最大的投资回报，提高资源利用效率。

案例

沃尔玛

WAL★MART®
沃 尔 玛

作为世界500强之首，沃尔玛不仅是一家等待上游厂商供货、组织配送的纯粹的商业企业，而且也直接参与上游厂商的生产计划，与上游厂商共同商讨和制订产品计划、供货周期，甚至帮助上游厂商进行新产品研发和质量控制方面的工作。

因此，沃尔玛总是能够最早得到市场上最希望看到的商品，当别的零售商正在等待供货商的产品目录或者商谈时，沃尔玛的货架上已经开始热销这款产品了。

沃尔玛高水准的客户服务使其能够做到及时地将消费者的意见反馈给厂商，并帮助厂商对产品进行改进和完善。零售企业只是作为中间人，将商品从生产厂商传递到消费者手里，反过来再将消费者的意见反馈到厂商。虽然看起来沃尔玛并没有独到之处，但是结果却差异很大。原因在于沃尔玛能够参与上游厂商的生产计划和控制，因此能够将消费者的意见迅速反馈到生产中，而不是简单地充当二传手或者“电话话筒”。

沃尔玛与供应商通过计算机联网和电子数据交换系统与供应商共享信息，从而建立伙伴关系。除此之外，沃尔玛还为供应商在店内安排适当的空间，有时还让这些供应商自行设计和布置自己商品的展示区，旨在店内营造一种更吸引人、更专业化的购物环境。

（2）模式评价。

供应链管理模式要求供销环节中各企业从对立走向共生，将商品从生产、流通到消费者的整个活动看成是更高的满足客户需求而存在的连贯过程。改变原有分散的管理方式和以某一企业所在环节利益最大化为主导的盈利方式，而以信息系统为纽带，通过企业间信息共有化来明确和协调各企业在整个供应链中的作用，使整个供应链高效运转，从而为顾客创造更大价值，也给自身创造更大的利润空间。

由于供应链管理要求上下游企业之间做到紧密合作、利益共享、风险共担，因此对于采取供应链管理盈利模式的企业来说，必须做到相互信任，并公平分配增加的利益。

4．增值服务模式

增值服务模式是指企业通过向上下游客户提供增值性的服务，从服务市场上获取利润的一种盈利方式。向上下游客户提供增值服务并不是最近几年才出现的盈利方式，但是却一直未受到企业的重视。目前虽然通过增值服务获得的利润仍然只占企业全部利润的很小一部分，但伴随着市场竞争的加剧，越来越多的企业认识到增值服务带来的巨大利润空间，因此，企业内的业务结构设置也开始向这方面偏移。

（1）利润来源。

现代企业提供的增值服务具体可以分为四个部分：1）自创品牌服务。2）为供应商提供的增值服务。3）为消费者提供的增值服务，主要包括为消费者提供的相应售后服务等，如设备的运输、安装、维护和更新服务。4）其他类增值服务，如汽车企业与金融资本相结合，为消费者提供汽车消费信贷服务等。

案例

马莎百货集团

英国的马莎百货集团被称为“没有工厂的制造商”，它采用的是单一品牌策略，主要

销售其自有品牌“圣米高”系列产品，虽然品牌单一但产品花色和种类繁多。“圣米高”牌系列商品由遍布全球的800家企业生产。马莎百货向制造商提出原料、生产工艺和品质等方面的要求，并提供技术支持和管理咨询。由于制造商无须投入资金发展和推广品牌，所以可以降低供货价格。“圣米高”现已被公认为是优质和物有所值的象征。

(2) 模式评价。

从依靠转移商品价值获取利润的盈利模式到为生产企业和消费者提供增值服务为主的盈利模式的转变，为现代企业创造价值起到了积极的作用。主要优点为：1) 为企业创造了更多的价值。2) 为客户创造了价值。3) 有效缓解企业同生产企业之间的矛盾冲突。4) 提高了企业的核心竞争力。

二、网络商业模式

(一) 网络的特性

作为信息技术革命产物的互联网，20世纪90年代以来在全球得到了飞速发展和普及。互联网把世界各地和各色人种通过各个终端紧密地连接在一个平台之上，并以极强的包容性和变革性把不同区域的政治、经济、文化放在自己的背景和机制中，从而把人类带入了网络时代。作为计算机技术和通信技术的完美结合，网络有着自己鲜明的特性：

(1) 开放性。互联网是一个四通八达、没有边界、没有中心的分散式结构，体现的是自由开放的理念和设计原则。任何人只要拥有一台计算机和简单的上网设备，就可以接入互联网，向世界发布信息，传播自己的观点和理念，同时也可以选择自己喜欢的信息和内容。在这里，信息跨越了时空界限，实现了自由流动。

(2) 互动性。互联网的实时互动和异步传输并举的技术结构彻底地改变了信息的传播者和接受者的关系。任何网络用户既是信息的接收者，同时也可以成为信息的传播者，并可以实现在线信息交流的实时互动。

(3) 平等性。网络水平方向延伸的存在方式决定了网络是一个平等的世界，在网上网民交流的是信息，是思想，不管交流方的身份和地位，也就是说，网络交流忽略了网民的权力、财富、身份、地位、容貌等因素，在网络组织中成员彼此平等相待。

(4) 虚拟性。互联网的存在状态是无形的，在网上的交流中，人们看到的文字、形象和听到的声音都变成了数字的终端显现，形成了另外一个时空概念。

随着时间的推移，网络也在不断地发展，今天的网络又有着如下的时代特点：

(1) 网络和基于网络的电子商务不受地域或国家边界的限制，而只受计算机网络覆盖范围的限制。

（2）从互联网上获取的信息数量、获取信息的速度都发生了爆炸式增长，人们面临的不是信息匮乏而是如何从众多信息中选择最有用、最有价值的信息。

（3）给商家和消费者带来实实在在的利益。如全球消费、全球选择，缩短商品供应链、优化商品交货链；成本减少、价格降低；提供新的商机、新的商品和服务等。

（4）24 小时服务，提供和获取商业信息。

（5）网络是一种属于成员的虚拟空间。作为一种虚拟世界的网络，提供了一种全新的人际关系与表现空间，匿名性带来的是人们充分的自我暴露，是人们身份与角色的不断转换，网络是人们的另一种生存状态，这也是网络吸引众多网民的一个重要原因。

（二）网络的商业价值

1. 节约成本

一方面，由于电子商务不再借助于传统的分销网络，并使企业能够按照市场需求精确地管理库存与供应链，因此企业的营销、储存的成本大大降低，节约了企业的内部成本；另一方面，越来越多的企业利用企业间的电子商务进行销售和整合供货链，交易成本即企业之间利用市场机制的成本也大大降低。

此外，计算机网络价值也有体现：经销商可以从中获取收益。因为信息中介建立的客户信息资料远比经销商自建的更详细、更全面，并使经销商更有把握接触到潜在的客户并把它们变成真正的客户，这使得经销商获取客户的成本或市场营销成本显著下降。

2. 提供创造价值的机会

互联网不仅能降低成本、提高效率，而且还提供了创造价值的机会，目前，互联网创造价值的机会主要为建立新型中介以促成价值从经销商转向客户。

3. 有无边界的市场

互联网几乎无限地扩大了商业活动的领域，使商业活动不再借助于物理设施的存在，超出了国家、地域、时间等的限制，客户和市场被大大地扩展了。另外，互联网作为一个强大的平台，把人与人、企业与企业联系起来，同时又通过相关的信息使这个平台本身得到了丰富和改进。

4. 拥有信息化的服务

由于信息技术的充分利用，生产者面对更加细分的市场，能够及时了解消费者的需求，并对客户提供技术支持和售后服务，使用户足不出户就可得到想要的服务。

互联网为人们带来了许多新鲜的体验与思想，这些新鲜的体验与思想正以一种难以想象的方式冲击着我们现在的各种秩序，虽然没人知道将来会发生什么，但是每个人都能感受到互联网为这个世界所带来的巨大变化，正如蒸汽机的发明引发了工业革命一样，今天的互联网技术正在引发一场新的商业革命。我们所说的网络的商业价值就体现在上述所说的网络的各种特性中。在互联网的发展中，正是开放、平等、协作、分享的互联网精神激励着众多网民投身这一伟大的商业革命中。

(三) 网络企业

1. 网络企业的含义

网络企业不是指销售有关网络硬件和软件的实体企业，而是在互联网上注册域名，建立网站，利用互联网进行多项商务活动的企业。这些商务活动包括通过互联网进行商品采购与销售，通过互联网对实体企业进行宣传和对其产品进行营销，通过互联网向希望得到特定信息的顾客提供信息服务，通过互联网向人们提供虚拟的社区服务，如聊天、讨论、交友等。

因此，从本质上分析网络企业，它是指以互联网平台为基础，利用网络的各种特点提供相关免费以及增值服务，并因此获得收入的企业。其收入来源主要是依靠网络中介而产生效益，主要经营模式是通过建立自己的网站，提供网络接入、搜索引擎、门户站点、电子商务等众多业务，以吸引大量用户。因此，一方面网络企业要利用互联网的特性，另一方面网上业务能够带来收入，而且大部分网络企业收入均与网上业务的运营相关。

2. 网络企业的实质

(1) 网络企业提供了虚拟的交易场所。网络企业的交易是通过互联网实现的，互联网既是交易各方完成交易的手段，又是交易各方进行交易的虚拟场所。在网络企业中形成的交易关系，不仅包括劳资双方之间的契约关系，而且形成了企业与消费者、企业与企业之间直接买卖各方的契约交易关系。

(2) 网络企业是对传统市场的一种替代。首先，过去在传统市场中进行的生产要素采购交易和最终产品购买交易，现在已经部分地被网络企业所取代。换句话说，传统市场中的生产要素市场的功能和产品市场的功能已经部分地被网络企业所取代。其次，传统市场中所需要的一些交易程序和过程，如企业产品或服务信息的发布、达成交易意向、交易的谈判、签约、下订单等，已部分地被网络企业通过互联网所取代。

(3) 节约交易费用是网络企业生存的重要原因。网络企业替代传统市场最直接的结果是节约了交易费用，诸如节约了广告费用、搜索产品和发现相对价格的信息费用、谈判费用等。同时，也正是因为节约了交易费用，才使得网络企业能够生存。

网络企业对传统市场的替代程度，既取决于企业的消费者对网络的认识程度和利用程度，又取决于网络企业自身的技术支持程度和发展水平，还取决于社会的信用水平、社会相关的基础设施的完善程度和对网络企业的支持程度、国家的政策和立法情况等。但有一点是肯定的，网络企业虽然是对传统市场的一种替代，但不能完全替代传统市场。

三、常见的网络盈利模式

网络企业的盈利模式是指网络企业向其客户提供服务以获得盈利的方式。这种模式决定了网络企业的信息流和物流的组织形式，从而也就决定了其收入和成本的结构和数量，并最终影响网络企业的前途。这里关注盈利模式的真正意义在于，在传统经济向新经济的转换过程中企业如何达到盈利模式的更新和实现的目的，以及如何认识和评估这些商业模式在更新过程中其价值的实现程度。一般认为，一个企业的盈利模式至少包括以下三方面的内容：企业的经营内容、企业的服务对象和企业的收入来源。企业的经营内容是指企业经营的是产品还是服务，是有形产品还是无形产品。企业的服务对象是指企业的受众，可以是特定的目标群体，也可以是无针对性的大众群体。企业的收入来源是指企业获取经营收入的方式，包括销售收入、广告、佣金、会员费、服务费等。考察任何一个企业的盈利模式大致都可以从这三方面入手。那么，当前网络企业到底有哪几种盈利模式呢?

本书根据因特网的商务功用和商务活动中的产品流、服务流和信息流三要素，将网络盈利模式划分为三类：基于产品交易的盈利模式；基于服务销售的盈利模式；基于信息交付的盈利模式。这种分类体系从构成盈利的商业要素角度来分析，区分了不同模式中收入取得方式，即盈利模式的不同，其商业要素体现方式是不同的，收入的体现方式和成本的产生方式以及价值的产生方式也是有差异的。而且这个指标体系与本书认为的网络盈利模式的概念也一致，覆盖面也很全，对指导现实网络企业的盈利模式有很大的启示作用。

（一）产品交易型盈利模式

通过电子商务网站搭建电子商务平台作为盈利手段是大多数人理解中的电子商务网站的盈利模式。网站通过在网上销售商品获得收入，注重的是效率、过程以及成本的降低。简单地说，就是利用电子商务平台的优势，扩大产品销售规模，以获取更多利润。由此可见网上销售比传统营销更具有价格方面的竞争力，必将赢得越来越多消费者的青睐。另外电子商务网站还可以通过收取加盟费获利，就是在网上开设加盟店，或共享资源并取得相应比例的回报。采用产品交易型盈利模式主要有两种企业，一种是以制造商为主导的电子商务企业，另一种是以交易为主导的电子商务零售企业。

以制造商为主导的电子商务，也就是传统制造企业通过在计算机网络环境下的商业化应用，把买家、卖家、供应商和合作伙伴通过互联网、企业内联网和企业外联网全面结合起来的一种应用。传统企业商务模式的网上迁移，去掉了“迂回经济”的非经济性，使企业进入了“直接经济”时代，使生产直达消费。在这方面应用得最为成功的是计算机（如康柏、戴尔等）和家电企业（如海尔）。例如戴尔公司，和传统商务模式相比，它可以实现 24 小时在线服务，可以为企业降低销售成本和内部管理成本，从而为企业带来更大的盈利空间。在顾客方面，戴尔公司与顾客保持互动，通过戴尔网站实行直销，不仅可以更深入地了解顾客需求，更能获取传统模式中留给中间商的利润空间，从而降低销售成本。

以交易为主导的电子商务，它表现为一条产业链中上下游企业之间供应、采购活

动的网络化，其网站的核心竞争能力表现在如何利用网络为企业更多地降低库存、采购成本和管理成本，从而获取更大的盈利空间。如亚马逊、当当网等在线零售商，都是在网上从事实物产品的交易。当当网作为全球第一大中文网上书店，可以在网上提供20万种以上国内出版的图书。相对于传统的实体书店，买书者往往能在当当书店买到更多的专业书籍，而且当当书店还可以帮助解决边远地区或者海外华人买书难的问题。

产品交易型盈利模式又可以细分为以下几种主要模式：

1. B2C

B2C的典型为网上商店。网上商店就是网络用户通过网站了解商品信息，网站通过物流配送体系将商品直接送到用户手中，并通过各种传统和网上方式收取商品货款的网上虚拟销售商店。

网上商店的优势在于它直接连接生产厂商和消费者，通过人们对一些知名品牌的认可，将商品直接从生产厂商送到消费者手中。它不仅大大降低了传统销售模式的中间商成本，而且让用户足不出户就可以进行各种消费购物。1999年3月，中国第十家网上商店——8848网站正式开通，曾一度掀起中国B2C投资高潮。虽然中国物流配送问题仍然没有根本得到解决，交付信用体系仍然存在一些不足，但是这种网络经济模式却非常有投资价值。另外，对于大型网上商店来说，建立有效的客户关系管理系统也是非常重要的，否则大量订单处理起来将会错漏百出、效率低下。

2. B2B货物采购

1999年11月，两大汽车制造商福特和通用先后宣布将把它们庞大的采购部门转移到互联网上。两家公司的采购部门通过互联网和全球各地的供应商、商业合作伙伴、顾客进行联系和交易，每年能够节省20%左右的成本。

目前对于许多大型企业来说，客户遍布世界各地，每天会收到各种各样的产品和原材料订单，如果按照传统的电话、电报、人员往来进行交易，就需要大量的人员，不仅响应时间和成交时间长，而且出错率也很高。如果将各种订单通过互联网借助网络数据库处理技术，只需很少的人员就能实时地响应。并且借助网上银行的参与，可以大大降低交易成本，客户也可以实现产品采购的零库存。但是，这需要建立一定的信用保证机制和安全机制。

3. 网上软件销售

软件是地地道道的数据产品，它通过网络进行销售的有利面是可以下载软件，然后通过用户注册或密码认证来确认软件的购买。因此，许多综合门户也经营软件下载的业务。虽然大部分是小软件和试用软件，但是网络软件销售是非常大的市场，而且可以有效对付盗版软件。

（二）服务销售型盈利模式

和产品交易型盈利模式不同的是，这种模式不是大规模地生产某种产品，而是提供某种服务去满足客户的特定需求，并且对于消费者来说收入通常都是预先支付的。在线能提供的服务是多样的，如网络游戏、广告收费、在线交流、在线音乐、在线电影、电子邮箱、虚拟空间、收集短信等。

目前有的服务项目是清晰的，如网络游戏，2003 年度福布斯中国富豪排行中，第九城市就是依赖网络游戏盈利的。广告支持模式也是盈利的，中国的几大综合网站，如网易、搜狐、新浪，还有著名的搜索网站，如百度、雅虎等，很大一部分收入都是来自广告业务。但广告支持模式只适合有很大用户群的网站，对一般网站并没有多大的盈利支持。目前很多网站的在线电影和收费邮箱也能带来一些收入，但由于免费电影和免费邮箱网站可以通过广告带来收入，使得收费的电影和邮箱业务增长缓慢。随着手机的不断普及，手机短信息和彩信收入已成为电子商务网站盈利的另一个重要来源。

提供在线服务模式的网站应该坚持一个原则：坚持做“离不开”的网站。如果提供的服务能给用户带来效用且让用户离不开，那就是成功的服务网站模式。比如第九城市主要代理“魔兽世界”这款在线游戏，凭借其精彩的故事情节、逼真的 3D 界面、多样化的角色和发展方向，为众多玩家所痴迷。其可模拟现实世界创建工会组织，拥有丰富的游戏角色致富机制和装备拍卖机制，得到了众多年轻人的青睐，甚至有些人愿意直接用现实货币来购买游戏中的虚拟货币。

另外，Internet 需要专业的分工，如果网站所提供的服务能满足某一特定的需求，网站同样也能盈利。如雅虎公司凭借 3721 的专业化“翻译”技术，很好地解决了如何把中国企业原有的优势，如品牌迁移到网上，如何让消费者更方便地找到企业和相关产品这个问题，从而大举进军中国的中小企业。

服务销售型盈利模式又可以细分为以下几种主要模式：

1. 网络广告

网络广告目前已成为一些大的门户网站和知名网站的重要收入来源。这些网站都把网站静态和动态的最佳广告位出让给客户。常见的形式有：(1) Logo 广告，在页面将别的公司或者网站的标志（Logo）做一个链接或者直接做一个页面。(2) Banner 广告，在网站的动态横幅条（Banner）位上置换别的公司和网站的动态广告条幅。(3) Pop-up 广告，当用户访问网站首页或者频道主页的时候，网站自动弹出一个小的简单窗口，里面有各种广告信息。(4) 动态移动广告，在网站的主要页面上放一个带有链接的（利用网络技术形成的）移动广告方式。

2. 定制信息

互联网是信息的海洋，一个人要想在如此广阔的海洋中找到自己所需的珊瑚礁小岛是一件费时费力的事，而定制化服务就是一般方便快捷的“小船”，可帮助其获取所需的信息。

所谓定制化服务是指客户在第一次注册时选择他所需要的信息选项，此后他再登录时，只要点击定制化栏，网站会自动推送他所选择的相关信息。例如，当你注册时选择

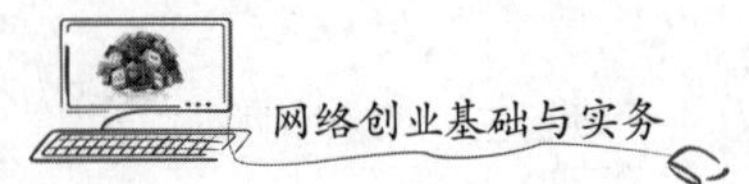

了行政法、宪法这两个选项后，下次再登录时，点击定制化栏，网页上就会自动出现与行政法、宪法的相关最新信息，不用每一次都重复查找，这样极大地方便了客户搜索信息。而对于网站来说，可以通过客户的定制化选项了解客户需求，也是一种很好的市场调查方法。

另外，信息定制可以由用户提出信息要求，网站对原始信息进行加工整理，汇总后将加工好的信息包整体发送给用户，从而形成信息增值。还有一些网站建立了有特别价值的信息数据库，对使用这些信息数据库的用户进行收费；也有些网站利用传统渠道，将网站信息数据库整体提炼加工形成数据产品，向外发行光盘、图书和杂志等。

3. 网络游戏

家用电脑最常见的一个用途就是玩游戏。如果把这种游戏搬到网络上，当然更吸引人，因为网络游戏的魅力在于许多游戏的竞争对手不再是固定思维的机器，而是人。这就是网络游戏为什么能够使人上瘾的原因。网络游戏目前受到网络传输效率和网络传输稳定性的影响，用户往往会因此受到极大困扰，尤其是大量用户同时上网的时候。解决这一问题的最好办法就是采用游戏客户端软件，将传输数据量比较大而且稳定的图形和动画打包在客户端软件中，然后用户通过网络下载这些软件再玩网络游戏。中国联众网、网易、搜狐等就是靠游戏实现盈利的。

4. 网上 WAP 服务

WAP（Wireless Application Protocol）就是无线应用协议，是一个用于向无线终端进行智能化信息传递的无须授权、不依赖平台的协议。1998 年年初，由诺基亚、爱立信、摩托罗拉和 Unwired Planet 等公司发起组成的 WAP 论坛，现已有 100 多个公司和机构参与。WAP 就是以超文本标记语言（HTML）格式检索因特网信息，并通过标签文本标记语言（HTML）将信息转换成短消息。它由一系列协议组成，用来标准化无线通信设备，例如蜂窝电话、移动终端，可用于 Internet 访问，包括收发电子邮件、访问 WWW 页面等。WAP 将移动网络和 Internet 以及公司的局域网紧密地联系，提供一种与网络种类、承运商和终端设备都独立的无地域限制的移动增值业务。移动用户可以像使用他们的台式计算机访问信息一样，用他们的袖珍移动设备（手机等）访问同样的信息。WAP 同时也定义了一个 WAP 的应用环境，包括微浏览器、描述语言解释器、电子邮件、用于移动应用的 WWW 信息等。只要用户拥有一部 WAP 手机，无论身在何处，都可以通过 WAP 手机上网，进行各项线上服务，例如预订旅馆、购买或预订电影和音乐晚会的门票。

（三）信息交付型盈利模式

面对网上急剧膨胀的资源信息量，用户对特定信息的查询往往会产生信息过量和信息迷向两种结果。信息过量是指用户找到的信息太多，没法有效消化和应用；信息迷向是指基于目前技术，用户难以有效地表达需求和准确寻找到所需资源。信息交付型盈利模式与服务型盈利模式有些类似，都是提供服务，但信息交付型盈利模式的根本不是服务，而是帮助用户解决信息过量和信息迷向问题。采用信息交付型盈利模式的企业可分为两种：一种是信息中介服务，另一种是信息咨询服务。

(1) 信息中介服务。它是指网站利用中介技术为交易的双方提供一个交易的平台，使两个及以上需要交易的客户之间取得联系，并从中收取佣金。这类网站在网上大量存在，如很多的行业网站、招商网站、旅游代理网站等，但做得较好的往往都有自己的核心竞争能力，如先人优势、行业优势或者是其他方面的优势。

(2) 信息咨询服务。它是指电子商务网站利用其自身的信息优势，依托互联网来提供更好、更方便的检索手段，根据有关政府、企事业单位或个人的特殊需要，为其定制一种专业性很强，有一定实用性和实效性的电子读本，订购者通过电子商务网站所给的网络通行证定期收阅。这种网站盈利模式的核心竞争能力不是信息技术，而是它能提供给用户高质量的信息内容。

如中经网，作为国家的一个信息中心，网站定位为政府、企业提供高质量的经济信息服务。为了把内容做专做深，中经网网罗大量专家做信息分析，然后利用网络技术把这些高价值信息内容系统化地进行组织整理，即集中力量解决数据库和网上 Web 的联系和应变。中经网提供的是对整体经济环境的可靠、准确、系统、连续描述，这有利于政府的宏观决策，也有利于企业经营者减少经营风险，提高经济活动的有效性。中经网提供的信息现在是对政府免费，对企业收费，也许随着政府职能的转变和进一步深化改革，将来也可对政府收费。目前，中经网的主要收入来源是企业信息收费。

又如，CNKI（中国知网）把国内 6 600 多种学术期刊搬到网上进行信息资源共享，其市场细分非常明确，即为高校和学术团体进行信息查询和学术研究提供服务，CNKI 自 1999 年开通以来已有 100 多个定向站点，所有的高校都是它的用户，包括一些省市级的图书馆。CNKI 的专业检索技术极大地方便了高校和学术团体进行信息查询和学术研究。现在，CNKI 还只是把期刊、杂志、一部分报纸、博硕士论文、学术会议信息放在网上，还有很多信息没有进行数字化，没有进行深入加工，相信今后还有很多更有前景的市场。

信息交付型盈利模式又可以细分为以下几种主要模式：

1. 年费会员服务

这是咨询性网站、中介性网站、代理性网站和其他服务性网站提供服务时常用的一种网络经营模式。对于一个网络用户来说，网站提供任何一种单独服务都很难获得收费，但是如将这些服务打包，并且在一定程度上结合传统服务，就大大提高了吸引力，这就是网络套餐的概念。

一般来说，许多用户非常希望了解某些方面的信息和享受某些方面的服务，但是不愿意将大量的时间花费在这些信息和服务的整理、收取工作上，网络公司可以将一些信息和服务进行打包加工，通过低价销售给网络用户，很多网络用户非常愿意消费这些服务。

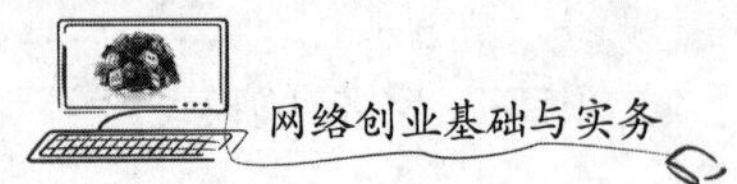

例如，一个律师或律师事务所每年要碰到许多官司，但是其无法及时了解和掌握许多领域的新法规和地方性新法规，如果有一个法律网站提供相对完整的新法律信息，并按一个律师500元成为会员的价格出售这些信息，只要能够对十分之一的中国律师服务，那么就至少有上万人接受服务，每年的收益就非常可观。信息服务只是年费会员服务的一种形式，年费会员服务还可以加入现实的传统服务，这样经济效益会更好。

2. 网上调查

网上调查目前是调查成本最低的调查模式，它不需要调查人员亲自上门，不需要耗费大量的纸张，不需要调查人员进行大量的统计工作，而且很少会出现一些人为的计算错误。总之，网上调查的优势举不胜举。

网上调查需要一定的技术支持，首先要进行有效性调查，确认该调查内容填写是否符合标准，确认调查不被重复提交，避免产生不必要的偏差。

网上调查已经为一些大型的门户网站所采用，因为这些大型门户网站有大量的用户，调查可信度比较高。所以，网上调查是综合门户网站可以很好地使用的一种网络经济模式。

3. 网上招聘

在许多国家就业问题有一个很大障碍，就是就业信息不通畅。互联网可以有效地连接劳资双方，这也是许多就业网站非常兴隆的原因。经营就业网站，必须建立网站人才查询数据库和企业招聘查询数据库，同时不断地向劳资双方推销这些数据库，这样网站就可以向招聘企业收取费用。美国的hotjobs. com网站雇请了大约3 000名注册招聘人员处理已经在网站上登记的30多万人的个人简历。它还提供一种特别服务，就是在向网站提交个人简历时，可明确说明要禁止哪些公司的查询。Monster. com网站上最令人感兴趣的是它的“人才市场”，已经登记的“网络自由职业人”超过97 000人。如果就业人员想找工作，可在网站数据库中查询，或者制作一份个人简历在网上应聘以及进行招聘单位的调查。

4. 威客网

威客网是互联网上出现的一种新型交易模式，它以创意产品的需求、生产、管理、传递以及交易为主，是创意产业的一个重要的新兴市场。这一新模式以创意市场的个人和小企业的创意需求为企业的价值诉求，利用民间闲置的创意智力资源为动力，既满足了这个市场对创意的需求，也可使民间的创意资源实现货币化、社会化，极具发展潜力。

四、两种主要盈利模式的分析

（一）服务销售型盈利模式分析

1. 服务销售型盈利模式的本质和特点

随着网络技术的发展，许多原有的线下服务或数字产品（如电影、歌曲、软件等）

可以通过网络在线获得。服务销售型盈利模式就是通过寻找和提供这些特定的网络服务或数字产品来获取利润的。

服务销售模式提供的是网络服务或数字产品，而网络服务或数字产品的销售只要有因特网就能简单实现，而不再需要专门的配送体系；网络服务或数字产品主要需要前期的开发成本，后期生产的边际成本几乎为零。服务销售型电子商务盈利的模式的特点如下：

（1）拥有更为强大的网络技术支持。服务销售型网络盈利模式与产品销售型模式的不同在于，它不需要转移任何财产，它只提供某种设施、因特网平台和信息传输服务等。网络是它唯一的盈利渠道，它需要强大的网络技术保障其盈利渠道畅通，同时面对用户不断发展的需求，还需要有针对性地开发新的网络技术，对新的盈利渠道提供支持。可以说强大的网络技术是服务销售型盈利模式实现盈利的前提条件。

（2）用户的细分程度高。为了更好地与网络运营商合作，提高原有的因特网、无线网的增值服务水平，更深层次地利用和开发当前巨大的用户资源，把那些活跃用户转变为能给自己带来利润的核心用户，就必须对现有用户进行高程度的细分。以腾讯为例，腾讯凭借 2.2 亿的活跃客户，几乎独霸了中国的个人即时通信市场。设想一下，如果腾讯能实现每个月从每人身上获取 1 元，那么腾讯每月就有 2.2 亿元的巨额收入。目前，腾讯从特征、心理、购买能力等多个角度对现有用户群进行了划分，分别针对他们的特点相应地提供了多种不同的网络增值服务，实现了盈利渠道的多元化。

（3）组织精简，运营方式灵活。采用服务型盈利模式的电子商务企业，由于是依靠数字产品和网络服务盈利，不需要庞大的生产规模，更不需要完整的物流配送体系，它仅仅只需要几台服务器和对网络服务市场需求和发展前景的敏锐洞察力。正因为其组织机构简单，从而使得其运营更为灵活多变。

Tencent腾讯

如腾讯，虽然其主要盈利来源只分成了三个部分，但每个部分又有若干的可盈利项目。如因特网增值服务就包括会员服务、社区服务、游戏娱乐服务等，移动及通信增值服务包括移动聊天、语音聊天等。

2. 服务销售型盈利模式所面对的风险

（1）服务收费观念。和网上购买实物产品一样，由于在我国尚未培育起一个适合于电子商务发展的外部环境，消费者缺少服务购买意识，通过网络购买服务的意识更是有待提高。从传统的习惯来看，我国消费者对服务特别是网络服务存在着一种想当然的免费心理。另外，我国在知识产权的保护上还存在很大漏洞，盗版现象仍旧非常严重，因此要想通过提供网络服务和销售数字产品实现盈利有一定困难。

（2）服务定价问题。一般来说，服务销售型电子商务企业为其用户提供的网络服务包括免费的基本服务和收费的增值服务。对那些收费的服务，如果收多了可能导致用户拒绝享受此服务，如果收少了又会影响企业利润。那么究竟应该怎么收？收多少？既没有依据也没有标准。因此这还是个需要长期研究并在实践中检验的问题。

(3) 盈利方式的易模仿性。由于所有采用服务销售型盈利模式的电子商务企业都使用互联网这一公共的盈利渠道，因此同行业的相互竞争和互相模仿的情况相当严重。所以，当拥有QQ的腾讯在即时通信领域不断演绎神话的时候，也不得不考虑一些潜在威胁和将来的发展方向。例如微软公司的MSN与腾讯的QQ在功能上就有着许多的相同点，是腾讯强有力的竞争者。腾讯凭借其本土化的特点，在内容提供服务上占有优势，特别是移动QQ的推出使腾讯在服务的延伸方面占据了主动地位。虽然MSN由于其娱乐性相对较弱，再加上其与中国网络运营商的合作还有欠缺，目前在国内和腾讯QQ的竞争中还处于劣势。但MSN凭借微软的技术优势，能更好地与Windows系统软件相结合，再加上强大的资本运作能力，其实力是绝对不能忽略的。腾讯要想稳固自己在实时通信领域老大的地位，就必须不断完善自己的电子商务平台功能。

（二）信息交付型盈利模式分析

1. 信息交付型盈利模式的本质和特点

信息交付型网络盈利模式的本质就是佣金，即电子商务企业通过自己强大的信息收集整理能力，利用电子商务平台满足用户特定的信息需求，并从中获取利润的电子商务模式。信息交付型网络盈利模式的特点如下：

(1) 中介特征。所谓中介特征是指采用信息交付型的电子商务企业在交易双方、当事人之间实际上扮演的是电子经纪人角色，处于中介地位，它为交易双方提供合作机会，充当媒介。而且其从事中介的目的仅是基于佣金请求，本身不从事生产或经营。

(2) 知识性与情报性。商品交易的中介要求电子经纪人在从事某项商品的交易中介业务时，不仅要熟悉商品的专业知识、经营业务、市场行情、政策导向、法律规章、交易心理、社会环境，而且要了解相关商品领域的知识与概况，以利于主动解决或协调处理随机出现的问题。电子经纪人在具备以上知识的基础上，还需要有一种情报意识，即以宽厚的知识面为基础，具有善于洞察市场变化的意识，从市场行情中收集情报，从大量事实中分析情报。

(3) 有偿服务特征。信息交付型电子商务企业的活动性质是一种服务性劳动，这种劳动本身不创造价值，但这种劳动促进了社会流通渠道的畅通，参与商品流通中的价值分配，这种分配反映了该企业服务活动的有偿性，其具体表现形式就是佣金。而在具体的服务提供当中，为了使佣金得到保证，一般都采用先付订金再提供服务的保证措施。

需要说明一下，信息中介服务和信息咨询服务都以提供信息来获取利润，但除上文所说的共同特点外，两者又有所区别。

(1) 收入的来源渠道不同。从取得收入的来源上来看，信息中介并不是针对买卖的一方，它是通过其平台提供双方的交易信息，从中抽取一定的交易费用作为收入，其收入来源于交易双方。而信息咨询服务每次的收入只来源于信息需求买家。

(2) 同一信息的收入获取次数不同。从取得收入的获取次数上来看，信息中介每提供一个信息，其佣金的获取机会将随着该次交易活动的完成而结束，如要再获取佣金，必须再重新提供一个交易信息。而信息咨询服务提供者却可以将同一个信息提供给 N 个需求者，从而 N 次获利。

2. 信息交付型盈利模式所面对的风险

(1) 经济情报获取能力的高要求。采用信息交付型盈利模式的电子商务企业在从事某项商品的中介业务时，不仅要熟悉商品的专业知识和信息，还要了解相关商品领域的知识概况。因此，这就对这类电子商务中介企业提出了非常高的专业经纪情报获取能力的要求。阿里巴巴的电子商务平台可以说是成功的，但其成功不是偶然的。阿里巴巴创始人马云 1995—1997 年创办中国第一家互联网商业信息发布站“中国黄页”；1997—1999 年加盟外经贸部中国国际电子商务中心，并成功运作该中心所属的国富通信息技术发展有限公司。在不到一年的时间内，开发了外经贸部官方站点、网上中国商品交易市场、网上中国技术出口交易会、中国招商、网上广交会和中国外经贸等一系列站点。1999 年自立门户，在杭州设立研究开发中心，以中国香港为总部，创办阿里巴巴网站。可以说没有前面多年的积累，就没有今天阿里巴巴的成功。

(2) 收费问题。中介对信息收费是必然的趋势，但是否开始收费就一定能够实现盈利，结果显然是否定的。淘宝网推出“招财进宝”服务就是一个明显的例子。淘宝网通过免费策略从易趣网近九成的市场份额中抢夺到近七成的市场份额。然而，即使平台上异常繁荣，但不能获得任何收益就不能算是成功。特别是当淘宝网的用户达到了一定规模的时候，淘宝网需要解决的问题越来越多，免费策略已经不能成为淘宝用户增长的原动力和市场竞争的撒手锏。2006 年 5 月，淘宝网推出“招财进宝”这种竞价排名服务，淘宝网为愿意通过付费推广而获得更多成交量的卖家提供一种增值服务。然而，这一服务的推出却导致了近 5 000 卖家联合罢市的现象，使得淘宝网不得不停止这一项服务。因此对什么产品收费，怎么收费，这不仅是淘宝网，也是众多电子经纪人急需解决的问题。

(3) 信用问题。中介网站还要解决的一个核心问题，就是交易双方的信用问题。市场经济是信用经济，网络经济同样是信用经济，为此，中介网站提出了“第三方担保”和“代管契约服务”等方案。中国的阿里巴巴做得很好，为了解决信用问题，它把自身的用户注册信息库与公安的信息数据库相连，从而可以核实用户信息的真实性，保证交易的可信性。这一点也是其得以发展壮大的核心竞争能力。另外，在网站上交易后的双方可以为对方就本次交易自由做出评价，作为下次参与其他交易的信用参考，也有力地约束了交易者的道德行为。

五、网络盈利模式的选择原则

(一) 客户价值一致性原则

客户价值的创造是盈利模式形成的基础，盈利模式类型的选择应该与客户价值的来源相一致，而且是一一对应的，任何盈利模式都是如此。也就是说，每一个电子商务企业只有拥有核心的客户价值来源，才能应用与之相对应的盈利模式。当然，也不排除一个电子商务企业可以同时应用两种或两种以上的盈利模式，但这种情况是在该企业能够在提供原有客户价值的基础上，又创造出新的客户价值的前提下才能实现的。

例如，阿里巴巴公司的 B2B 业务本属于信息交付型盈利模式，但它后来建立的淘宝网却属于服务销售型盈利模式。该现象的本质不是盈利模式的增加，只是新业务开展中所创造了新的客户价值，从而带来了新的盈利模式。

(二) 战略定位的准确性原则

任何商务活动的开展，企业都需要有一个明确的战略定位。开展电子商务的首要问题是对企业经营带来什么样的价值进行战略定位。它包括三个方面：

一是商品定位要准确。企业开展电子商务是希望开拓新的产品或服务项目，还是延伸现有产品或服务的市场空间，不同的战略定位将带来不同的经营效果。许多企业一开始就追求商品大而全，但因没有比较完善的物流配送体系的支撑而受到严重的制约。

二是客户群定位要准确。在客户的定位上，要对客户从年龄、性别、购买能力与购买意愿等多个方面进行细分。很多网站虽然访问量较高，但交易额小，其原因就是没有对客户进行细致的划分和定位。

三是价格定位要准确。价格的合理与否也直接影响产品或服务的销售，它是竞争的主要手段，关系到企业盈利目标的实现。网上销售商品具有很大的成本优势，但由于我国当前传统的分销渠道仍是商品销售的主要渠道，为了不影响分销商的利益，网上商品的定价不能随心所欲。因此，在确定商品价格时要重点考虑成本、供求关系和竞争等因素，还要考虑网上销售价格是否与传统市场的产品价格结构相一致，要将个性化定价策略、声誉定价策略、自动调价议价策略、网络促销定价策略有机结合，形成一种灵活多样的定价策略。

(三) 模式的可复制性原则

严格地说，任何盈利模式都是可复制的，只是复制的难度不同，而复制难度大则可以使竞争者难以进入，为自己的发展赢得时间。企业可确立自己的与众不同，如对客户的悉心照顾、无与伦比的实施能力等，来建立利润屏障，提高行业的进入门槛，从而保证利润来源不受侵犯。以戴尔公司的成功为例，人人都知道其营销模式如何运作，也都知道戴尔公司是此中翘楚，而且每个商家只要愿意，都可以模仿戴尔的做法，但却很难取得与戴尔相同的业绩。这就说明好的商业模式是很难被人模仿的。对一种网络盈利模式而言，抓住时机，利用先发优势、网络效应、切换成本等手段使其模式难以被竞争对手复制，也是其获得成功的重要影响因素。

(四) 客户价值独特性原则

目前国内的很多电子商务平台都是什么赚钱就做什么，而且一拥而上。它们没有去深入挖掘自身的专业优势，从专业化上取胜，因而所提供的产品和服务专业化程度低，功能简单，缺乏创新。这就使得客户流失现象比较严重，平台交易量上不去，直接影响平台的盈利。企业应进行认真的市场调研和信息筛选，注重在 Internet 上与用户的交互作用，通过信息交流了解顾客需求，并为顾客提供有价值的产品和服务，创造独特的价值，从而形成自己特有的市场竞争优势。

有时候这种独特的价值是新的思想，而更多的时候，它往往是产品和服务独特性的组合。这种组合要么可以向客户提供额外的价值，要么能使客户能用更低的价格获得同样的利益，或者是用同样的价格获得更多的利益。例如，美国的大型连锁家用器具商场Home Depot，就是将低价格、齐全的品种以及只有在高价专业商店才能得到的专业咨询服务相结合，作为企业的盈利模式。

（五）盈利模式的可扩展性原则

盈利模式设计的最终目的是能够长远获利，因此网络盈利模式应该瞄准长期的目标，而不是短期目标或一锤子买卖，也就是说盈利模式应该具有一定的持久性。

网络盈利模式在技术发展日新月异、竞争日趋激烈的时代要保持一定的持久性，与盈利模式的可扩展性是分不开的。所谓盈利模式的可扩展性，是指可利用现有盈利模式拥有的顾客基础、相关活动、能力和技术开发新的收入来源，也指盈利模式的一些组成部分和连接环节是可以重新设计和改造的，以便向客户提供更高的价值。

总之，一种网络盈利模式的成功取决于多个方面，除了以上所列举的因素外，还受时机、宏观和微观环境等诸多因素的影响。在构建和实施某种网络盈利模式时，不仅需要找到顾客价值来源和构成形式以设计盈利模式，还要综合考虑各方面的影响。

模块二 网络创业主要模式

一、网店模式

电子商务专家指出，网购在影响着中国年轻人的消费方式、改变年轻人消费习惯的同时更影响了中国经济的发展。在中国的年轻人中逐渐兴起了“网购族”。

2008年，上淘宝开网店，一度成为众多人的创业梦想，同年8月，阿里巴巴总裁统计，淘宝网上已经有了将近两千万个卖家。随着这种电子商务技术的成熟和发展，网络销售也正在发生着翻天覆地的变化，如很多小的商家不断地被苏宁易购和京东商城等合并，很多传统的行业也进军电商领域。

随着互联网的不断发展，出现了越来越多的实体店和网店共同存在的情况，例如耐克等知名的品牌在有了实体店的同时，也开始在网上经营旗舰店铺，我买网、银泰百货、相宜本草、九牧王、爱慕、佐丹奴、凌致、优衣库、李宁、苏宁易购等传统品牌或企业在电子商务上都有所建树，令人刮目相看。综合而言，网店主要经营模式有以下几种：

（一）B2B模式

B2B模式指商家与商家之间的交易。不同的商家在网上针对产品的相关信息和服务等进行一对一的交换和营销，完成交易过程。这种形式不是针对个人而言的。商家之间的主要交易流程为商家在网络上发布供求信息，另外的商家发现自己想要的产品、信息等，针对自己的需求来进行下单，双方确认订单后进行货款的交易及其他单据的传发等，与此同时确定相关的送货流程和方案等。

（二）B2C 模式

B2C 模式是指商家通过网络平台展示自己的产品信息，消费者通过网络平台浏览商品，选择所需产品，通过网上支付完成交易。这种模式是现在非常大众的一种网店运营形式，可以直接面对消费者，为其提供服务，节约了时间，同时商品的种类齐全、价格低廉，极大地提高了交易效率，受到广大消费者的青睐。常见的模式主要有以下几种：

第一，厂商网络直销。厂家直接对自己的产品进行网上编辑，面对销售者提供图片等产品信息，供销售者选用，这种渠道缩减了商家与消费者之间的代理环节，给消费者带来了低价的体验。这类企业大多是品牌经营的大型企业，拥有良好的信用和优质的服务。

第二，网络交易服务公司。网络交易服务公司专门为商家提供交易平台，交易平台具有商品的展示和支付功能，但网络交易服务公司并不直接参与交易，它相当于一个中介，主要靠吸引客户来赚取利润。这种发展迅速并且规模较大的模式已经趋于成熟，例如凡客诚品、麦考林等。

（三）C2C 模式

C2C 是个人与个人之间利用网络进行信息的互换，通过第三方交易平台完成交易。这种电子商务模式门槛相对较低，它利用电子商务区域限制低、交易成本低、覆盖面广、产品种类丰富等优势，将个人闲置的商品发布到网站上，与他人进行分享交换，可以很简单地完成消费者与商家之间的身份转换，给网民带来了很多新的体验，改变了网民的消费方式和消费习惯。

（四）O2O 模式

简单理解 O2O 就是线上和线下共同运作，是实现虚拟经济与实体经济相结合的经营模式。消费者可以通过网络平台了解产品的信息，同时可以获得实体店带来的服务体验，而交易方式也从原本的网络付款变成线上、线下均可交易的方式。目前运营该模式的企业多是餐饮、娱乐等企业。随着消费者对服务体验的要求越来越高，电子商务在技术上的发展越来越成熟，该模式也必将成为广大商家选择的模式。下面重点介绍 O2O 模式。

二、O2O 模式的内涵、分类和发展及应用

（一）O2O 的内涵

O2O，是“Online to Offline”（从线上到线下）的缩写，最早来自美国。2010 年，美国人兰佩尔·亚历克斯最先提出 O2O 这一电子商务商业理论。兰佩尔·亚历克斯将 O2O 定义为利用互联网、移动互联网将原本只在线下进行交易的商务机会搬到线上，让虚拟的线上成为实体的线下的一个交易、宣传的平台。历经近 5 年的发展，O2O 的内涵也随之发生变化，从最初的“Online to Offline”（从线上到线下）又延伸出了多个方向。同样道理，O2O 的核心思想也有了一定的变化。先前，O2O 的核心思想是：通过

网上平台将习惯于在线上消费购物的消费群体引入实体店中实地享受各种服务，亲身体验消费购物逛街的愉悦。现在，O2O的核心思想演变成为：O2O不应仅仅满足将线上的消费者引入线下的实体店面，也不是单纯“从线上到线下”这一简单的单向引导。O2O应该同时注重线上线下，实现线上与线下互相引导和立体互动，从而形成“线上—线下”互相促进的一种双向交流的引导。在这里，我们可以将O2O的概念归纳如下：利用互联网、移动互联网将线上与线下有机结合，一方面通过网上平台将习惯于在线上消费购物的消费群体引入实体店中实地享受各种服务，另一方面通过线下实体店面优质的服务、优质的商品等来形成良好的口碑，建立线上商业品牌，再将消费者引入线上实现更多的销售。这一点从图3-1也可以看出来。O2O将互联网、移动互联网、实体门店，甚至是电视整合形成一个线上线下有机融合的整体，实现线上线下的销售渠道延伸和销售平台扩大。

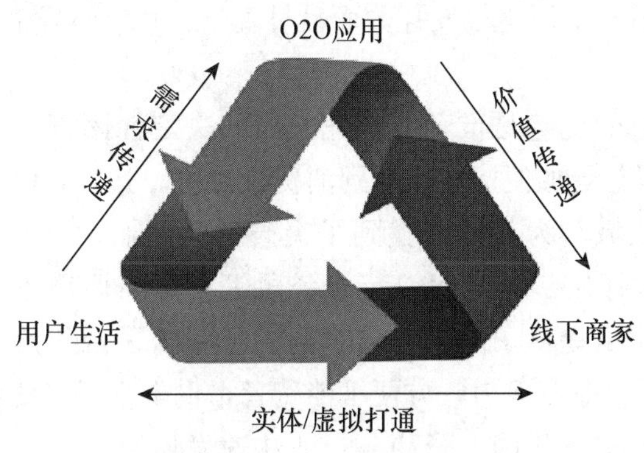

图3-1　O2O模式示意图

（二）O2O模式分类

O2O又可以分为以下四种模式：第一种，“Online to Offline”，从线上到线下；第二种，“Online to Offline to Online”，从线上到线下再到线上；第三种，“Offline to Online to Offline”，从线下到线上再到线下；第四种，“Offline to Online”，从线下到线上。

“Online to Offline”（从线上到线下），这种O2O模式一般多被线上电子商务公司整合线下实体企业时采用。电子商务公司建立第三方平台，整合广大线下实体商户进入线上，吸引消费者在线上付费线下享受服务。在我国，“Online to Offline”模式（从线上到线下）常常应用在餐饮行业、娱乐行业、物流行业等。

“Online to Offline to Online”，从线上到线下再到线上，这种O2O模式多被阿里巴巴、京东集团等大型电子商务公司采用。自2013年起，阿里巴巴、京东集团在全国范围内大规模整合实体便利店企业，试水便利店O2O模式。阿里巴巴、京东集团通过自身强大的网上平台整合线下便利店企业，为线下便利店企业开设“网店”以扩大销售，增强便利店企业在实体店面的销售辐射能力，扩展销售渠道。而实体便利店的网上销售也就是阿里巴巴、京东集团的业绩之一，这就完成了从线上到线下再到线上的布局。

“Offline to Online to Offline”，从线下到线上再到线下，这种O2O模式运行方式

是：线下实体企业自建网上平台，并利用网上平台来促进线下店面的业务的扩展和店面的增加。虽然，这种O2O模式在我国采用比较少，但是并不代表不被看好。2013年，经过两年多的探索，苏宁云商宣布线上线下同价，这正式宣告了苏宁从坐商到电商再到“坐商+电商+零售服务商”的战略计划的实施。

“Offline to Online”，从线下到线上，这种O2O模式多被实体企业开展电子商务模式采用。实体企业通过自建网上平台或者进驻阿里巴巴、京东集团、一号店等电子商务公司来实现该O2O模式。就零售企业来讲，大润发、银座、步步高超市已经在采用。

（三）O2O在我国的发展和应用

1. O2O在我国的发展

2011年，O2O这一商业模式被引入我国，尽管进入时间很短，但获得了风投企业、电子商务企业、零售企业、旅游餐饮等企业的极大关注和青睐，更是迎来了黄金发展期。O2O落户我国之后，不但生根发芽，而且呈现出一片欣然发展之势，究其原因有以下三点：

（1）O2O模式自身的优势是推动其快速发展的决定性因素。其一，O2O模式可以将现有企业的产品及服务更加便捷地递送到消费者身边。其二，O2O模式在倡导本地化的过程中开拓了新的领域，为其发展找到了突破口。例如，小的餐饮娱乐店面、理发店、家政公司、针灸理疗店、健身房、装修公司等小微店面原来无法入驻电子商务网站，O2O模式为小微店面提供了一个宣传、购买服务的平台。其三，O2O模式的线上线下融合方式，提升了企业竞争力，方便了消费者，也丰富了消费者的消费体验。

（2）O2O模式发展正逢我国电子商务行业快速发展时机。统计数据显示，2014年我国全社会消费品零售额达到26.2万亿元。其中，我国电子商务市场整体交易规模达到12.3万亿元，电子商务交易额占比全社会消费品零售额将近一半。网上零售额达到2.8万亿元，同比增长49.7%，占比我国全社会消费品零售总额首次突破10%。

（3）O2O模式借势我国宏观经济调控和社会发展。自2008年经济危机以来，我国政府着力推动扩大内需、推进城镇化进程。此外，从国家层面，中央政府开始关注支持电子商务行业发展，尤其是重点支持O2O模式发展。在2015年政府工作报告中，国务院总理李克强首次提及“把以互联网为载体、线上线下互动的新兴消费搞得红红火火”，无疑是一剂强心针。

2. O2O在我国的应用现状

现阶段，O2O模式倡导的本地化是为居民提供各类本地生活服务需求，O2O模式已广泛深入运用到同衣、食、住、行相关的诸多行业。据统计，截至2016年年底，各类综合性O2O模式电子商务公司、专一行业O2O模式电子商务公司以及同O2O相关的企业已经有了近1 100家。O2O模式已在金融、餐饮、娱乐、旅游、汽车、租车、物流、零售、医药、家电、健身、美容、理发、婚庆等行业广泛应用，O2O行业细分有社区、租车、旅游、餐饮四大领域，其中社区O2O是被提及最多、最被看好，也最具发展潜力的领域。综合性O2O模式电子商务公司代表企业有美团网、苏宁云商、阿里巴巴、京东集团等企业，汽车行业O2O模式电子商务公司代表企业有273中国二手车交易网、滴滴出行等企业，医药行业O2O模式电子商务公司代表企业有商康医药等公司。自2013年开始，国内零售行业实体企业也大量涌入O2O领域，代表企业有浙江银泰百货、湖南步步高、上海华联、山东银座等。

三、自媒体模式

传播学大师麦克卢汉曾经说过：媒介是社会发展的基本动力，每一种新媒介的产生，都开创了人类感知和认识世界的方式。以微博、微信、博客、SNS社区和BBS论坛为代表的自媒体的快速发展和广泛普及，不仅颠覆了传统大众媒体自上而下的“灌输-接受”式的信息传播模式，赋予普通大众以更多的话语权，而且也形成了一种新的媒介样式，并在逐渐发展和不断完善过程中建构起一套系统的商业运作模式。

当前，自媒体的表现形式呈现出多样化的特征。据《第35次中国互联网络发展状况统计报告》显示：2014年一二三线城市O2O用户在社交媒体上分享途径为60.0%的人在微信上进行分享，53.8%的人在论坛或者是BBS上分享，34.1%的人在微博上分享，4.1%的人在社交网站上分享，也有0.3%的人在博客上分享。

(一) 自媒体的产生及发展现状

1. 自媒体的出现

自媒体以微博、微信、博客、论坛和社交网站为主要表现形式，是伴随着互联网的产生而产生的。

BBS论坛是伴随着互联网产生的一种最早的自媒体形态，也是最先为广大普通民众提供发表自己观点和意见并实现与其他人之间沟通与交流的一个公共信息平台，一度被广泛使用。1998年，部分网民开始在网上发表博客，2000年之后开始真正流行，由此成为继BBS论坛之后又一个以低门槛性、平民化和个人性为主要特征的自媒体形态，从而使社会中自媒体的影响力进一步扩大。2005年，以互动、交友为基础而发展起来的SNS社区也开始广泛流行，形成了另外一种以朋友圈为基础的个人虚拟社区，极大地满足了广大网民在社交方面的个性化需求，由此进一步拓展了社会自媒体的应用范围和影响力。在同一时期，博客技术先驱blogger创始人埃文·威廉姆斯创建的新兴公司Obvious推出了大型微博服务，从而开启了另外一种自媒体形态。2007年5月，国际空间站总共有111个类似Twitter的网站，为广大网络网民提供微博服务，在很短的时间内实现了规模化、大众化的发展。

2011年1月，我国腾讯公司推出针对iPhone用户的微信1.0测试版，随后在5月又推出了微信2.0版本，8月增加了“查看附近人”的陌生人交友功能，并在很短的时间内使其用户规模达到了1 500万人；2012年9月5号，微信用户突破2亿人；2013年1月则突破3亿人，该年10月突破了6亿人；尤其是2015年1月推出的微信6.1版本，新增加了“更换手机时，自定义表情不会丢失”“附件栏发微信红包”“可以搜索朋友圈的内容和附近的餐馆”三大功能，从而使其用户规模得到进一步的发展，成为当前我国最受欢迎的自媒体形式之一。

总体来说，自媒体是伴随着网络媒体的出现而产生的一种以低门槛、平民化、个人化和互动性为主要特征的媒体形式，虽然出现时间比较晚，但却在较短的时间内实现了多样性与规模化的发展态势，成为依附于网络媒体和移动终端的一种定位明确、功能强大、平民化特征鲜明的媒介形式。利用自媒体创业是目前非常具有前景的模式。

2. 自媒体在我国的发展现状

从整体上来说，我国自媒体的发展主要经历了三个时期：第一个时期是初步发展期，即20世纪80年代至2000年，当时不仅我国互联网的普及范围并不太广，功能也十分有限。而且手机媒体的普及率也非常低，类似于BBS论坛和博客之类的自媒体只能在电脑终端上通过文字、图像与声音的形式进行信息传播活动，而且由于网速的限制，大部分情况下只能是文字形式的信息内容。

第二个时期为快速发展阶段，即2000年至2009年，伴随着我国互联网与手机移动终端的快速升级与广泛应用，类似于BBS论坛、博客、SNS社区网站不仅可以通过电脑、手机终端发布文字、图片、语言之类的信息内容；而且还可以发布视频信息，由此使广大网民在自媒体平台中的信息传播内容变得更加丰富、更具针对性和精确性等。

第三个时期是成熟期，即2009年至今，伴随着智能手机、平板电脑的广泛普及以及3G网络的推广，用户可以随时随地地将自己所见、所闻通过文字、图片、语音与视频的形式发布在公共网络平台或者是个人主页中与他人分享，从而使各类自媒体形式真正变成“个人媒体”“随身媒体”与“平民化媒体”等。

经过数十年的发展，我国各类自媒体形式形成了多样性与规模化的发展态势。通过自媒体进行网络创业具有非常大的发展空间。

案例

电商平台直播案例：淘宝直播模式

随着互联网渠道获客成本的不断提高，新颖独特的营销推广方式越来越受到青睐。在粉丝经济的今天，很多企业抓住商机，通过直播平台提高企业的知名度，扩宽营销渠道，并从中获利。那么电商平台软件怎么利用直播视频来盈利呢？

1. 网红主播

网红在直播平台中有一定的名气和粉丝影响力，邀请网红来电商App中当主播，不仅“吸粉”还能“活粉”。网红在直播视频上进行产品推广，与用户互动，指引用户如何购买使用，通过公司组织化运作，效果很不错。

2. 明星效应

明星通过直播视频可以与用户更好地互动，也可以刺激用户的购买欲。利用其在自身直播视频的知名度和粉丝群带动电商平台产品销量，扩大营销影响力。不少电商平台就是通过这种直播方式吸引了大量用户的注意。

3. 导购直播

现阶段，各大电商平台的广告多以Banner或者动画的方式出现，达到的消转成效不明显，直播视频则具备较强的号召力，更加实用有效。利用导购直播与自身的业务结合，为用户提供更为有吸引力的直播，更能吸引人们的注意力。特别是针对穿衣搭配、美妆护肤等需求，对于爱美的女性用户，导购直播的成效更佳。

视频直播具有新媒体的很多独特的优势，非常适合网络创业。具体如下：

1. 随时随地移动直播

商家使用微信视频直播系统不再受时间、空间的限制，可以随时随地分享直播视频给粉丝或消费者。

2. 国内市场：全渠道整合

多渠道传播，打响品牌知名度，基于微信公众平台进行二次开发，使粉丝都成为其客户和分销商。

3. 平台招商模式

其还可以利用渠道招商，可划分三个级别的行政区域进行管理和招商，如省代、市代、区代，以最快的速度完成市场扩张，提高市场渗透率。

4. 结合社交传播，缩短资源和流量变现路径

微商直播分销系统，采用“直播分销”的形式，互动率高，变现易，是一种可畅玩分享经济带来的盈利模式。

（二）常用的自媒体形式

1. 微信

微信是腾讯公司于 2011 年 1 月 21 日推出的一个为手机智能终端提供即时通信服务的免费应用程序。该程序不仅支持跨操作平台、跨通信运营商，通过网络将文字、语音、图片和视频之类的个人信息，免费快速发送给确定的对象或者是不确定的大众群体等，从而实现信息的即时传播、即时分享与即时交流；而且还能够通过共享流媒体内容的资料和基于位置的诸如“漂流瓶”“摇一摇”“公众平台”“朋友圈”“语音记事本”之类的社交插件，进行个性化的信息传播活动。微信凭借个人化、自主性、互动性、即时性、便捷性与趣味性方面的特征，受到了大众的欢迎和青睐，成为当前最为流行的自媒体形式。

2. 论坛

论坛（Bulletin Board System，简称 BBS）是由特定的站长所建立，犹如为广大用户提供了一块公共电子白板一样，任何一个人都可以在上面发布文字、图片、语音、视频之类的个人信息，实现与他人的信息分享和讨论互动等，其同样表现出个人化、自主性、互动性、即时性、便捷

性与趣味性方面的特征。从某种程度上来说，论坛是伴随着互联网的出现而产生的，也是最早的一种自媒体形式。经过长期发展，目前不仅有各种公共性的网站论坛，还有专业学术论坛、大型峰会论坛之类的实体参与型论坛等，呈现出多样化、规模性的发展态势。

3. 微博

微博（Weibo），也称为是微型博客（Micro-blog），是一种在新浪、腾讯、网易、搜狐之类的平台上，通过关注机制分享简短实时信息的广播式社交网络平台。基于此，微博表现出明显的草根性、个性人、便捷性、原创性与互动性特征等。据《第35次中国互联网络发展状况统计报告》显示，截至2014年12月，我国微博用户规模为2.49亿人，网民使用率为38.4%，并呈现出继续增长的发展态势。这充分彰显出微博媒体庞大的使用规模和巨大影响力。

4. 社交网站

社交网站（Social Network Site，即SNS）也称为社会性网络服务，主要是指那些旨在帮助广大网民建立社会性网络的互联网应用服务，诸如人人网、开心网等，一方面为广大用户提供了一个寻找失去联系的朋友或者是寻找志趣相投的朋友的渠道；另一方面可以使用户在自己虚拟性的朋友圈子内发表文字、图片、语音、视频信息等，实现与朋友之间的信息分享与互动交流活动。而且随着社交网络技术的不断成熟，其还逐渐加入了视频语音、网络游戏与搜索引擎之类的服务，从而大大增强了社交网站的功能，成为深受广大网民欢迎的自媒体之一。

（三）新型自媒体的特征

1. 门槛低平民化

2006年年底，美国《时代周刊》年度人物评选封面上出现了一个大大的“YOU”和一台PC机，并对此解释道：“社会正从机构向个人过渡，而个人则正成为‘新数字时代民主社会’的公民。”美国硅谷IT专栏作家丹·吉尔默在《自媒体》一书中明确提出“草根新闻，源于大众，为了大众（We the Media：Grassroots Journalism by the People，for the People)”。这充分彰显出自媒体的本质特征就是门槛低，任何一个人在具备一定的电脑、手机、iPad之类的终端媒体之后，都可以随时、随地地将自己的所见、所闻通过文字、图片、语音、视频的形式传递到网络空间中，供其他人进行分享，由此使媒体信息的采集者、发布者与传播者变成普通大众，增强了普通大众的话语权，改变了传统由上至下的信息传播模式。基于此，门槛低平民化是自媒体的本质特征，同时也是自媒体对当前媒介生态环境所带来的颠覆性的影响。

2. 传播快、可信度低

从某种程度上来说，自媒体彻底消除了传统媒介环境下信息传播者与受众之间时间与空间的“距离”，借助先进的数字技术，真正实现了信息传播者与受众在任何时间、任何地点与任何空间下迅速、高效的信息沟通与交流活动，其时空距离基本为零，表现出明显的传播速度快的特征。比如2008年5月12日汶川地震发生仅仅4分钟之后，来自云南的新浪博友“说来话长”便发表了第一篇博文《地震了》，随后1个多小时内，来自震区四川及周边地区的近百名网友又发表了数千篇关于当地地震情况的博文，从而使全国民众在最短的时间内了解到了震区信息。然而，由于自媒体中的内容都是广大网民发出的，尤其是很多内容都是由网民通过匿名的形式在BBS论坛、博客、微博之类的公共平台上发出的，因此很难保证信息内容的真实性，由此导致自媒体内容可信度低。比如2013年4月8日，一条有关食品安全的消息在网上迅速蔓延："扩散紧急通知：刚刚电视新闻已播出，暂时别吃牛肉或牛肉制品，因辽宁到海口1 570头牛感染了炭疽杆菌。海口刚开完紧急会议。请尽量通知亲朋好友！"当天，海口市政府和海南省农业厅立即辟谣，像这样利用自媒体所传出的假消息不胜枚举。

3. 相关法律不健全

当前，自媒体在快速提升广大民众言论自由的同时，不仅产生了一系列与宪法、社会道德规范相悖的声音和行为，甚至也产生了一系列的虚假信息与虚假言论等，从而对个人生活、社会发展构成了严重的破坏性。当前我国虽然建构了诸多网络管理制度，但主要是对各个网络平台的管理，缺乏对广大网民言论与行为的管理等。基于此，如何平衡言论自由与法律制度、道德规范之间的关系，据此建构起系统的自媒体管理制度成为我国立法机构思考的一个重要问题，同时也是自媒体能够健康发展的重要保证。

利用自媒体创业既有时代的机遇，也具有一定的挑战，创业者需找好定位，认清形势，充分利用自媒体的优势，规避其不足。

四、自建网站

现在很多企业和个人都在网络上建立了自己的网站网店，一些网站网店也做得非常不错。可这些企业和个人总是发愁怎样让顾客知道自己的网站网店，光顾自己的网站网店。根据相关机构对企业或个人网站网店后台点击统计数据情况分析，很多企业或个人的网站网店顾客访问量和访问时段非常少，有一些企业或个人网站网店甚至只有自己或自己的朋友点击访问。所以，如何将企业或个人的网站网店选择适当的推广方式宣传推广出去就显得非常重要。

从大的方面来说，网站网店的推广和优化分为两类：一类是花钱的，一类是免费的。花钱的推广很简单，方式也很多，例如做广告，通常可以选择在门户网站、中小型网站投放广告，也可以到杂志媒体上投放广告，还可以与一些知名的网站合作，比如参加促销和团购之类的活动。不花钱的免费推广一般包括链接交换，通过QQ、邮件、博客、微博、站群等方式，推广的最终目的是留下企业和个人网站网店的网址信息。在不花钱的免费推广方式中，一般推荐使用免费的SEO，其可使网站网店获得稳定的流量和潜在客户群，不过有一些SEO一开始是收费的，或者免费使用一段时间后开始收费。下面介绍如何提高网站网店的流量。

(1) 网站网店推广实际上就是推销自己的网站网店。有些人每天很勤奋地写博客、丰富自己的QQ空间，然后一篇一篇地到处转发，不遗余力地写评论，在网易、搜狐、新浪、百度、论坛等网络上到处都能见到其文章和信息，甚至到处都能见到其网站网店的链接。这些虽然很烦琐，但却是能够让很多人知道网站网店的一种重要方式。

（2）网站网店推广是一个日积月累和不断变化的过程。推广自己的网站网店必须不厌其烦，有时间就写、就推，日积月累地写评论和发帖、登录和链接，在这个过程中表面上似乎看不出有什么变化，但实际上推广内容的不断更新和变化，就蕴含着推广效果的不断变化。

（3）网站网店推广是一个不断迎合客户需求的过程。推广不仅仅是在特定网站上发帖和发链接这么简单，除此之外，还必须每天观察自己网站网店的后台统计数据，根据这些数据分析资料优化自己的推广方式，实现通过网站网店的后台数据分析，了解精准推广和优化推广的效果。

（4）利用 QQ 群做网站网店推广。网站网店通常都有自己独立的域名，在 QQ 群里链接自己的网站网店域名，效果快而且明显，可让加入该 QQ 群的用户都能看到链接的网站网店网址。还可以在群邮件和群共享中发布一些网站网店的资料，并链接到自己的博客和其他空间；还可以在 QQ 群里上传一些免费的资源信息，让用户在下载这些资源信息的同时方便地访问网站网店。

（5）通过刷流量提高 alexa 排名来推广网站网店。要想获得更多的网站网店点击流量，就需要网站网店本身有流量，因为所有的引擎都喜欢流量大、排名靠前的网站网店。一般新网站网店的引擎收录量非常少，通常可以采用刷流量的办法来推广网站。

（6）通过不断更新网站网店的文章和内容来推广。如果一个网站网店每天有新的文章和内容，排名引擎自然会经常光顾该网站网店。实践证明，排名接近 10 万的时候，仅百度收录页面数就应该能达到 2 万以上，如果每天更新至少 10 篇以上的文章和内容（最好是原创的，因为所有的引擎都喜欢原创），你会发现每隔几天网站网店流量就会翻翻。另外，可在网站网店中添加描述性 meta 标签，因为很多搜索引擎是依据它来排名的。其中百度比较偏重于 keywords 标签，Google 比较偏重于 description 标签，描述时切记要符合网站网店的基本内容。

（7）设计 E-mail 订阅主题和在各种留言簿、聊天室发布信息。这是不花钱和不花时间的网站网店推广方式，是群发 E-mail 的另一种选择。切记不能发垃圾邮件，可以使用邮件订阅系统 v1.0 软件。在各种留言簿、聊天室发布信息，最好找人气旺和网站人群质量高的聊天室或留言簿发布信息。

（8）在线咨询推广和在各种媒体上发表文章。在线咨询推广适合于有一定规模的网站网店。在各种媒体上发表文章或者刊登广告，特别是在行业媒体或者在 IT 报纸杂志媒体上投放广告，通常要支付一定的费用。

（9）利用 SEO 工具和博客。对于网站网店推广的初期来说，这不失为一个好办法，可以通过大量发帖，快速让网站网店信息被浏览者看到并被搜索引擎所关注。在博客上不断撰写新文章和内容，是新网站网店推广和企业产品营销的重要手段之一。

（10）利用事件营销和新闻软文做广告。事件营销是用最少的钱产生最大收益的典范，一个策划恰当的事件营销就足以让网站网店声名大震，也可以利用新闻和软文进行适时推广。

(11) 雇用和招聘网络推广专员。有些企业和个人对网络技术不太懂，或者没有时间管理和推广自己的网站网店，雇用和招聘一些懂技术或者爱好电脑技术的网络推广专员，这是一个较好的宣传推广办法。现在市场上甚至出现了一些专门进行网络推广的专业公司。

经过一段时间的推广积累和优化选择，网站网店的来访者将会越来越多，随着推广优化的不断深入，网站网店的知名度也会越来越高，在搜索引擎中的排名通常会不断提升，实际上的SEO效果也会有较大的变化。在企业和个人网站网店的推广与优化过程中，可具体选择不同的推广方式，并且不断优化组合，这需要做很多具体的调查研究工作，在实践中不断发现并不断检验。

五、网络劳务

网络劳务是一种利用网络进行工作的带有虚拟性质的劳务关系。网络劳务是生活服务电子商务化的受益者，其实是生活服务行业的一种特殊的就业、兼职形态，主要满足消费者一些个性化的生活服务需求，弥补了商家服务的盲点，具有操作门槛低、风险小的特点，可以作为解决时下社会就业压力的渠道。

目前主要服务类型有三类：

(1) 第一类是直接通过网上完成服务，如文字录入、商品上传、聊天等，这类工作大多收费较低。

(2) 第二类类似现实中的钟点工，服务类型包括同城速递、代购、买票、接送人员、代排队、看小孩等。

(3) 第三类适合专业人士，例如，如果有时间、有上镜的面孔和姣好的身材，就可以从事“网络模特”：由摄影师将模特穿戴不同服饰的样子拍成照片后，传到网店做宣传照，如果做得好，每月可以轻松达到“都市白领”的收入级别。如果善于沟通、能找到客户资源，就可以当“网络包工头”：通过网络承包各种业务，再将承包下来的业务通过网络外包出去，赚取差价；如果有当文秘的经验，却又不想被办公室束缚，就可以做“网络秘书”：在自己家里放一套办公设备，通过邮件等方式为雇主提供客户筛选预约、整理档案、制订商业计划以及联系客户等服务。

六、移动互联网创业

越来越多的互联网创业者在抱怨，互联网的黄金时代大门正在徐徐关闭，这里只剩下大鳄们的游戏了，在互联网版图中，似乎没有了新座位。要成为腾讯、阿里巴巴、百度级别的公司需要时机、爆炸性的技术、良好的商业模式，还有优秀创业团队以及了不起的领袖，这个很不容易。但是如果要求没那么高，互联网并不缺乏机会，在移动互联网领域就充斥着无数机会。

移动互联网的“战场”是每个人手中的智能手机，手机与个人之间的强关系不是其他物品可以替代的。移动互联网的创业可以直接深入个人的学习、工作、生活的每个细节。关键是如何利用好移动互联网，如何利用手中的那个智能手机的计算能力、位置信息、24h联网以及其背后的唯一持有人的信息。

移动互联网有哪些创业机会，如何入手？我们需从移动互联网背后的商业逻辑来看创业机会。

（一）基础需求类——娱乐社交

这是人类的基本需求，也是传统互联网的主要服务内容，移动互联网很自然地提供了这类服务。娱乐除了游戏，其他主要包括视频、音乐和阅读等。典型产品有：(1) 虾米音乐，注册用户超过 1 200 万，提供流畅且近乎完美的无线音乐解决方案，通过 Wi-Fi 或 4G 网络高速收听音乐，国内首家推出离线模式。(2) 唱吧，用户总量达到几千万，具有社交 K 歌手机应用，内置混响和回声效果，可以将演奏者的声音进行修饰美化。提供智能打分系统，所得评分可以分享好友 PK。(3) 优酷，移动端日视频播放量超过 1.5 亿，月度覆盖用户超过 1 亿。日均 PV 1 412 万，超过爱奇艺（790 万）和 PSS（608 万）之和。(4) 盛大云中书城，移动端用户超过 2 000 万，内容囊括盛大文学旗下起点中文网、红袖添香、小说阅读网、榕树下等网站内容及众多全国知名出版社、图书公司电子书，为消费者提供包括图书，报纸杂志等数字商品。社交类产品则有微博、微信、陌陌、skype 等。我们一般不推荐创业者一开始就选择这类项目进行创业，而应该先去了解这些项目，了解其成长的过程，从中知道创业的真谛。

（二）记录信息类

智能手机刚出来时，App 都是用来管理电池、内存等的，说白了就是帮使用者管理好自己的手机。随着这些基本的手机管理需求被满足，以及被巨头们切入后，就慢慢切入个人的自我信息管理了。其商业逻辑就是帮使用者管理信息，不再需要笔进行记录。目前主要有的创业项目和具体的商业模式有：1) 51 信用卡管家，帮使用者管理自己的信用卡，记录自己的账单，目前激活用户近 1 000 万。2) 挖财、随手记，帮使用者方便地用手机来记账，让用户可以随时随地记账理财。3) 大姨妈，是很多女性朋友的必备应用，解决了在日历上划日期的问题。根据记录测算经期、排卵期；通过健康测试，让人更了解自己的身体状况。4) 咕咚运动，记录每天的运动轨迹、路程、时速等数据，还可以与朋友分享。5) iOil，很多人有记录车的加油数据的习惯，其可记录每天加油的油量、公里数，以便计算自己的车油耗和油费开销。这类项目应用应该还有不少可挖掘的地方，想想在我们生活中还需要经常记录些什么？生日、重要日子，宝宝的成长过程。怎么去产生商业价值，如何赢利就需要创业者去发挥自己的想象力了。

（三）找商家类

“大众点评”就是找餐厅的一个例子，其商业逻辑就是帮用户快速找到需要的商家。帮用户找餐厅的主要例子有：1) 大众点评，移动端独立用户数达到 7 500 万，大众点评移动客户端已经成为很多人生活必备工具。2) 淘宝点点，最大不同在于打通了商户后台 CRM 系统，实现 O2O 交易（不限于团购套餐）。对消费者而言，真实的菜品和点评信息，配加智能点餐系统，是通过手机等移动终端实现的“懒人点菜神器”。3) 客如云、易点、聚外卖等。

帮用户找宾馆的有快捷酒店管家，可快速定位，在地图上直接找到附近的快捷酒店。提供快捷酒店日房信息展示及电话预订，直连酒店官网数据，可在线预订。冰点、酒店达人、今夜酒店特价、酒店小秘等也是相关的产品。

帮用户找店铺的有压马路，它是一个专门搜罗各种精彩设计、商品和店铺的网络平台，主要包括服饰和家居类产品。在压马路，使用者可以以较低的折扣价格购买到全世界精选出的有创意、有设计的好商品；也可以搜罗到各个隐藏在城市角落中的特色店铺。另外还有像“找 K”、帮你找 KTV 等各类以帮用户找商家为核心的应用。

(四) 找人服务类

这类移动互联网创业可以说是近些年比较火的项目，即帮用户直接找到“可以为他服务的人”。打车软件就是这样的一类应用，App 帮乘客与出租车司机实现直接对接服务。这类应用一般有两个应用端，需要服务的直接客户安装一个使用 App，而提供服务的人安装一个终端面 App。这类 App 的商业逻辑是减少信息沟通的环节，直接将服务的两端对接，帮助用户快速找到“可以提供优质服务的人”。一般这类应用是按职业来划分的，例如，出租车司机类：快的打车、嘀嘀出行、打车小秘、摇摇招车。帮助乘客方便、快速地找到出租车司机。配驾租车司机类：易到用车提供专业配驾租车服务。用户发出需求，距离最近的车辆就会来接用户。提供高端车型、专业服务，并配有专职司机，提供便捷、轻松、舒适的用车。代驾司机类：e 代驾、爱代驾等，通过移动互联网技术改善传统代驾服务行业，在大大降低代驾等候时间和代驾服务费用的同时，更将安全和便捷带给大众。可直接显示离用户最近的 5 名代驾司机，最大限度地压缩客户等待时间。

医生类：春雨掌上医生，用户数量超过千万，是一款让用户“自诊+问诊”的手机客户端。用户可以免费查询自己有可能患的疾病，免费向专业医生提问。其可帮助用户方便快捷地找到医生并进行咨询。

理发师：美美豆的用户超过 100 万，通过手机终端将用户和发型师之间的沟通管道打通，建立美发行业领域内线上线下相结合的一个创新模式。

家政：e 家洁，一款基于地理位置找小时工的应用软件，主要提供清洁房屋服务。可以随时随地给身边的小时工打电话。其绕开家政公司，低价、方便、简单。

律师：大律师，一款结合“图文咨询+电话咨询”的法律问答工具，可回答所提出的法律问题，并可向专业律师进行电话咨询。

移动互联网让很多职业建立了自己个人的品牌，让信息更对称。创业者可想想还有哪些职位可以用上 App，例如各类设计师、咨询师、会计师、模特、歌手、摄影师、维修员、裁缝师。这里的创业机会还有很多，有些虽然不一定可以做成一个很大的企业，但可作为一个小而美的创业项目。

(五) 直接购买类

该类项目的商业逻辑是减少购买环节、降低购买成本，用移动互联网实现更多有意思的创业项目，下面我们来看看相关的案例。

铜板街：用户可以通过移动互联网平台购买理财产品，具有安全、简单、便捷特点。为用户精选和推荐的理财产品皆为零风险或低风险，保障用户的本金不会亏损。

格瓦拉@电影：用户通过查询电影院排片表，选择需要看的电影场次以及座位，并完成在线支付，到场自主取票，整个过程省去了排队买票的时间。

航班管家：使用用户上千万，可以快速查询航班、订购机票，实时了解飞机起降情况，获取机场交通、餐饮、购物等信息。

这里面留给创业者的机会在哪里？创业者需从两个方面入手：一是在一个细分领域做深，另一个是充分利用移动互联网的优势。

（六）智能服务类

这是一个替代的方式，原来需要人服务的，现在可用机器代替。其商业逻辑非常简单，用机器代替人服务。最直接的就是导航软件，替代了原来在高速口很多举牌子“带路”人。其他智能服务的典型案例有：

景点通：一款专业景点导游应用，目前有用户300多万。可任意缩放景区地图，旅行线路规划，支持景区定位和指北针，提供专业的语音介绍。其是一个了解全国各大景区，懂玩乐、懂历史并为用户合理安排时间、设置好地图路线的景区私人导游。

大谷打工网：中国最大的手机招人平台，为打工者提供免费、可靠的求职平台。同时，也可为各大企业提供智能专属的基层人力资源招人解决方案，可替代传统的招聘会。

手机租房：借助智能手机特有的GPS定位、电话、短信、拍照、系统提醒等功能，努力尝试改变被中介统治已久的租房市场，帮租房人用最少的钱租到最好的房。智能服务类的App，还有手机挂号平台、各类银行App等。

小知识

微信小程序

微信小程序，简称小程序，缩写XCX，英文名为Mini Program，是一种不需要下载安装即可使用的应用，它实现了应用“触手可及”的梦想，让用户扫一扫或搜一下即可打开应用。也体现了“用完即走”的理念，让用户不用关心是否安装太多应用的问题。应用将无处不在，随时可用，但又无须安装卸载。对于开发者而言，小程序开发门槛相对较低，难度不及App，能够满足简单的基础应用，适合生活服务类线下商铺以及非刚需低频应用的转换。小程序能够实现消息通知、线下扫码、公众号关联等七大功能。其中，通过公众号关联，用户可以实现公众号与小程序之间相互跳转。

其全面开放申请后，主体类型为企业、政府、媒体、其他组织或个人的开发者，均可申请注册小程序。小程序、订阅号、服务号、企业号是并行的体系。

小　结

本项目主要介绍了传统商业模式、网络盈利模式，以及网络创业的几种具体形式。网络创业的优势突出，但是也存着的各种问题。创业者需要认清形势，找好定位，了解各种网络创业盈利模式的特点和不足，选择适合自己的创业模式。

简答题

1. 什么是盈利模式？常见传统盈利模式有哪些？
2. 现代网络盈利模式有哪些？
3. 简述网店模式的种类。
4. 什么是自媒体？它和普通的媒体有什么不同？请举例说明。
5. 请举例说明移动互联网创业的种类。

案例思考

案例 1：网络教课

袁千，中学语文老师，网上家教时间：两年。

袁千：目前的网络家教大致分成两类，一类是比较有名的家教网站。现在这样的网站非常多，家教老师一般是先上传个人资料，待对方考核并签一份合同后就可以开始家教了（有的不需要签合同）。收费模式根据家教情况来定，有的直接支付授课费（收取部分费用），有的按提成付费，还有的网站可以让老师代理他们的教学软件，获得分成收入。收费的标准也不一样，比如有的网站收取 10%交易费，有的更高。这种方式的好处是，在生源方面自己不用愁，只要自己的资历和水平够高，学生就比较多。另一类就是自己私下联系学生。这是一种比较灵活的方式，一般对中小学教师比较有优势，因为老师有自己学生。另外很多大学生也采用这种方式，只不过要自己先联系好学生。这种方式的好处是不受别人的限制，如果经营得好会有更多的收入。

目前来说，网上家教在国内的发展还不是很规范，师资力量还不足。现在做网上家教，应该说时机是非常好的，而且实现的条件也非常简单，无论你采用哪种方式，“一台能上网的电脑、一款 IM 工具或网上教学平台、一个耳麦、一个摄像头”就能进行网上家教，我当年就是一个 QQ 和一个耳麦教遍天下的。不过，首先你得拥有相应课程的教学经验，最好有相应的师资证书。

跟传统的上门家教相比，网上家教的收费要低一些，可以自行定价，也可以参考网上家教平台的定价。辅导费用的结算方式有多种，可以通过网上银行、邮局汇款/银行转账，也可以通过第三方支付平台（比如支付宝）。如果你是选择家教网站，你的奖金需要达到一定数额才能给你。

网上家教最大的好处就是备课比较省力气，如果讲的那节课需要什么公式，可以先储存起来，用的时候直接复制过去，把讲课需要的内容都做好，到时候直接出示就可以。目前，在网上比较受欢迎的课程有英语类、高中语文类、数学类等。

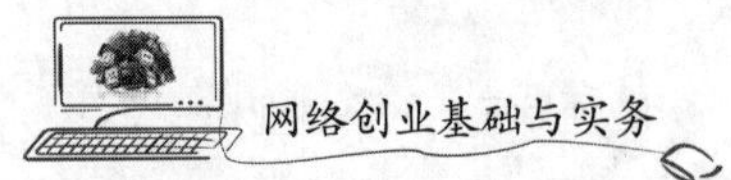

案例 2：网络直播

2017 年被称为“中国网络直播元年”，作为移动互联网快速发展的产物，网络直播成为一大风口产业，集聚了庞大的流量资源。而一个全新的商业所模式带来的冲击，则更容易吸引大批的人加入。2016 年以来，不少品牌商家也先后入驻了网络直播平台进行推广。嗅觉敏锐的微商也已悄然将战线从朋友圈拓展至直播平台，在映客、花椒、一直播等几大平台的直播间都可以发现微商的身影。其主要推广模式有两种：第一种是面对镜头直接吆喝卖产品；另一种是与网红主播合作提升主播的热度，实现粉丝经济的导流引流。

直播平台的套路玩法都是让粉丝关注它们，在关注之后让它们刷礼物，通过礼物的形式兑换人民币。

问题：

1. 分析网上教课和网络直播成功的原因。
2. 分析网络创业模式对现今人们工作发展的影响。

资源推荐

1. 中国经济网：http://www.ce.cn

2. 中国经济信息网：http://www.cei.gov.cn

3. 芮明杰专栏：http://www.sohu.com/a/198937058_466843

芮明杰专栏丨世界先进制造业群发展的创新模式探索

4. 中国传媒经济网：http://www.mediachina.org.cn

5. 经济观察网：http://www.eeo.com.cn

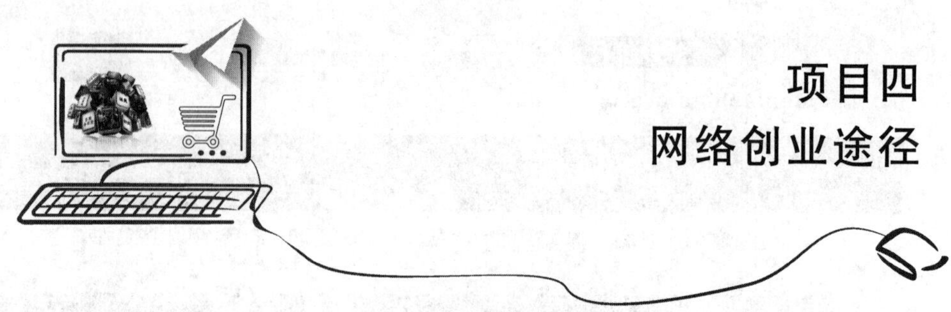

项目四 网络创业途径

项目介绍

随着互联网技术的日益发展，创业拥有了更多的可能性。近年来，基于互联网平台的创业项目层出不穷，其中不乏一些让人耳目一新、取得巨大成功的项目。本项目主要介绍网络创业计划书的规划和编写、如何进行网络创业的路演、企业要如何创办和注册、企业创办初期要如何进行产品和服务的营销推广。这些实用的知识对于创业者进行创业都有着很大的帮助，可给创业初期感到迷茫的人提供一些参考，以帮助他们更好地实施网络创业。

项目目标

知识目标

➢ 掌握网络创业计划书的规划和编写方法；了解网络创业路演的主要内容；掌握企业的创办和注册的方法，以及创业初期如何进行企业产品和服务的营销推广。

能力目标

➢ 要求在掌握课本知识的基础上，能进行模拟的"新企业开办"，包括撰写创业计划书、进行新企业的注册和创办及对于新企业进行营销推广，能基本上掌握网络创业的实施途径。

素质目标

➢ 培养网络创业过程中的果断意识、勇敢精神。

【引导案例】

"小红书"的一夜爆红

小红书是一个网络社区，也是一个跨境电商，还是一个共享平台，更是一个口碑库。小红书的用户既是消费者，也是分享者，更是同行的好伙伴。

小红书创办于2013年，定位是通过深耕UGC（用户创造内容）进行购物分享的社区，经过短短4年成长为全球最大的消费类口碑库和社区电商平台，成为200多个国家和地区、5 000多万年轻消费者必备的“购物神器”。光靠用户的分享必然是不能持续盈利的，创始人毛文超很快发现了小红书中隐藏的商机：在社区中卖产品，并试水成功。2013年12月，小红书就迅速搭起了自己的供应链系统，转型为社区型电商平台。通过真正的社交信息流方式，将线下逛商场时的冲动消费场景搬到了线上。

打开小红书，没有商家的宣传和推销，只有依托用户口碑写成的“消费笔记”，不仅将产品介绍得真实可信，也传递了美好的生活方式。截至2017年5月，小红书用户突破5 000万人，每天新增约20万用户，成长为全球最大的社区电商平台。其电商销售额已接近百亿元。

小红书是跨境电商领域里杀出的一匹黑马，一年内就成功找到社区电商模式，以社区购物模式切入，升级为社区型电商，并迎来销售额的大爆发。

作为创业团队中的佼佼者，小红书一夜爆发并不是偶然。在跨境电商的风口上，小红书刚好赶上“85后”到“90后”用户高端消费力崛起，以及有淘宝、天猫、京东等多年来培育好的用户网购习惯，这些独到的优势，让小红书快速成为创业风向标。

和其他电商平台不同，小红书是从社区起家。一开始，用户注重于在社区里分享海外购物经验，到后来，这种分享的边界被不断拓展，触及了消费经验和生活方式的方方面面。

如今，社区已经成为小红书的壁垒，也是其他平台无法复制的地方。

第一，口碑营销。没有任何方法比真实用户的口碑更能提高转化率，就如用户在淘宝上买东西前一定会去看用户评论。小红书有一个真实用户口碑分享的社区，整个社区就是一个巨大的用户口碑库。

第二，结构化数据下的选品。小红书的社区中积累了大量的消费类口碑，就好像几千万用户在这个平台上发现、分享全世界的好东西，此外，用户的浏览、点赞和收藏等行为会产生大量底层数据。通过这些数据，小红书可以精准地分析出用户的需求，保证采购的商品是深受用户推崇的。

第三，个性化推荐。从2016年年初开始，小红书将人工运营内容改成了机器分发的形式。基于机器学习的方式，社区中的内容会匹配给对它感兴趣的用户，实现了数据的高效分发，也使小红书变得越来越“好逛”：截至2017年6月，小红书每天曝光的笔记达到10亿次。

案例思考：为什么“小红书”这个网络创业平台可以一夜爆红？小红书的运营特色和创业模式给你的网络创业带来什么启发？

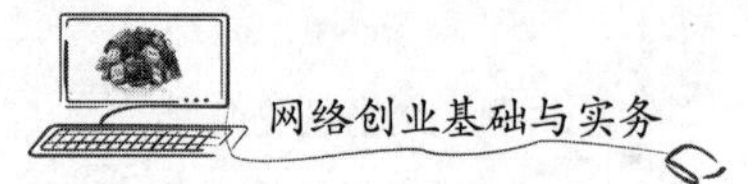

模块一　网络创业计划书的规划和编写

一、网络创业计划书的规划

什么是创业计划书？创业计划书是创业者叩响投资者大门的“敲门砖”，是创业者计划创立业务的书面摘要。一份优秀的创业计划书往往会使创业者达到事半功倍的效果。

创业计划书是一份全方位的商业计划，其主要用途是递交给投资商，以便于他们能对企业或项目做出评判，从而使企业获得融资。它是用以描述拟创办企业相关的内外部环境条件和要素特点，为业务的发展提供指示图和衡量业务进展情况的标准。通常的创业计划是结合了市场营销、财务、生产、人力资源等职能计划的综合。

（一）创业计划书的作用

创业计划书是一种和国际接轨的商业文件，具有明显的商业价值。这种商业价值是从多方面表现出来的。寻求风险投资只是其中的一个方面，除此之外还有以下几个作用：

（1）指导作用。创业计划书是创业全过程的纲领性文件，是创业实践的战略设计和现实指导。因此，创业计划书对于创业实践具有非常重要的指导作用。

（2）聚才作用。创业计划书的聚才作用是很宽泛的。主要表现在：吸引创业人才进入；吸引新股东加盟；吸引有志之士参加创业团队；吸引对创业计划感兴趣的单位赞助和支持。

（3）整合作用。创业计划书的整合作用是最根本、最重要的作用。在创业的过程中，各种生产要素是分散的，各种信息是凌乱的，各种工作是互不衔接的。通过编写创业计划书，梳理思路，进行调研，完善信息，找到各种程序之间的衔接点，最终把各种资源有序地整合、调动起来，围绕着创造和形成商业利润进行最佳要素的组合。这种整合能把各种分散的资源聚拢起来，形成一种增量资源，能得到明显的经济效益。

（4）争取创业资金支持的作用。资金是企业的血液，是创业的要素，是创业企业能够获得快速发展和崛起的前提。创业企业要获得风险投资的支持，其中一个重要的途径就是从审验创业计划书开始。因此，写好创业计划书对于获得风险投资的支持具有举足轻重的作用。

（二）创业计划书的内容

创业计划书一般要写两份：一份给自己，另一份给投资人。给自己的计划书应包括以下主要内容：简介、企业目标陈述、企业设想描述、产品与服务基本介绍、市场分析、生产计划、市场营销计划、组织计划、财务规划、风险评估、附录。给投资人的计划书不仅包括给自己的计划书的全部内容，还应包括以下内容：封面、组织定位、计划摘要、组织远景与经营模式说明等，其中给投资人的计划书最为重要。

具体内容如下：

1. 封面

封面的设计要美观且具有艺术性，一个好的封面会使阅读者产生最初的好感，给人留下良好的第一印象。

2. 组织定位

组织定位反映出组织的经营策略，在产业价值系统里，创业者要用自己的产品和服务明确界定自己的角色。投资人总是试图从创业者的商业计划书中获得创业者对于组织的定位。

3. 计划摘要

计划摘要浓缩了创业计划书的精华。计划摘要涵盖了计划的要点，一目了然，以便读者能在最短的时间内评审计划并做出判断。计划摘要一般包括以下内容：公司介绍；管理者及其组织；主要产品和业务范围；市场概况；营销策略；销售计划；生产管理计划；财务计划；资金需求状况等。在介绍企业时，首先要说明创办新企业的思路，新思想的形成过程以及企业的目标和发展战略。其次要交代企业现状、过去的背景和企业的经营范围。在这一部分中，要对企业以往的情况做客观的评述，不回避失误。中肯的分析往往更能赢得信任，从而使人容易认同企业的创业计划书。最后要介绍一下创业者自己的背景、经历、经验和特长等。企业家的素质对企业的成绩往往起关键性的作用。在这里，企业家应尽量突出自己的优点并表现自己强烈的进取精神，给投资者留下一个好印象。在计划摘要中，企业还必须回答下列问题：（1）企业所处的行业、企业经营的性质和范围；（2）企业的主要产品；（3）企业的市场在哪里？谁是企业的顾客？他们有哪些需求？（4）企业的合伙人、投资人是谁？（5）企业的竞争对手是谁？竞争对手对企业的发展有何影响？

4. 组织远景与经营模式说明

创业者应当为自己的组织制定一个非常清楚的长远目标，即未来几年创业者的组织会变成什么样的格局，让投资人看到希望。

5. 产品与服务基本介绍

在进行投资项目评估时，投资人最关心的问题之一，就是风险企业的产品、技术或服务能否以及在多大程度上解决现实生活中的问题，或者是，风险企业的产品（服务）能否帮助顾客节约开支，增加收入。因此，产品介绍是创业计划书中必不可少的一项内容。通常，产品介绍应包括以下内容：产品的概念、性能及特性；主要产品介绍；产品的市场竞争力；产品的研究和开发过程；发展新产品的计划和成本分析；产品的市场前景预测；产品的品牌和专利。在产品（服务）介绍部分，企业家要对产品（服务）做出详细的说明。说明要准确，也要通俗易懂，必须能使作为非专业人员的投资者明白。一般，产品介绍都要附上产品原型、照片或其他介绍。产品介绍必须要回答以下问题：（1）顾客希望企业的产品能解决什么问题？顾客能从企业的产品中获得什么好处？（2）企业的产品与竞争对手的产品相比有哪些优缺点？顾客为什么会选择本企业的产品？（3）企业为自己的产品采取了何种保护措施？企业拥有哪些专利、许可证？与已申请专利的厂

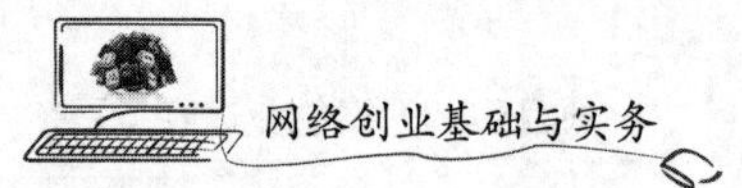

家达成了哪些协议？（4）为什么企业的产品定价可以使企业产生足够的利润？为什么用户会大批量地购买企业的产品？（5）企业采用何种方式去改进产品的质量、性能？企业对发展新产品有哪些计划？等等。产品（服务）介绍的内容比较具体，因而写起来相对容易。虽然夸赞自己的产品是推销所必需的，但应该注意，企业所做的每一项承诺都是“一笔债”，都要努力去兑现。

6. 人员及组织结构

有了产品之后，创业者第二步要做的就是组织一支有战斗力的管理队伍。企业管理的好坏直接决定了企业经营风险的大小。而高素质的管理人员和良好的组织结构则是管理好企业的重要保证。因此，风险投资家会特别注重对管理队伍的评估。企业的管理人员应该是互补型的，而且具有团队精神。一个企业必须要具备负责产品设计与开发、市场营销、生产作业管理、企业理财等方面的专门人才。在创业计划书中，必须要对主要管理人员加以阐明，介绍他们所具备的能力，他们在本企业中的职务和责任，他们过去的详细经历及背景。此外，在这部分创业计划书中，还应对公司结构做简要介绍，包括：公司的组织机构图；各部门的功能与责任；各部门的负责人及主要成员；公司的报酬体系；公司的股东名单，包括认股权、比例和特权；公司的董事会成员；各位董事的背景资料。团队是否完整，缺少什么样的人才，了解自己的不足，诚实面对并要求协助。

7. 市场预测

当企业要开发一种新产品或向新的市场扩展时，首先，要进行市场预测。市场预测首先要对需求进行预测：市场是否存在对这种产品的需求？需求程度是否可以给企业带来所期望的利益？新的市场规模有多大？需求发展的未来趋向及其状态如何？影响需求的因素有哪些。其次，市场预测还要包括对市场竞争的情况——企业所面对的竞争格局进行分析：市场中主要的竞争者有哪些？是否存在有利于本企业产品的市场空缺？本企业预计的市场占有率是多少？等等。在创业计划书中，市场预测应包括以下内容：市场现状综述；竞争厂商概览；目标顾客和目标市场；本企业产品的市场地位；市场区隔和特征；等等。风险企业对市场的预测应建立在严密、科学的市场调查的基础上。因此，风险企业应尽量扩大收集信息的范围，重视对环境的预测，采用科学的预测手段和方法。创业者应牢记，市场预测不是凭空想象出来的，对市场的认识错误是企业经营失败的最主要的原因之一。顾客在哪里？如何留住他们？如果你是顾客，你会如何选择？也许有人说留住顾客的方法就是不断地给他折扣券，其实这完全不是留住顾客的策略，因为只要别人给了更大折扣的优惠券，顾客就可能购买他人的产品。因此，我们应当以好的产品和服务去打动顾客，让顾客体验到价格以外不可替代的价值。做到“人无我有，人有我优，人优我精，人精我名”。

8. 市场营销计划

营销是企业经营中最富挑战性的环节，影响营销策略的主要因素有：（1）消费者的特点；（2）产品的特性；（3）企业自身的状况；（4）市场环境方面的因素。最终影响营销策略的是营销成本和营销效益因素。在创业计划书中，营销策略应包括以下内容：

（1）市场机构和营销渠道的选择；（2）营销队伍和管理；（3）促销计划和广告策略；（4）价格决策。

9. 财务规划

财务规划需要花费较多的精力来完成，其中包括现金流量表、资产负债表以及损益表的编制。流动资金是企业的生命线，因此企业在初创或扩张时，对流动资金要有预先周详的计划和进行过程中的严格控制；损益表反映企业的赢利状况，它是企业经过一段时间的运作获得的经营结果；资产负债表则反映了某一时刻的企业状况，投资者可以通过资产负债表衡量企业的经营状况以及可能的投资回报率。财务规划一般要包括以下内容：（1）创业计划书的条件假设；（2）预计的资产负债表；（3）预计的损益表；（4）现金收支分析；（5）资金的来源和使用。

10. 风险评估

创办企业的风险来自各个方面，有市场风险和执行计划中的风险等。在计划书中不仅要一一列出这些风险，还要告诉投资者面对这些风险时你会做出哪些反应，要根据不同风险制定不同的应对方案。计划书中常常要回答以下问题：你的公司在市场、竞争和技术方面都有哪些基本的风险？你准备怎样应对这些风险？就你看来，你的公司还有一些什么样的附加机会？在你的资本基础上如何进行扩展？在最好和最坏情形下，你的五年计划表现如何？等等。

11. 专业词汇介绍

展现表达与沟通技巧是组织领导人的重要特质。沟通与传播不仅是口才的问题，面对投资人、股东和其他非专业人士，创业者应该有能力把自己的专业知识讲到让他们听懂、讲到让他们喜欢。

（三）编制创业计划书的目的和对象

撰写网络创业计划书需要考虑以下因素：

1. 为何要写创业计划书

选择撰写创业计划的主要理由有以下两个：

对内：梳理项目，并展示给创业团队成员，尤其是一些新加入的团队成员。创业团队中的成员有的倾向于倾听你的理念和“创业故事”，也有一些成员更倾向于阅读理性的计划和流程。这需要你满足不同类型的创业伙伴。

对外：获取资源，获得融资机会。没有一位投资人愿意投资给一个连自己想法都不能“落在纸上”的创始人。如果没有一个明确的计划，往往让人认为你“不专业”。

2. 创业计划书为谁而写

明确你的计划为谁而写比写什么更重要。

（1）第一类群体：创业团队成员。

一份清晰的创业计划，可让你成为不再仅仅是给你的成员“讲情怀”的“不靠谱”创始人。创业计划能让你的想法更为理性和有实践性。研究者发现，对于个体来讲，有的人更容易受情绪和人际关系影响，这一类人的性格类型称为理性型（Thinking）；还有的人更容易受理性和思维逻辑影响，这一类人称为情感型（Feeling）。因此，创业者可以用个人魅力去影响那些喜欢听故事的、喜欢“讲情怀”的人。同样，创业者需要找到清晰的逻辑、无懈可击的思路过程，让那些技术人员、研发工作者能够倾听完创业者的想法，阅读完创业者的计划。

（2）第二类群体：投资人以及其他外部利益相关者。

能帮助创业者介绍资源的人，都可以称之为外部利益相关者，比如投资人、商业合作伙伴、融资机构，甚至有可能仅仅是路上遇到的一位能够帮忙推荐项目的人。这一类人更想看到实事求是、理性客观的计划书。另外，换个视角看问题，作为一个外部利益相关者，他们会怎么看待创业计划？他们希望看到创业者的诚心诚意、认认真真。“创业计划不用那么多，十页 PPT 就足够了！投资人那么忙，没有时间看太复杂的计划书。”周鸿祎指出，简洁、直接很重要。从这个视角来看，创业计划所呈现的创意可行性分析必须显得有效、简洁明朗，能够让相关者看出本项目与类似项目的不同点（竞争力）以及项目可行性的发展（前景）如何。

小知识

中国十大风险投资公司

NO. 1　达晨创投

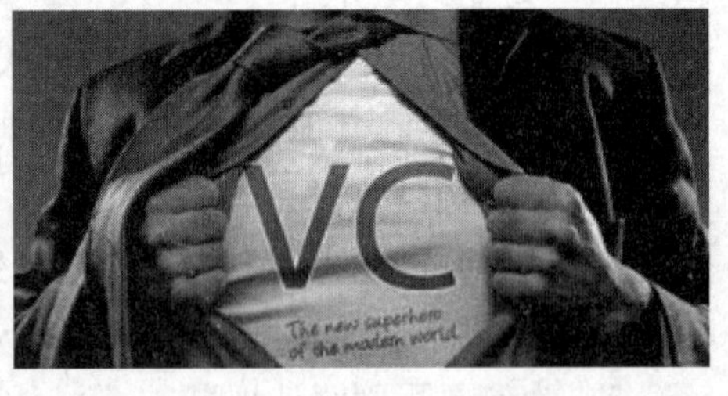

聚焦于文化传媒、消费服务、现代农业、节能环保四大投资领域，并以其严谨的投资态度、专业的投资理念、卓越的创新精神和优良的投资业绩发展成为中国创投行业名列前茅的企业，达晨创投管理资金 110 亿元人民币，投资企业累计近 180 家，其中 27 家企业成功 IPO，9 家企业通过企业并购或回购退出。

NO. 2　深圳创新投

深圳创新投是国内资本规模最大、投资能力最强、最具竞争力的内资创业投资公司之一，注册资本 16 亿元人民币，可投资能力超过 60 亿元人民币。多年来，公司致力于培育民族产业，主要投资于中小企业、自主创新高新技术制造业和新兴产业企业、初创期和成长期及转型升级企业，投资金额逾 90 亿元，投资企业近 400 家（深圳本地企业约占投资总量和投资金额的三分之一），有 80 家企业在全球 17 个资本市场上市。

NO. 3　红杉资本中国基金

红杉资本于 1972 年在美国硅谷成立，是一家在科技、消费服务业、医疗健康和新能源/清洁技术等投资了众多具有代表意义的高成长公司。红杉中国的投资组合包括新浪网、阿里巴巴集团、京东商城、唯品会、豆瓣网、诺亚财富、高德软件、乐蜂网、奇虎 360、乾照光电、焦点科技、大众点评网、中国利农集团、乡村基餐饮、斯凯网络、博纳影视、开封药业、秦川机床、快乐购，蒙草抗旱、匹克运动等。作为“创业者背后的创业者”，红杉中国团队正在帮助众多中国创业者实现他们的梦想。

NO. 4　经纬中国

经纬中国正式成立于2008年，旗下共管理5只基金，总值约13亿美元。经纬中国关注的投资领域主要包括移动社交、交易平台、O2O、电商、智能硬件、互联网教育、垂直社区、文化、医疗、互联网金融等。其在国内已经投资超过220家公司，明星企业包括陌陌、快的、口袋购物、找钢网、饿了么、猎聘网、nice、36氪、猎豹移动、七牛、青云、e代驾、e袋洗、分期乐、宝宝树、辣妈帮、美柚、camera360、积木盒子、猿题库、机智云等。

NO. 5　IDG资本

IDG资本（IDG Capital Partners，原IDGVC）于1993年开始在中国进行风险投资，是最早进入中国的国际投资机构之一。IDG资本已在中国扶植了300余家中小型高新企业，其中有超过70家企业在中国及海外市场上市或实现并购，给中国市场经济带来了无穷的潜力。

NO. 6　毅达资本

毅达资本管理团队投资业务始于1992年，是中国最早设立的省级专业化股权投资基金管理机构之一。目前管理基金规模超过300亿元，其中包括专注于初创期项目的创新系列基金、专注于成长期项目的成长系列基金、专注于特定区域优势产业项目的重点区域基金、专注于热点行业领域的产业投资基金、专注于投资境外项目的外币基金以及专注于资产管理创新业务的地产投资和并购投资基金等。毅达资本的基金投资人包括近200家中国和国际机构投资者，其中有主权基金（包括淡马锡控股）、各国养老金（包括韩国国民年金）、政府资金、上市公司以及家族基金。毅达资本基金投资人还包括中国和国际的高净值个人投资者。

NO. 7　蓝驰创投

蓝驰创投（BlueRun Ventures）成立于1998年，是一家专注早期创业公司的环球风险投资公司，管理基金超过10亿美元，成功投资案例包括：PayPal（被eBay收购）、Topsy（被Apple收购）、Champ（被Apple收购）、Like. com（被Google收购）、Slide（被Google收购）等。蓝驰创投关注移动互联网消费服务、半导体领域。作为一个环球基金，蓝驰创投在美国硅谷、北京、上海、首尔都设有分支机构。蓝驰创投中国成立于2005年，专注互联网早期创业投资，致力做创业者的第一个投资人。所投项目覆盖“医疗健康、教育培训、互联网金融、企业服务、电子商务、游戏、智能硬件、社交、O2O等”全行业。也是PPTV、美丽说、赶集网、唱吧、趣分期、春雨医生、云家政等创业项目的早期投资人。

NO. 8　君联资本

君联资本是联想控股旗下独立的专业风险投资公司，成立于2001年4月，总部在北京，并在上海、深圳设有办事处。目前，君联资本共管理六期美元基金、三期人民币基金，资金规模合计逾200亿元人民币，重点投资于运作主体在中国及市场与中国相关的创新、成长型企业。截至2014年年底，君联资本注资企业200余家，其中30家分别在美国纽交所、纳斯达克、香港联交所、台湾柜买中心、上交所、深交所中小板和创业板上市，另有19家公司通过并购方式实现退出。

NO.9　东方富海

深圳市东方富海投资管理有限公司（简称OFC或东方富海）是由数位在中国创业投资领域从业时间长、有丰富实战经验、优秀投资业绩、在本行业有一定影响力的以诚信为上的专业人士发起设立的一家的创业投资管理公司。OFC首期募集并管理境内、境外两个基金，境内基金规模为9亿人民币，境外基金规模为1亿美元。OFC的优势在于拥有卓越的管理团队、丰富的社会资源、先进的经营机制、完善的管理模式、高效的投资决策、有效的增值服务以及境内外两个基金的灵活安排。

NO.10　北极光创投

北极光创投基金成立于2004年，资本来源于著名的公益金、基金会、养老基金、联合基金，以及美国、欧洲和亚洲的个体投资人。这只基金集中投资于与TMT领域（通信、新媒体、高科技）相关的、具有中国战略的企业，关注大众消费品市场中具有技术或商业模式创新的公司，以及新兴能源、新兴农业等。北极光创投基金在邓峰带领下，已经投资了珠海矩力（多媒体电子产品处理器供应商）、百合（中国网络婚介公司）、红孩子（母婴用品销售商）、展讯通信（无线通信专用集成电路开发制造商）、Mysee（影音文件视音频娱乐综合网站），以及连连科技（浙江一家提供便利支付服务的网络服务运营商）等项目。

（3）第三类群体，项目的发起者/团队。

很多时候，作为创业计划书的撰写者，我们经常忽略，创业计划的利益第一相关对象就是我们自己。曾经有一位大学生创业者，他所做的项目一直没有获得A轮的融资，原因在于他所做的行业（快消品）不属于额度较低的投资领域，而那些愿意投资A轮的投资人看不懂他的项目。经过创业指导和沟通后才发现，核心的问题在于，他自己并没有明确自己到底是做快消品的公司，还是做通过快消品来进行品牌营销的网络公司。自身无法明确的项目，自然给别人带来的感受也是“迷茫不清”“定位不准”的。很多时候，完成创业计划的过程，就是让自己在一个安静的环境里重新审视自己所想/初步执行的项目。这样的梳理有益于创业者/团队明确自己现在在哪里以及未来想要走向何方。

二、网络创业计划书的编写

任何一个人在创业之前都必须对创业目标有一个科学的规划和设计，这就是我们所说的编制创业计划书。创业计划书是创业者创业想法的书面文件，是创业者叩响投资者大门的敲门砖。一份优秀的创业计划书会使创业者找到合作伙伴，获得资金以及其他政策的支持。

案例

创业计划书实际案例——“饭饭之交”App创业策划书

第1章　项目背景分析

互联网行业的发展已经进入一个新阶段，移动互联网技术的发展和运用日益成熟，在移动互联网时代，智能手机得到广泛使用。根据资料显示，目前中国已有超过5亿智能手机用户，手机App自然已成为居家必备。移动App越来越多地追求小而美的效果。尤其是对于很多年轻人而言，从穿衣吃饭到交通、社交，通过手机App全部能搞定。

在移动互联网的商业时代下，生活方式也随之加快，不少消费者由于工作或者学习疏忽了个人生活，等到休息日或者节假日想去餐厅吃顿饭但又找不到人一起，于是又无疾而终。针对这一现象，我们推出了一款“吃饭社交”的App——“饭饭之交”。让一些不想一个人吃饭的消费者成功找到饭友，在追求美食的同时，也能交到志同道合的朋友。

“饭饭之交App”是一款场景式移动交友O2O应用，在软件上发起饭局，就能找到一个志同道合的饭友，解决消费者一个人去餐厅吃饭的尴尬。除此之外，还可以引入熟人圈子，与好友闺密一起来场好久不见的饭局。

1. 对用户的影响

“饭饭之交 App”是一款基于 LBS 地理位置的社交应用，这一模式和其他的美食团购 App 有所不一样，其特点就在于饭局邀约这一模块，增添了趣味性。用户以“拼饭么”的方式发起活动，可以被同个城市的志同道合的饭友看到，也可以被自己社交软件和通信录中的好友看到，被对方选中后，双方走到线下餐厅去吃饭，避免了“一个人吃饭”的尴尬。它是一种线上线下+线下线上互动模式。这种模式对于年轻白领或者大学生这一类用户，具有很强的吸引力。

如今的社交软件层出不穷，订餐和点餐软件也如雨后春笋般地陈列于我们的手机中，但是，我们这款“饭饭之交 App”将社交软件与点餐软件结合起来，能给用户产生不一样的体验。

2. 对商家（餐厅）的影响

“饭饭之交 App”的平台上入驻了很多当地的商家（餐厅），绝对性地对商家增加了很多推广与宣传的机会。同时“饭饭之交 App”上的文案营销方式能让餐厅商家获得更多被知晓的机会，这样一来便能为这些商家获得更好的顾客资源，增加了商家的利润。

3. 引领新的消费模式

“饭饭之交 App”就跟名字一样，通俗易懂，是一款“吃饭社交”软件。它不是一个单纯的美食 App，但却是离美食最近的 App。因为它是一个通过吃饭进行快速线下交友的移动应用。

通过该 App 平台消费者选择自己喜欢的餐厅发起饭局或者参加别人的饭局，选择的饭友可以是自己感兴趣的人或者熟人圈子的好友。这种消费模式针对的是 18 至 35 岁的年轻白领或者大学生这一类人群。这一类人群是手机 App 的主要使用者，同时也是有一定的消费能力与懂得去享受美食的人群。这个 App 解决了类似“一个人去餐厅吃饭，上卫生间餐盘被收走的尴尬”的问题。因此，它注定会引领新的消费模式。

第 2 章　项目概述

当下人们生活节奏加快，生活状态向简易化、自动化趋近，不少用户由于工作或者学习疏忽了个人生活，连去餐厅吃饭都约不到人，“一个人去餐厅”觉得非常尴尬。“饭饭之交 App”软件迎合了这一类人的需求，顺应了这些用户的要求。

1. 项目特色

“饭饭之交 App”是一款场景式移动交友 O2O 应用，这一模式和其他的美食团购 App 有所不一样，其特点就在于饭局邀约这一模块，增添了趣味性。软件还加入了通信录、微信、QQ 好友的功能，引入熟人圈子，发展朋友社交圈。用户以“约吃饭”的方式发起活动，可以被同个城市的志同道合的饭友看到，也可以被自己社交软件和通信录上的好友看到，被对方选中后，双方走到线下餐厅去吃饭。

这款“饭饭之交 App”将社交软件与点餐软件结合起来，可以通过线上的社交软件，如QQ、微博、微信邀约自己的熟人圈朋友，或者通过软件中的饭局相约将线上的拼饭邀请变成线下的餐厅就餐。“饭饭之交App”将人与人之间的联系从线上搬到线下，提供给用户的不仅是一次美食的品尝也是与好友或者志同道合的人的一次交流。

2. 项目构成

“饭饭之交App”主要设置了四大菜单模块：“精选—发现—拼饭—我的”，与此同时，在各个菜单界面设置了餐厅选择、组局拼饭、拼饭局、饭友圈、拼饭记录、晒一晒等其他模块。这些功能的设置是实事求是地为用户的需求准备的。简单、直接的设计界面，合适的配色、舒适的布局、以内容为主的呈现方式，使用户在使用的时候能够一目了然。

第3章　市场分析

1. 环境分析

近几年随着互联网的空前发展，移动互联网产业也发生了前所未有的飞跃发展。我国互联网的发展过程中，PC互联网已日趋饱和，移动互联网呈现井喷式发展。前瞻产业研究院发布的《中国移动互联网行业市场前瞻与投资战略规划分析报告前瞻》数据显示，截至2013年年底，中国手机网民已超过5亿，占比达81%。伴随着移动终端价格的下降及Wi-Fi的广泛铺设，移动网民呈现爆发趋势。人们迫切希望能够随时随地乃至在移动过程中都能方便地从互联网获取信息和服务，一种通过智能移动终端，采用移动无线通信方式获取业务和服务的新兴业务，应运而生并迅猛发展。

在所有的传统行业中，餐饮业成为互联网和移动互联网渗透的先遣部队。

当下，人们摇一摇手机就可以找到餐馆，扫一扫微信二维码就可以打折，传统的会员卡变成了存在手机上的虚拟卡片，移动互联网让人们的饮食消费决策变得立体而更精准。移动互联网对餐饮行业的渗透不仅是让饮食信息如何更低成本、便捷、快速地传递给消费者，更多是改变整个餐饮业的价值链。

相比 PC 时代及更早之前的消费者而言，移动互联网时代下的消费在美食上的决策变得更立体。

过去那种依赖于美食杂志的专业推荐已经不复存在，来自人们分享的真实感受成为更实用的评价。智能手机、手机应用、社交媒体让人们对就餐的真实分享全面而随时随地。

一个完整的外出就餐流程可以还原消费者立体决策的全过程，其中包含找餐馆，寻找属于大家的推荐菜，使用优惠券、会员卡的方式付款，用餐后点评菜馆等。

移动改变餐饮业营销。点评、团购、微博、微信等社交化媒体等渠道全方位整合营销越来越为餐饮从业者所采用，贯穿着整个消费者的餐饮消费周期。

但需要警惕的是，餐饮企业由于是非常典型的传统行业，大部分从业者对新技术和新营销方式的利用能力较弱。对更多传统商家而言，移动手段的启动并不代表商家对新模式真正的理解，移动互联网更像一把双刃剑。

2. 市场预测

(1) 随着互联网的发展，主要用户集中在 18～28 岁的年轻人。这群人赶时髦，对生活抱有激情，享受新事物带来的乐趣，也向往挖掘新事物，满足一系列的生理需求。“饭饭之交 App”轻松地解决了吃饭的需求。一方面可以满足他们对理想食物的向往，另一方面也可以让他们认识新朋友，结交兴趣相投的好友。

(2)“饭饭之交 App”发展较快，市场宽广。

现在是互联网高速发展时代，每个用户的智能手机上都有聊天社交软件，分享晒图成了每天的必修课。虽然“饭饭之交 App”起步相较于其他类型的第三方平台较晚，但是这并不影响此软件的发展。只要用户在使用软件时，分享至空间、朋友圈等好友能看到的版面，一传百，百传千，很快就能被更多的人知道。再者此 App 软件的功能并没有与其他知名的 App 功能相撞，肯定可以在市场上占领很大的比重。

(3) 能够吸引大量的特色餐厅及用户群。

优质特色餐厅不怕没人消费就怕没人知道。对商户来说，“饭饭之交 App”是能让其增加顾客流量、增加销售额的平台，并且自身利益并没有什么损失。对用户来说，只要功能强大，内容丰富，满足他们的需求，安全性高，绝对会欣然接受。

第 4 章 项目推广

1. 推广的目标

推广我们的 App 应用，增强我们产品项目的知名度，使其在未来市场上占一定主导地位，让更多的年轻人通过我们设计的 App 找到适合拼饭的那个他（她）。

我们推广的目标对象：下班找不到吃饭对象的人、无聊时找不到志同道合的人、出差时找不到异地同样寂寞的人、出差旅游时想找拼吃拼喝的人、想找心仪人士的人。

2. 推广方式

(1) 分享推广。

微信和微博是现在常见的交流互动软件，现在人们几乎每天都会看微博或微信，我们在新浪、腾讯、网易等平台注册微博，然后通过更新自己的微型博客来积攒人气。通过每天更新“饭饭之交 App”中餐厅的最新活动消息来跟大家沟通交流，在微博平台上随意交流餐厅的服务态度或者拼饭对象的合适度，对大家做一个客观公正的评价。或者传递大家所感兴趣的话题，如晒出拼饭时所拍出的美照供大家欣赏，在平台上发布最新拼饭的信息，让更多的人了解我们的 App，最终达到营销的目的。同时我们会创建微信公共平台，在平台上进行推广，有必要时可以开展集赞礼品的活动或者转发一定数量下发餐厅优惠券的活动，以达到宣传的效果。

(2) 口碑推广。

口碑推广是最容易达到宣传目的的营销方式。我们可以先找一些自己认识的朋友、亲戚，向他们介绍我们的 App，让他们知道我们 App 的主要功能、服务优惠等，以及我们 App 自身的优势。如果他们自己用的满意就会向他们的朋友推荐，这样既可以广泛地推广我们的 App，同时也能了解大家对我们 App 的满意程度，还可以提升知名度。另外，我们将这种模式推广到一些公司，在公司内部达到宣传的目的，让更多的白领找到适合与自己一起拼饭的那个他。这样就会有很多人知道我们的 App，不仅可信度高而且吸引力强。

(3) 付费广告。

付费的广告在一定程度上会增加我们的资金压力，但是付费广告在宣传力度上会产生很大的影响，所以付费广告是必不可少的。我们将在平台规划的中后期采用这种推广方式，用最直接的方式来宣传我们的 App。我们可以在各大搜索引擎上注入一定量的资金，同时我们会设计一个属于我们 App 介绍的小型页面，让网友们在用搜索引擎的同时就能看到我们的消息页面，让我们的产品给网友们留下深刻印象，以达到宣传效果。

制作我们项目的宣传片、拍摄平面广告等在报纸杂志、广播电视等媒体上投放广告，也可在公交电视上轮流播放，这种推广的效果覆盖面更广、效果更强。另外，计划在各个重要街道口和商务中心设立我们的广告牌，让顾客能看到我们的产品。

(4) 校园推广。

在校的学生是我们的主要目标客户群之一，他们平时聚餐活动或出去游玩时就已经在频繁使用各种手机软件，对这些娱乐餐饮软件比较熟悉并且接受能力强，所以我们要在校园内对我们的 App 进行推广。让不认识的陌生校友通过“饭饭之交 App”相互认识。我们可以利用学校的学生会或者社团做宣传，可以在学校外的小饭馆设立体验点，让校门外的小型饭馆以及咖啡甜点屋成为我们 App 的商家，开展适当的优惠活动，让更多的在校学生体验 App 的实用性，并认识更多的校友，进行更好的沟通交流。也可以采用分发一些小礼品的活动吸引广大学生。

(5) 二维码推广。

我们可以将通过二维码印刷在现有资料上来推广，现在比较流行扫二维码的方式来下载软件。我们可以给注册的所有商家发放二维码，让其贴在柜台或餐桌等显著地方，让消费者随时方便地下载我们的软件。

第5章　风险分析及对策

1. 风险管理及分析

(1) 风险。

在“饭饭之交App”建立初期，需招收些必要的员工，但新进的员工面对一个陌生的环境，面对陌生的人，不能很快适应新的工作环境，又不了解具体工作内容，可能会造成前期工作难以开展，很难迅速投入本职工作中。

(2) 对策。

对新员工进行一次集体培训，让员工先了解我们的App，再主讲工作内容、工作分配、员工之间的配合方式。另外，让员工通过我们的App约上新同事一起去聚餐，也可以召集他们在工作之余玩素拓游戏以增强彼此间的熟悉度以及默契度。运营初期的工作总是较为繁忙的，定期玩素拓游戏不仅能增强员工之间的熟悉度和默契度，更能使他们在繁忙的工作之中精神不至于紧张而影响工作。另外，可以创造一个轻松愉快的工作环境，让员工参与讨论公司的规划和决策，从中可以看出不同员工的才能，更好地为公司发展服务，也可增加员工对公司的认可度。我们的重中之重就是要确立一个奋斗目标，使员工共同朝着目标努力，增强凝聚力，与我们的App平台一起进步。

2. 竞争风险及对策

(1) 风险。

“饭饭之交App”运营的中后期，可能会有大批的竞争者与我们争夺市场，同时还要面对其他就餐软件的竞争。

(2) 对策。

熟悉该行业的法律，避免出现违反国家有关规定的非法经营现象。对App中所注册的餐饮商家的卫生、服务做一定要求，要保证食品安全。在保证商家数量和食品安全以及拼饭对象的适合度上与时俱进，达到服务的不断提升。用自身的优点与特点吸引更多的商家加入，让更多的消费者知道我们，了解我们，选择我们。及时了解同行业平台及潜在行业平台的状况，根据用户的需求做出与众不同的策略，推陈出新，不断推出自己的特色版块，在竞争中保持优势地位。同时，要不断完善信息反馈渠道，随时关注其他同类型平台的动态，做到及时更新。与商家协商定期推出系列优惠活动，平台自身也可提供登录即可抽奖活动，以吸引消费者眼球，促成更多的拼饭者。可以让商家提供网上会员制度，给新老会员提供就餐打折制度。会员制有助于进一步了解拼饭者，记录他们的拼饭地点，再进行进一步分类，以更好地服务消费者。

3. 财务风险及对策

(1) 流动性风险。

“饭饭之交 App”的成立需要大量的资金，我们需要在平台的推广和宣传上花大量的资金，仅仅靠自己的资金是远远不够的。在平台的营运过程中，由于我们需要不断地吸引餐饮商家的加入，增加服务项目，提升服务质量，更新系统设备，可能会出现资金短缺、流动资金紧张等问题。为避免此等情况的发生，在发展到相当程度后，“饭饭之交 App”将建立自身良好的先进管理系统，避免系统出现问题。

(2) 外部融资的不可预期风险。

“饭饭之交 App”在创立营运初期，必须有大量支出，若是收入不及预期，运营现金会出现短缺和供应不足的问题。为弥补此资金缺口，除了内部融资，我们还将增加外部融资。

内部资金来源：创业初期，除了原有的创业团队的资金流入，我们要在引入商家的基础上，建立自身的盈利体制，使得资金自然周转，实现有效的资金循环，保证内部资金流动正常。我们可向注册我们平台的商家收取一定的注册费，还可以从消费者进入网站的流量来赚取利润。除此之外，还要有完善的资金支出机制及资金预警机制来保证消费者和商家之间付款的安全性。

外部资金来源：当内部资金不能满足时，我们能通过银行之类的金融机构进行短期借贷来解决前期的资金周转问题。

4. 经营风险及对策

(1) 风险。

由于“饭饭之交 App”处在建设初期，宣传力度有限，以至于“饭饭之交 App”的知名度不高，许多用户不知道我们的平台，使平台面临着经营风险。

(2) 对策。

在及时更新丰富平台内容的同时，适当增加新的有趣板块，随时了解拼饭者的实时需求，满足消费者需求，进一步地加强推广。在公司内部增强员工凝聚力，提升员工整体素质，提供更完善、更优质的服务态度，保质保量地完成工作要求，留住并吸引更多消费者的心，促成更多的拼饭者。

5. 信用风险及对策

(1) 风险。

由于拼饭双方有可能是陌生人，对彼此互不了解，拼饭者之间的信用度不高，可能会造成就餐时的尴尬。并且由于双方都是在网上预订就餐，对拼饭对象没有多余的了解，使得人们之间造成交流障碍。

(2) 对策。

我们的软件中需要消费者填写真实信息，还需要填写一些个人兴趣。我们的软件可以预约多人餐桌，可以采用多人拼单的方式以及 AA 制的方式来支付就餐费用，以防产生资金纠纷问题。我们会与商家合作在消费者就餐时免费提供一些娱乐游戏，增强拼饭双方的了解。

模块二　网络创业路演

路演译自英文 Roadshow，是国际上广泛采用的证券发行推广方式。路演指证券发行商发行证券前针对机构投资者的推介活动。活动中，公司向投资者就公司的业绩、产品、发展方向等做详细介绍，充分阐述上市公司的投资价值，让准投资者们深入了解具体情况，并回答机构投资者关心的问题。路演的目的是促进投资者与股票发行人之间的沟通和交流，以保证股票的顺利发行。在海外股票市场，股票发行人和承销商要根据路演的情况来决定发行量、发行价和发行时机。

目前在中国，网上路演已成为上市公司新股推介的重要形式。网上路演是网上互动交流模式和新闻发布模式，网上路演的形式已由最初的新股推介演绎为业绩推介、产品推介、上市抽签、上市仪式直播、重大事件实时报道等多种形式。在证券市场信息披露及信息交流方面的探索取得了初步的成功。

一、路演类型

第一种类型是即将上市的公司在发布完招投说明书后，要向投资者介绍本公司的业绩和未来发展前景，让投资者们去买股票。特别是规模大的公司和要发行大量股票的公司，上市前的路演更重要，有时要做三个星期至一个月。

第二种类型是已经上市的公司，为了提升公司知名度及透明度，每年至少要做一次路演，即在每年的业绩公布后，把前一年所做的事情，今年和明年的计划向股东做交代，基本上是对那些已经是股东和暂不是股东但有可能买你股票的人介绍情况。路演是向股东负责的一个重要体现。

第三种类型就是产品路演，一些大的公司或企业为了提高自己的企业形象或产品服务的推广力度而采用证券路演的形式进行推广，如企业 CI 推广、产品推广、服务推广、活动推广等。其配合互联网强大的技术支持取得多媒体播放的优质效果，让各企业爱不释手。而且产品路演业务空间极其广阔，目前产品路演的市场正在逐步扩大中。

二、网上路演步骤

1. 确定进行路演的网站

确定路演的网站是至关重要的第一个步骤。网站的人气指数是选择网站的首要指标，要严格依照证监会规定的有关标准考核，比如“至少要进行图像直播和文字直播”“要保证上网通畅”等。如果是企业产品路演，则条件可以宽松点。

2. 发布网上路演公告

按照中国证监会规定，新股发行公司关于进行网上直播推介活动的公告应与其招股说明书概要（或招股意向书）同日同报刊登，并在拟上市证券交易所指定网站同天发布。

除了在指定信息披露刊物和指定网站发布路演公告外，为发行人提供网上路演服务的网站也应该及时为该发行人发布路演公告。如果是企业产品路演，则发布路演预告就可以了。

3. 展示背景材料

这是路演推介的第一步，需要精心准备，所展示的背景材料中应该有招股说明书、路演嘉宾介绍等。

如果是企业产品路演，则需要精心准备企业的各种介绍资料，最好为企业制作专题宣传片进行推介。

4. 设置有奖问答

设置问卷等形式的有奖问答可以让路演客户更加了解投资者对发行情况的真实看法；投标询价等形式可以起到一个辅助参考的作用；设置一些小奖品可以大大提高活动的人气。

5. 进行现场推介

现场推介意味着路演嘉宾要和投资者进行在线交流。根据中国证监会的规定，在进行网上推介时，新股发行公司的董事长、总经理、财务负责人、董事会秘书和主承销商的项目负责人必须出席公司推介活动。

6. 整理路演内容

在现场推介结束后，应该将直播内容以电子方式报备中国证监会和拟上市证券交易所。有关直播内容的整理工作应该要求网站来完成，并可要求网站保留一段时间以便网友继续浏览。

三、网上路演的作用

对投资者来说，网上路演为投资者与新股发行公司之间架起了沟通的桥梁。投资者可以通过互联网与发行人和主承销商进行实时互动交流。以往投资者尤其是中小散户只能被动地接受上市企业招股书中的内容，而通过网上路演这一形式，投资者可以提出质疑和建议，了解自己所需要的信息，使投融资双方获取的信息相对均衡。网上路演反映了投资者的心声，强化了信息披露，促进了对中小投资者利益的保护。

对于主承销商来说，网上路演可以提高整个发行的透明度，把发行纳入整个市场的监督检验之中。从已经进行过新股发行的网上路演来看，投资者的问题主要是围绕发行价与发行情况、公司的财务情况、公司的募集资金的投入等。网民的意见有助于主承销商了解市场、把握市场需求。而且随着发行的进一步市场化，可能还将对新股的定价提供一定的参考。

对于上市公司来说，可以起到促使企业提高规范运作的意识，更加注重中小股东的利益的作用，在中小投资者中树立公司的良好形象。从年报、中报上网披露到增发股份招股意向书上网披露，再到网上路演，更多的上市公司信息将及时、充分地公布。网上路演在完善上市公司信息披露方面发挥了重要的作用，是构成规范信息披露体系的重要组成部分。

对监管部门来说，网上路演反映了投资者的心声，也反映了公司方方面面的问题，监管部门可以从中发现一些蛛丝马迹，加强对上市公司的监管。投资者可以通过网上交流就招股说明书的不明之处向发行人及券商项目负责人做进一步的了解、咨询；投资者还可以通过网上路演，直接了解发行企业的基本情况、发行企业管理层的素质、未来发展规划等，从而帮助投资者准确判断发行股票的投资价值，为做出正确的投资决策打下基础。

小知识

演讲十诫

TED是科技（Technology）、娱乐（Entertainment）与设计（Design）的英文缩写，是美国一家私有非营利机构，这个机构以它组织的TED大会著称，这个会议的宗旨是“传播一切值得传播的创意”。它邀请相关行业最出色的从业者，用精彩的演讲将自己的想法分享给与会者，并免费上传至网络供人学习。

TED对于演讲者的要求是：在相关领域有绝对的权威，并且有很好的分享和演讲的能力。因为每一次演讲必须控制在18分钟以内，演讲内容要求言简意赅，并且能打动他人（Gallo，2015）。为了确保效果，TED专门设计了演讲的“十诫”，同样，其也适用于日常的演讲。

（1）拒绝寻常：你所讲授的话题，不要是大家都知道的事情。

（2）描绘一个全新事物：所谓的描绘是指绘声绘色地向别人描述一个与众不同的事物。

（3）展示好奇心和热情：你的热情会打动别人，不要在演讲中显得沉闷。

（4）说一个故事：最好可以说出无数个故事，因为故事非常容易吸引别人的注意力。

（5）自由评论他人：在这18分钟内，你可以自由地谈你想说的任何一切。

（6）分享真实的自己：向别人展示你自己真实的个性，不要伪装。

（7）不可强硬推销：演讲时间内没有广告时间，不要推销自己，用你的魅力去打动别人。

（8）更多欢笑：鼓励讲述有趣的经历，讲述让别人开怀的桥段。

（9）不可读稿：绝对不允许带着演讲稿上台。

（10）按时完成：准时完成。

案例

阿里启动IPO路演，马云：这次来纽约就是想多要点钱回去

美国时间2014年9月8日，阿里巴巴集团在纽约启动IPO路演。华尔道夫酒店这个世界上最豪华的酒店之一，这天吸引了全球的目光。在车库入口等候马云未果的一位

外国记者表示，和阿里巴巴一样受到记者如此关注的路演只有2012年的Facebook。

路演现场播放的阿里巴巴上市路演的宣传片中，穿着红色T恤的马云用一口流利的英文讲述着淘宝人的平凡故事，向国际投资者介绍阿里巴巴。马云谈到了把阿里巴巴打造成中国最大电商的艰辛，最后那句“We believe one thing，today is difficult，tomorrow is more difficult，but the day after tomorrow is beautiful（我们相信一件事，今天很不易，明天更加困难，但是未来是无限美好的）”，被网友称赞“十分鸡汤”。

这是阿里巴巴路演的第一场，整个路演持续十天。如果能够如期结束，阿里巴巴的股票将于当月18日当晚定价，次日在纽交所挂牌交易，股票代码为“BABA”。据悉，阿里巴巴将派出两支由公司高管和投行代表组成的团队奔赴多个美国城市，同时还将在中国香港地区、新加坡和伦敦与投资者见面，推介“BABA”股票。

路演首秀惊呆小伙伴，土豪酒店电梯要等40分钟

这艘电商航母到底在美国的投资圈引起了怎样震动?

美国加州一家共同基金的代表参加完阿里巴巴纽约路演后描述道：“现场十分火爆，我从来没见过这么多人，大家都排着队，等安检……马云也来了，显得非常热情。”

在朋友圈里也有人转起了一个段子：“在纽约搞投资十多年，IPO阵仗见多了，但还是被BABA震撼了。华尔道夫酒店排队拐了18个弯，据说有1000人来看马哥，电梯等了40分钟。”这一盛况远远超过在苹果旗舰店门口等待iPhone 6的狂热粉丝。

路演开始前的几个小时，就有几十名记者开始在酒店四周每个入口“分兵把守”，特别是在车库入口重点守候马云。美国消费者新闻与商业频道（CNBC）、福克斯商业频道的卫星车也开赴现场。

路演现场设在华尔道夫酒店十八层，但谢绝了媒体进入。现场安保人员会先与投资者们打招呼，若允许入场，就会给投资者戴上一个腕套以便识别。据悉，阿里巴巴原本预计会有500名投资者参加首站路演，但是最终有800人。原定12点半开始，结果排队人数太多，会议最终推迟了30分钟。

阿里巴巴的路演吸引了众多华尔街大腕到场，包括著名长期投资者马里奥·加贝利和前投资银行家、迈克尔·布隆伯格私人财富管理人史蒂芬·拉特纳。高盛和摩根大通的高级交易员们在场内四处走动，高盛前副总裁、阿里巴巴董事迈克尔·埃文斯也不时在会场内与人寒暄。从现场传出的照片，我们看到背景板上，依旧是阿里巴巴那句最为熟悉的口号：“让天下没有难做的生意”。

大概下午两点多，陆续有投资者从会场走出。从投资者透露的信息，可以一窥这场路演的人气：路演现场大概有800人，开始只有一个主会场，但由于人数太多，又开了几个分会场。每三个座位发了一个iPad用来提问题。

不论是在场外“围追堵截”马云的追星场面，还是从参加路演的投资者四处打探了解场内情况，阿里巴巴路演无疑让市场非常兴奋。

前英语老师流利地说，这回向你们多要点钱

身着西装和衬衫，但没有系领带的马云，依旧是场内的焦点。一位投资者说，马云以逗乐开场，说15年前他为了融资200万美元到了纽约，但被30位风险资本家拒绝了，失败而归。马云说："15 年来我没放弃，这次来纽约就是想多要点钱回去。"他的话引起现场一阵大笑。

纽约路演的行程也被一一曝光：路演以一段介绍阿里巴巴集团的视频开始，在镜头前秀英文的阿里巴巴灵魂人物马云和在中国各地的"淘宝人"讲述着阿里巴巴的故事。马云说，"阿里会成为一家102 岁高龄的公司，我们还有87 年要过"；然后蔡崇信（阿里巴巴集团董事局执行副主席）演示了 PPT；之后马云开始演讲，在他将近 10 分钟的演讲中，重点解释了公司如何服务中国小企业，以及公司内部治理问题。最后是投资者提问。

据说，马云临时决定接受观众提问。马云谈到了 2011 年将支付宝与阿里巴巴集团剥离一事。此举曾引发他与公司大股东雅虎的冲突，并招致了投资者的批评。马云称，这是他做过的"最艰难的决定之一"，但他相信这对于公司的长期发展而言是最佳之举。

阿里巴巴高管在回答有关国际业务扩张的问题时表示，阿里巴巴仍主要专注于中国业务。

由于对阿里巴巴兴趣浓厚，参加路演的投资者们也精心准备了很多问题，从公司治理、透明度，到美国市场的收购计划以及增长率等。

许多投资者都表示对马云印象深刻，他们形容这位"前英语老师"很有魅力。现场花絮也不少，一名参与者就透露，这些身价不菲的投资者吃的是盒饭午餐。

首日完成超额认购，BABA 于 9 月 19 日挂牌

接下去的几天里，阿里巴巴将在美国及全球多个其他城市举行上市推介会。

有媒体称，为吸引潜在投资者，阿里巴巴组建了两支由银行家和高管组成的队伍，分别以阿里巴巴标识的颜色命名。橙队将由董事局执行副主席蔡崇信和首席执行长陆兆禧带队，红队将由首席财务长武卫和首席运营长张勇带队。

两队中都将有为阿里巴巴安排 IPO 交易的银行代表，包括瑞信、德意志银行、高盛、摩根大通、摩根士丹利、花旗和洛希尔，阿里巴巴聘请洛希尔在各行之间进行协调。

根据国外媒体的最新消息，阿里巴巴路演首日的情况非常火爆，股票已经完成了超额认购。作为路演第二场，阿里巴巴在美国时间周二移师波士顿四季酒店，摩根大通副董事长 James B. Lee Jr 届时将向该市大型共同基金介绍阿里情况。

阿里巴巴路演，雅虎股价创 8 年来新高

阿里巴巴路演首秀火爆，受此消息影响雅虎当日涨逾 5.6%，收盘价 41.81 美元创 2006 年以来新高。长期以来，美国投资者们一直通过投资雅虎来间接投资阿里巴巴，希望从阿里巴巴和中国经济的增长中分一杯羹。过去一年雅虎股价累计上涨了 44%。有消息说，阿里巴巴这次将向为 IPO 提供咨询服务的律师事务所支付 1 580 万美元的法律咨询费用，金额是 Facebook 两年前 IPO 时的 6 倍。在过去 10 年中，阿里巴巴法律咨询费用数目位列美国 IPO 第四。从名单来看，此次阿里巴巴的 IPO 基本囊括了一批国际一线投行，而这些投行在国际上皆享有较高知名度。如此强大的营销团也令这桩有望成为 IPO 历史上规模之最的交易事半功倍。

模块三　企业创办与注册

一、企业创办前的准备

(一) 确定企业的名称：唱响自己的名号

企业的名称是有规范和要求的。一般来说，有以下几点：

(1) 企业法人必须使用独立的企业名称，不得在企业名称中包含另一个法人名称。

(2) 企业名称应当使用符合国家规范的汉字，民族自治地区的企业名称可以同时使用本地区通用的民族文字。企业名称不得含有外国文字、汉语拼音字母、数字（不含汉字数字）。企业名称中有下列情况的，不视为使用数字：1）地名中含有数字的，如“四川”等；2）固定词中含有数字的，如“四通”等；3）使用序数词的，如“第一”等。

(3) 企业名称不得含有损害国家利益或社会公共利益、违背社会公共道德、不符合民族和宗教习俗的内容。

(4) 企业名称不得含有违反公平竞争原则，可能对公众造成误认，可能损害他人的利益的内容。

(5) 企业名称不得含有法律或行政法规禁止的内容。

(6) 企业名称是企业权利和义务的载体，企业的债权、债务均体现在企业名称项下。企业申请登记注册的企事业名称不得与其他企业变更名称未满三年的原名称相同，或者与注销登记或被吊销营业执照未满三年的企业的名称相同。

(二) 选择企业地址：确定创业“福地”

在企业运营地点选择方面，很多企业遵循以下四个标准：(1) 把一次性成本降到最低；(2) 把运营成本降到最低；(3) 把潜在的风险降到最低；(4) 把机会放到最大。当然企业除了考虑成本等因素以外，还应该考虑市场、政府等因素，并依靠产业特性和价值链环节选址。

一般的企业会着重考虑当地政府的影响因素，包括政府服务水平、政策导向、营造的投资环境、人才及教育资源的储备、风险投资的供给状况等因素。往往大城市或新兴城市在此方面相对完备，企业也就多聚集在此。

不同类型的企业对选址的要求和选址时考虑的因素不相同。

(1) 零售企业。对许多零售企业而言，位置选择十分重要，因为这类企业需要稳定的客流量来支撑，还需要考虑周围店铺的业务类型、道路交通情况和当地居民的结构等因素。当然，租金是必须考虑的因素，以及房屋的结构等也需要考虑。

(2) 批发企业。批发商从制造商那里大批量采购商品，然后再小批量地卖给零售商，这类企业选择位置主要考虑两个问题：一是要有良好的交通条件，像铁路、公路要交通便利；二是要适当便利，如在建筑、设备、公共设施等方面便利。没有这些便利条件，批发商就很难处理大量的货物。同时，批发企业要尽可能地接近它的客户。

（3）服务性企业。服务性企业应尽可能地靠近大型购物中心，以确保稳定的顾客量。但像牙科诊所、干洗店、修鞋店等业务就没有必要设在高租金地段，居民住宅区附近是非常理想的地点。而某些服务类企业，如会计公司、税务咨询公司等，即便是位置处于很偏僻的地方，仍可以实现很高的营业额，因为消费者愿意花时间去寻找这些企业的服务。

（4）制造类企业。生产制造类企业的选址不同于其他类型企业，要考虑交通状况的便捷和原材料产地的远近，还需要考虑土地、劳动力资源是否能够容易以较低的成本获取，以及城市发展规划的影响和企业自身的运营发展等因素。例如，原材料提炼业应侧重考虑偏近原料、燃料动力的供应地；劳动密集型的制造业应侧重考虑人工供应充沛、质量高、工资低，综合运营成本低的地区；高新技术产业应关注政府是否鼓励该产业发展，是否已通过产业规划、财税政策、人才培养等多种途径保障该产业提供高效优质的服务，乃至是否有一定的政府采购市场。

（三）企业登记注册：合法办企业

1. 前置审批

前置审批是指在办理营业执照前需要先去审批的项目，也就是在查完公司名称后就要去有关部门审批，审批完或取得相应的许可证后再去办理工商营业执照。

2. 注册

根据我国现行法律，个人创业的主要途径有：设立有限责任公司；申请登记个体工商户；设立个人独资企业；设立合伙企业，设立一元制公司。

（1）有限责任公司。注册有限责任公司，最低注册资本为10万元人民币。

（2）个体工商户。注册个体工商户，对注册资金实行申报制，没有最低限额。

（3）个人独资企业。注册私营独资企业，对注册资金实行申报制，没有最低限额。

（4）合伙企业。注册私营合伙企业，对注册资金实行申报制，没有最低限额。合伙人可以用货币、实物、土地使用权、知识产权或者其他财产权利出资；上述出资应当是合伙人的合法财产及财产权利。

（5）一元制公司。注册一元制公司，注册资本可以低至1元。

案例

年入200万的奇迹：一碗酸辣汤、一份锅贴、几张餐桌

一家只有几张餐台的小店，只靠一碗酸辣汤、一份锅贴打天下，却要承受18万元的年租，你会接手吗？相信大部分餐饮人听了后都会直摇头——风险太大了！但今天，就是要给大家介绍这个案例，店主不仅没有关门大吉，而且年赚200万元，小日子过得相当滋润。

只有几张餐台的小店如何赚大钱？有着龙虾烹饪大师头衔的店主人周庆就给大家提供了一个活生生的样板。

周庆的“欢喜锅贴”门面简陋，面积狭窄，只有寥寥几张餐台，主打酸辣汤和锅贴两种小吃。但了解到，这间其貌不扬的小店居然年赚200万元。一般客人落座后，刚吃了两盘锅贴，旁边的台子已翻了两三次；这间小店冷天主推的熟醉蟹和烤猪蹄，不断有人进来打包带走；下午备好的锅贴提前卖完，洗碗工、服务员和收银员速速摆下案板，现包现煎。

据了解，“欢喜锅贴”仅有50平方米的店面，每天要交500元租金，卖的却是人均十几元的锅贴和酸辣汤。对此，周庆笑言：“这就好比在上海中山路租个铺面卖茶叶蛋。”

微店突围：选址思路：50平方米店铺年租18万，接！

2011年，周庆决心自己开店做龙虾，找位置时，碰上了现在这个铺面，位于无锡八佰伴的后街，前身是家房产中介，周边几乎没有餐饮店，租金非常贵——一年18万元，店面极小——满打满算50平方米。

这种店面到底能不能接呢？当时，亲戚朋友人人反对。但周庆分析，开店有几大要素：毗邻小区、写字楼、大型商场，保证了人流量；门前开阔，既方便停车，又方便拓展营业面积，那么注定是有生意的。所以他的结论是：能做！

“别人说，18万的租金不能做！那多少钱能做？3万的就能做？但一个店能不能开下去，不是租金3万和18万的区别，如果产品定位不准，就算一分钱店租不收，也可能不挣钱。一个店能不能做下去不在于租金，而在于产品。”周庆说。

定位思路：小店初开，就卖两样

店面合同一签，产品的选择就决定了这个店的生死。周庆在确定产品线时极为冷静和现实：先生存、后发展，最后才是“实现梦想”。

步骤一：寻找“全天开工”的小吃。在这个铺面周围有商场里的数千名营业员，有写字楼里的白领，有大型小区的居民，周庆的目标顾客就是这些人。他分析道：“这样的店面和位置，上来就做龙虾肯定没有胜算，因此要先寻找别的切入点，将店做起来，再慢慢渗透进龙虾。”他要选的这个产品既不能是主食类，又不能是零食类，必须是主食+休闲食品的组合，目的就是让正餐和休闲时间都能营业。因为以这么小的面积承担如此高的租金和人工费，必须全天运转，如果只做正餐，两餐中间就空掉了。所以他放弃了每天只能“开两顿”的快餐，选定了可以“全天开工”的小吃。

步骤二：一盘锅贴、一碗汤。周庆寻找的是这样的产品：单一，贵精不贵多，“所有人就围着几个品种操作，才能做得精、做得独到。”因此最早开业时，墙上只挂了两块木牌，一块是“酸辣汤”，一块是“欢喜锅贴”。这两个品种是如何确定的呢？在选择小吃时，无锡小笼包、各种面条都在考虑之列，但后来这些品种都被否定了，因为馄饨、小笼包等产品在当地多如牛毛，形不成特色，另外，这些小吃的口味可比性太高，价格透明，毛利很难做上去。最后，周庆选定了酸辣汤和实质上是煎饺的锅贴。为什么是这样一种组合？周庆表示，一个是汤，一个是每盘只有5只的主食，如果单点这两样，每样都吃不饱，所以无形中就引导了客人将这两个产品作为套餐来点，两者加起来才 16 元（刚开张时两种产品均售 8 元），十几块钱吃一顿饭，在食客的接受范围内。如果选择开面馆，客人点一碗面或馄饨，既有主食又有汤，吃一份肯定就饱了，极少有人会点两碗来吃，而按照无锡面店的消费水平，最便宜的面只需 5.5 元，人均也不过 6 元钱，假设同样是每天 100 人的客流量，那么面店的营业额只有 600 元，而欢喜锅贴则是 1 600 元。价格不高，毛利不低。据了解，其实这两个主打产品的毛利相当高。在确定毛利时，周庆完全抛弃了厨师定毛利的传统算法："进料成本是 5 块钱，那么我的定价就应该是 10 块钱，保证毛利在 50%。就因为东西做得精致，又经过巧妙的变化和组合，毛利定得高一点客人并不介意——其实一份现售价 8 元的酸辣汤，成本只有 2.2 元，而一份售价 8 元的锅贴，只有 5 个，成本为 1.2 元，毛利分别高达 72%和 85%。只要进来一个人，我就能挣 10 块钱!"

步骤三：如何确定这两样产品的口味？要的就是"不正宗"。酸辣汤是无锡本地的传统小吃，普通馆子的做法是用不锈钢桶烧上一大桶，有客人点单就给盛上一碗，是款人人离不了却上不得台面的低档小吃。周庆看中了其普适性，改成单份制作的砂锅版，作为主打产品推出。他设计的酸辣汤，其酸度和辣度如果让老无锡人来评价，肯定是"不正宗"，这是他刻意为之的，口味偏酸辣的设计其实是为了迎合现在年轻人的口味。在试制酸辣汤时，周庆没有使用高汤而是用了清水，"我亲自试尝对比过好几次，真的吃不出区别"，后来他总结了一下原因：这款酸辣汤本身偏酸辣，调入的辣酱和醋都比较多，混合后完全压制了高汤的鲜味，因此周庆决定直接用开水烧制，既减少了工作量又节约了成本。

"真正有生命力的经典菜品其实很少有花里胡哨的元素，其用料和烧法都是很朴实无华的。记得去年夏天在乡下姨妈家吃到她烧的龙虾，真的非常好吃，可她用的调料非常简单，就只有姜、葱、蒜、辣椒、盐，还有农村那种土法压榨的菜籽油，连味精都不加，连我这个做过成千上万斤龙虾的人都自愧不如。"周庆说。

这个馅料不寻常的锅贴则是沿用了周庆当厨师时做过的干煎馄饨改良而来的。当地也有"锅贴"的叫法，指的是两头"露馅"的传统锅贴，而周庆做的其实是煎饺，他设计了两个口味，除了适合大众的基本款鲜肉馅，还有一款剁椒豆腐馅。周庆表示，之所以只有两种，一是因为品种多了做不精，二是每天备货太多很难保证新鲜度。以前无锡根本就没有豆腐馅的饺子，周庆的灵感源于在浙江吃过的一例豆腐馅包子。此馅一出，就迎合了"90 后""00 后"的猎奇心态，很多人会冲着这个馅料来尝尝看，咬开一尝，哎，居然还是剁椒味的，新鲜!

步骤四：一年涨两元，客人不敏感。周庆表示，从消费者的心理考虑，8 元和 10 元之间的区别是细微的，而 10 元以下和 10 元以上的区别消费者则是比较敏感的，所以开业时他先将酸辣汤定价为 8 元以打开市场，半年后涨到 9 元，以后再涨到 10 元，客人对这点变动是不敏感的，毫无问题。"别小看这 1 元钱的涨幅，慢慢涨，利润就慢慢上升了!"周庆笑着说。

二、工商与域名注册

（一）工商注册

注册公司，是创业道路上神圣的一步，从此之后，企业将成为所在地区合法的营利机构。在我国，公司是严格按照《中华人民共和国公司法》要求的法定程序成立、由数人出资兴办、以营利为目的的企业法人，有独立的民事行为能力，对债务承担有限责任。公司在设立再发起人资格、最低资本额、公司章程和公司的组织机构等方面有一定的要求。一般来讲，每个地方注册公司的要求有所不同。根据“简政放权”的思路，大部分地区在注册公司的程序上都有所简化。对于大学生创业项目注册，建议找一个注册办理公司，专业、省力，以便将更多的精力放到项目运作上。

（二）注册步骤

1. 注册个体工商户、个人独资企业和设立合伙企业的步骤

（1）到市工商局（或当地区、县工商局）企业登记窗口咨询，领取注册登记相关的表格、资料。

（2）办理名称预先核准，取得《名称预先核准通知书》。

（3）以核准的名称到银行开设临时账户，股东将入股资金划入临时账户。

（4）到有资格的会计师事务所办理验资证明。

（5）将备齐的注册登记资料交工商局登记窗口受理、初审。

（6）按约定时间到工商局领取营业执照，缴纳注册登记费。

（7）在相关报纸上发布公告。

2. 注册有限公司的步骤

注册有限公司的具体步骤如下：

（1）核名。到工商部门领取《企业（字号）名称预先核准申请表》，填写公司名称，可填三个备用名，由工商局上网（工商局内部网）检索是否有重名，如果没有重名，就可以使用这个名称，第二天核发一张《企业（字号）名称预先核准通知书》。

（2）租房。要有房产证或居住证。租房后要签订租房合同，并让房东提供房产证的复印件。

（3）编写“公司章程”。

（4）刻法人章。

（5）到会计师事务所领取“银行征询函”，联系一家会计师事务所，领取一张“银行征询函”（必须是原件，会计师事务所盖章）。

（6）去银行开立公司验资户。

（7）注册公司。携带会计师事务所出具的验资报告、公司办公所在地的房产证复印件、房屋租赁合同、股东会决议、公司章程、股东和法人身份证复印件、公司设立登记提交材料表、企业名称预先核准申请书以及不扰民保证书等相关的证件和表格到工商局办理公司注册登记手续。

（8）办理企业组织机构代码证和税务登记。

(9) 申请领购发票。

(10) 去银行开基本户。

小知识

针对大学生创业的国家优惠政策

(1) 税收优惠。持人社部门核发的《就业创业证》(注明“毕业年度内自主创业税收政策”)的高校毕业生在毕业年度内(指毕业所在自然年,即1月1日至12月31日)创办个体工商户、个人独资企业的,三年内按每户每年8 000元为限额依次扣减其当年实际应缴纳的营业税、城市维护建设税、教育费附加税和个人所得税。对高校毕业生创办的小型微利企业,按国家规定享受相关税收支持政策。

(2) 创业担保贷款和贴息。符合条件的大学生自主创业,可在创业地按规定申请创业担保贷款,贷款额度为10万元。鼓励金融机构参照贷款基础利率,结合风险分担情况,合理确定贷款利率水平,对个人发放的创业担保贷款,在贷款基础利率基础上上浮三个百分点以内的,由财政给予贴息。

(3) 免收有关行政事业性收费。毕业两年以内的普通高校学生从事个体经营(除国家限制的行业外)的,自其在工商部门首次注册登记之日起三年内,免收管理类、登记类和证照类等有关行政事业性收费。

(4) 享受培训补贴。对大学生创办的小型微利企业新招用毕业年度高校毕业生,签订一年以上劳动合同并交纳社会保险费的,给予一年社会保险补贴。对大学生在毕业学年(即从毕业前一年7月1日起的12个月)内参加创业培训的,根据其获得创业培训合格证书或就业、创业情况,按规定给予培训补贴。

(5) 免费创业服务。有创业意愿的大学生,可免费获得公共就业和人才服务机构提供的创业指导服务,包括政策咨询、信息服务、项目开发、风险评估、开业指导、融资服务、跟踪扶持等“一条龙”创业服务。

(6) 取消高校毕业生落户限制。高校毕业生可在创业地办理落户手续(直辖市按有关规定执行)。

(7) 创新人才培养。创业大学生可享受各地各高校实施的系列“卓越计划”“科教结合协同育人行动计划”等,同时享受跨学科专业开设的交叉课程、创新创业教育实验班等,探索建立跨院系、跨学科、跨专业交叉培养创新创业人才的新机制。

(8) 开设创新创业教育课程。自主创业大学生可享受各高校的各类专业课程和创新创业教育资源以及面向全体学生开设的研究方法、学科前沿、创业基础、就业创业指导等方面的必修课和选修课;同时享受各地各高校推出的资源共享的慕课、视频公开课等在线开放课程和在线开放课程学习认证以及学分认定制度。

(9) 强化创新创业实践。自主创业大学生可共享学校面向全体学生开放的大学科技园、创业园、创业孵化基地、教育部工程研究中心,各类实验室、教学仪器设备等科技创新资源和实验教学平台。参加全国大学生创新创业大赛、全国高职院校技能大赛，各类科技创新、创意设计、创业计划等专题竞赛以及高校学生成立的创新创业协会、创业俱乐部等社团，提升创新创业实践能力。

（10）改革教学制度。自主创业大学生可享受各高校建立的自主创业大学生创新创业学分累计与转换制度；还可享受学生开展创新实验、发表论文、获得专利和自主创业等情况折算为学分的制度，将学生参与课题研究、项目实验等活动认定为课堂学习的新探索；同时可参加为有意愿有潜质的学生制订的创新创业能力培养计划以及创新创业档案和成绩单等系列客观记录并量化评价学生开展创新创业活动情况的教学实践活动。优先支持参与创业的学生转入相关专业学习。

（11）完善学籍管理规定。有自主创业意愿的大学生，可享受高校实施的弹性学制，放宽学生修业年限，允许调整学业进程，保留学籍休学创新创业。

（12）大学生创业指导服务。自主创业大学生可享受各地各高校对自主创业学生实行的持续帮扶、全程指导、“一站式”服务以及地方、高校两级信息服务平台，为学生实时提供的国家政策、市场动向等信息和创业项目对接、知识产权交易等服务。可享受各地在充分发挥各类创业孵化基地作用的基础上，因地制宜建设的大学生创业孵化基地和相关培训、指导服务等扶持政策。

（三）域名注册

1. 什么是域名

域名的注册遵循先申请先注册的原则，管理认证机构对申请企业提出的域名是否违反了第三方的权利不进行任何实质性审查。在中华网库每一个域名的注册都是独一无二、不可重复的。因此网络上的域名是一种相对有限的资源，它的价值将随着注册企业的增多而逐步为人们所重视。

在新的经济环境下，域名所具有的商业意义已远远大于其技术意义，而成为企业在新的科学技术条件下参与国际市场竞争的重要手段，它不仅代表了企业在网络上的独有位置，也是企业的产品、服务范围、形象、商誉等的综合体现，是企业无形资产的一部分。同时，域名也是一种智力成果。

很多早期域名注册都不是实时注册的，但直接提交域名注册查询是可实时结算、实时注册成功的。这种实时性主要用来应对越来越严重的域名抢注现象。域名注册的所有者都是以域名注册提交人填写域名订单的信息为准的，成功 24 小时后，即可在国际（ICANN）、国内（CNNIC）管理机构查询 whois 信息（whois 信息就是域名所有者等信息）。

2. 域名注册步骤

（1）准备申请资料：com 域名无须提供身份证、营业执照等资料，cn 域名已开放个人申请注册，所以申请时需要提供身份证或企业营业执照。

（2）寻找域名注册网站。推荐谷谷互联，由于 . com、. cn 域名等不同后缀均属于不同注册管理机构所管理，如要注册不同后缀域名则需要从注册管理机构寻找经过其授权的顶级域名注册服务机构。如 com 域名的管理机构为 ICANN，cn 域名的管理机构为

CNNIC（中国互联网络信息中心）。若注册商已经通过 ICANN、CNNIC 双重认证，则无须分别到其他注册服务机构申请域名。

（3）查询域名。在域名注册查询网站注册用户名成功后并查询域名，选择要注册的域名，并点击注册。

（4）正式申请。查到想要注册的域名，并且确认域名为可申请的状态后，提交注册，并缴纳年费。

（5）申请成功。正式申请成功后，即可开始进行 DNS 解析管理、设置解析记录等操作。

模块四　营销推广

一、网络营销

网络营销，顾名思义就是通过网络这个工具，对公司、产品甚至个人进行策划，进而达到推销的目的。从这四个字不仅能看出中国的文字博大精深，也能深刻体现出网络营销的根本。网络营销的重心是营销，而不是大家所关心的网络，要注意的是网络仅仅是一个工具。

网络营销的职能是什么？网络营销的基本职能包括信息发布、网站推广、销售促进、网上销售、顾客关系、网上调研六个方面，这也是网络营销的主要内容。

（一）信息发布

网络营销的基本思想就是通过各种互联网手段，将企业营销信息以高效的手段向目标用户、合作伙伴、公众等群体传递，因此信息发布是网络营销的基本内容之一。互联网为企业发布信息创造了优越的条件，不仅可以将信息发布在企业网站上，还可以利用各种网络营销工具和网络服务商的信息发布渠道向更大的范围传播。

（二）网站推广

获得必要的访问量是网络营销取得成效的基础，尤其对于中小企业，由于经营资源的限制，发布新闻、投放广告、开展大规模促销活动等宣传机会比较少，因此通过互联网手段进行网站推广的意义显得更为重要，这也是中小企业对于网络营销更为热衷的主要原因。即使对于大型企业，网站推广也是非常必要的。因此，网站推广是网络营销最基本的职能之一，是网络营销的基础工作。

（三）销售促进

市场营销的基本目的是为最终增加销售量提供支持。网络营销也不例外，各种网络营销方法大都直接或间接具有促进销售的效果。同时还有许多针对性的网上促销手段，这些促销方法并不限于对网上销售的支持。事实上，网络营销对于促进网下销售同样有很大帮助，这也就是为什么一些没有开展网上销售业务的企业一样有必要开展网络营销的原因。

(四) 网上销售

网上销售是企业销售渠道在网上的延伸，一个具备网上交易功能的企业网站本身就是一个网上交易场所。网上销售渠道建设并不限于企业网站本身，还包括建立在专业电子商务平台上的网上商店，以及与其他电子商务网站不同形式的合作等。因此网上销售并不只有大型企业才能开展，不同规模的企业都有可能拥有适合自己需要的在线销售渠道。

(五) 顾客关系

互联网提供了更加方便的在线顾客服务手段，包括形式最简单的FAQ（常见问题解答）、电子邮件、邮件列表，以及在线论坛和各种即时信息服务等，在线顾客服务具有成本低、效率高的优点，通过网络营销的交互性和良好的顾客服务手段，为建立良好的顾客关系、提高顾客满意和顾客忠诚奠定了基础。

(六) 网上调研

网上市场调研具有调查周期短、成本低的特点。网上调研不仅为制定网络营销策略提供支持，也是整个市场研究活动的辅助手段之一。合理利用网上市场调研手段对于市场营销策略具有重要价值。网上市场调研与网络营销的其他职能具有同等地位，既可以依靠其他职能的支持开展，也可以相对独立地进行，网上调研的结果反过来又可以为其他职能更好地发挥作用提供支持。

如何做好网络营销？首先需要清楚和熟悉公司的业务，做网络营销其实重在营销，网络只是工具，只有对自己公司和行业的情况了解清楚后才能做好。清楚公司的业务以后，需要做好以下几件事情：

(1) 定位清楚公司在网络上的盈利模式以及运作模式。

(2) 定位公司的产品在网络上的客户群。

(3) 针对客户群选择适合的推广方法。

(4) 提升公司的网站成交率。

(5) 做好售后服务。网络是一个信息传播很快的平台，口碑好的甚至可以一夜扬名。

二、网络营销策略

(一) 网络营销的产品策略

1. 网络营销产品的概念

与传统营销一样，网络营销的目的是“有利益地满足需要”，就是在为顾客提供满意的产品或服务的同时获取利润。产品作为连接企业利益与顾客利益的桥梁，包括有形物体、服务、人员、地点、组织和构思等。在网络营销中，产品仍然发挥着同样的作用，它是指能提供给市场以引起人们注意、获取、使用或消费，从而满足某种欲望或需要的一切东西。在面对与传统市场有差异的网上虚拟市场时，必须注意网上消费者一些特有的需求特征，因此，网络营销产品的内涵与传统产品的内涵有一定的差异，主要表现为网络营销产品的层次比传统营销产品的层次更广了。

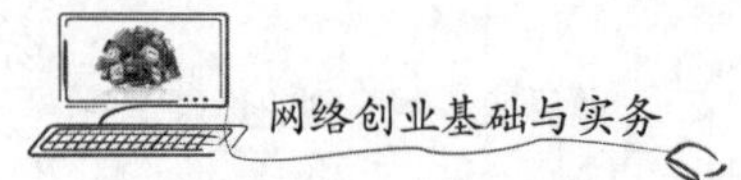

在传统营销中，企业设计开发产品主要是以企业为起点出发的，虽然也要经过市场调查和分析，但在产品设计和开发过程中，消费者与企业基本上是分离的，顾客只是被动地接受和反应，很少直接参与产品概念形成、设计和开发环节。网络整合营销理论强调营销的产品策略要以顾客为中心，顾客提出需求，企业辅助顾客来设计和开发产品，以满足顾客的个性化需求，因此，有人将这种策略称为“生产—消费的连接”。

在传统市场营销中，产品满足的是顾客的一般性需求，因此，产品相应地分成核心产品、形式产品和附加产品三个层次，分别满足顾客的不同需要。核心产品提供给顾客核心的使用价值，营销的目标是揭示隐藏在产品中的各种需要，并出售利益，是产品整体的中心；核心产品必须通过一定的载体表现出来，这个层次就是形式产品，它包括质量、特色、式样、品牌和包装等。为了更好地销售产品和提供服务，设计产品时应该提供附加服务和附加利益来满足顾客需求，如售后服务、送货、保证和安装等，并从中获取一定竞争优势。

传统产品中的三个层次在网络营销产品中仍然起着重要作用，但产品的设计和开发的主体地位已经从企业转向顾客，企业在设计和开发产品时还必须满足顾客的个性化需求，因此，网络营销产品在原产品层次上还要附加两个层次，即顾客期望产品层次和潜在产品层次，以满足顾客的个性化需求。图 4-1 展示了网络营销产品整体概念层次的延伸。

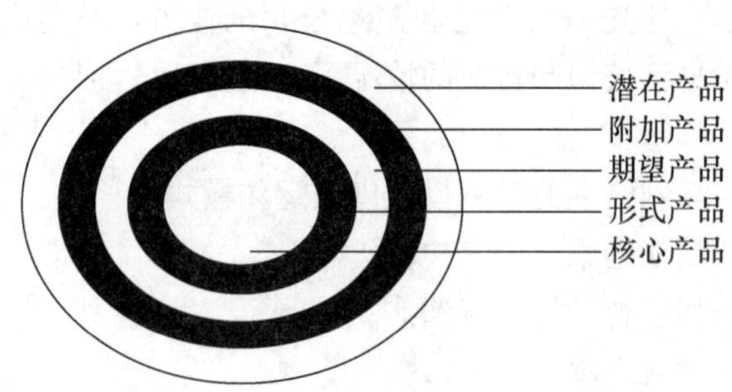

图 4-1　网络营销产品的不同层次

在网络营销中，产品可分为以下五个层次：

（1）核心产品。

核心产品是指产品能够提供给消费者的最基本效用。例如，消费者购买电脑是为了将电脑作为工作中的辅助工具或娱乐工具；购买书籍是为了获取知识；购买游戏软件是为了娱乐。由于网络营销是一种以顾客为中心的营销策略，企业在设计和开发产品核心效果时要以顾客为中心，从满足顾客需求的角度出发来制定产品设计和开发方案。

（2）形式产品。

形式产品是核心效用的物质载体，是产品在市场上出现时的具体物质形态，主要表现在质量、特征、式样、包装和品牌等方面。无论对实体产品还是虚体产品而言，产品的质量、品牌和包装都很重要。譬如对软件而言，稳定的运行效果、良好的品牌以及友好的操作界面对用户都是很有吸引力。在式样、特征和包装等方面要注意不同地区的消费者有不同的偏好，企业应根据不同地区顾客的需求来设计相应的样式和包装。

（3）期望产品。

在网络营销中，顾客是占主导地位的，消费呈现出个性化的特征，不同的消费者可能对产品的期望不同，因此产品的设计和开发必须满足顾客的个性化消费需求。顾客在购买产品前对所购产品的质量、使用方便程度、特点等方面的期望值，就是期望产品。为满足这种需求，对于实体产品而言，就要求企业对设计、生产和供应等环节实行人性化的生产和管理。如戴尔公司为满足顾客购买电脑的期望，它允许顾客通过互联网在网上设计和组装自己满意的电脑，然后以订单方式发送到戴尔公司的生产部门进行生产，并由配送公司将电脑送给顾客。对于虚体产品而言（如服务、软件等），则要求企业能根据顾客的需要来提供所需服务。

例如，世界上著名的联机检索系统 Dialog 为不同的用户提供了不同的界面，为专业人员设计了“http://www. Dialogclassic. com”的 Web 界面，为非专业人员设计了“http://www. dialogselect. com”的 Web 界面，同时还推出了普通的 Web 界面“http://www. dialogweb. com”以及数据库蓝页“http://library. dialog. com/bluesheets”。

（4）附加产品。

附加产品是指由产品的生产者或经营者提供的购买者附加产品，主要是帮助用户更好地使用核心效用和服务。在网络营销中，对于实体产品来说，要注意提供满意的售后服务、送货、质量保证等，这是因为网络营销产品市场具有全球性，如果不能很好地解决这些问题，势必影响网络营销的市场广度。对于无形产品而言（如软件、音乐等产品），由于可以直接借助网络营销渠道进行配送，因此重点是保证产品的质量和技术。例如，现在大多数软件商都承诺用户可以享受免费的软件升级服务，可以以优惠价格购买同一公司的软件或产品。例如，KV300、瑞星以及金山毒霸等软件就是以提供免费升级服务来吸引顾客的。

（5）潜在产品。

潜在产品是在附加产品层次之外，由企业提供能满足顾客潜在需求的产品，它主要是产品的一种增值服务。它的作用是不仅让顾客满意，而且令顾客愉悦。例如，联想电脑公司在推出网络时代电脑天禧系列时，还提供了直接上网的便捷服务。

2. 网络产品在市场生命周期各阶段的特点与营销策略

（1）介绍期的市场特点和营销策略。

处于介绍期的产品具有一些共同特点：第一，由于消费者对其不了解，大部分顾客不愿放弃或改变自己以往的消费行为，因而需求有限；第二，产品技术、性能还不够完善，生产成本高；第三，销售渠道的不畅导致销售费用较高；第四，市场上的竞争者较少。企业在营销策略方面的重点是加强促销宣传，鼓励消费者试用，吸引中间商；同时还要采用传统营销中的相应策略，如快速掠取、缓慢掠取、快速渗透、缓慢渗透等。

（2）成长期的市场特点和营销策略。

处于成长期的产品具有的特点是：第一，产品已经定型，技术工艺已经成熟；第二，营销渠道有所增加，市场占有率也有所增加；第三，消费者对产品已经熟悉，销售增长很快；第四，生产的批量化使成本降低，但是市场上开始涌入大量的竞争者。企业在营销策略方面可以采用产品差异化策略，在加强促销环节的同时，树立产品形象，建立品牌偏好；同时调整价格，拓展新市场。

(3) 成熟期的市场特点和营销策略。

在成熟期初期，各销售渠道基本处于饱和状态，销售增长率缓慢上升，并进入一个相对稳定时期。到了成熟期后期，销量和利润开始下滑，市场上产品出现过剩，竞争加剧，消费需求也开始转移。企业在营销策略方面有三种策略可供选择：改进产品，开拓市场，调整营销组合。

(4) 衰退期的市场特点和营销策略。

在市场衰退期，产品销售量迅速下滑，消费者兴趣已完全转移；多数企业无利可图，被迫退出市场；促销已无明显作用。企业在营销策略方面可以考虑采用的策略有以下三种：

1) 集中策略，把资源集中在最易销售的品种上。

2) 维持策略，把销售维持在一个低水平上，直至退出市场。

3) 榨取策略，大幅度降低销售费用，增加眼前利润。

每一个产品都要经过这个周期阶段，企业要生存和发展就必须不断推出新产品。在网络营销中，由于厂家与消费者建立了更加直接的联系，企业可以通过网络及时、迅速地了解和掌握消费者的需求状况，使新产品从开始上市就能知道改进和提高的方向，并在成长期时就开始下一代系列产品的研制和开发，以系列产品的推出取代原有的成熟期和衰退期。

3. 网络产品组合的策略

(1) 产品组合的概念。

产品组合（在服务性企业中也称为业务组合，即指企业的业务范围与结构），在实践中称为企业产品结构，是指网络营销企业向网络目标市场所提供的全部产品或业务的组合或搭配。产品组合中的全部产品可以分成若干条产品线，每条产品线中的每种产品又叫产品项目。所有这些产品大类和项目按一定比例搭配，就形成了企业的产品组合。

产品线是指产品组合中所有产品根据某个分类标准划分成的产品大类。产品组合中的产品划分的依据是：产品功能上相似，消费上具有连带性，供给相同的顾客群，有相同的分销渠道，属于同一价格范围。

产品项目是指每一产品大类中所包括的每种产品，即产品组合中各种不同品种、档次、质量、价格或其他属性的特定产品。

一个企业一般不会提供给目标市场单一的产品，而是产品组，即由若干条产品线组成，每条产品线又包括若干个产品项目，而每一产品项目可能又包含不同的品牌、包装和服务等。网络营销借助网络的特性，可以做到零库存、“先销售、后生产”“虚拟店铺”，企业的经营范围在网络营销环境下可以充分扩大。所以，网络营销活动中，企业不仅要在产品的品牌、包装、服务和配送等方面做出决策，而且要从整体上对产品、产品线和产品项目做出决策。一般是从产品组合的宽度、长度、深度和关联性等方面做出决策与规划。

产品组合的宽度，是指一个企业生产经营的产品大类的多少，即拥有多少条产品线。多则称之为宽，少则称之为窄。产品组合宽度主要反映企业网络营销活动中所涉及的产品或业务的范围宽窄问题。

一条生产线所包含的项目越多，说明企业经营的某一大类产品越齐全，开发的深度较大。所以，产品组合的关联性，是指各条产品线在最终使用、生产条件、分销渠道或其他方面的相互关联程度。

（2）产品组合策略。

了解网络营销中产品整体概念的五个层次对于营销决策有着重要意义，企业在调整自己的产品组合时，根据不同情况可选择以下三种策略：

1）产品组合扩充策略。产品组合扩充策略主要包括增加企业网络营销产品组合的宽度或深度，从而增加产品组合的长度等。增加产品组合的宽度是指在原有的产品组合中增加一个或几个产品线，扩大企业网上营销产品的范围。增加产品组合的深度是指在原有产品线内增加新的产品项目。增加企业网络营销产品组合的宽度，扩大企业网上营销的范围，可以充分发挥企业各项资源的潜力，提高效益，减少风险；增加产品组合的长度和深度，可使产品丰满充实，以满足广大网上用户的不同需要和偏好，吸引更多的顾客，从而占领同类产品的更多细分市场。

2）缩减产品组合策略。缩减产品组合策略与扩充产品组合策略正好相反，是指企业减少网上营销的产品大类数或减少某一产品线内的产品项目数。

3）产品线延伸策略。产品线延伸策略就是突破企业网络营销原有档次的范围，使产品线加长的策略。产品线延伸策略是实现扩充产品组合的一种重要途径。其可供选择的产品线延伸策略主要有以下三种：

①向下延伸：是指有些生产或经营高档产品的企业逐步增加一些低档的产品。当企业生产经营的高档产品由于某种原因不能再提高销售增长速度，而且企业具备生产低档产品的条件，能最大限度避免向下延伸带来的风险时，可以采用该策略。

②向上延伸：是指企业的网络营销原本只经营低档产品，现在逐步增加中、高档的产品或业务。它一般适合以下几种情况：一是高档产品有较高的销售增长率和毛利率；二是为了追求高、中、低档产品齐全的、完整的产品线；三是以某些高档的产品调整整条产品线的档次。

③双向延伸：是指有些经营中档产品的企业，在一定条件下，逐渐向高档和低档两个方向延伸。这种策略可以加强企业竞争地位，击退竞争者，赢得市场领先地位。

（二）网络营销的定价策略

1. 低价渗透策略

低价渗透策略，就是企业把产品以较低的价格投放到网上市场，以吸引网上顾客，抢占网上市场份额，提高网上市场占有率，以增强网上市场竞争优势。低价能使企业取得更大网上市场销售量，并且能够有效阻碍竞争者的跟进与加入。

采取这种策略的条件是：市场规模足够大且存在着较多的潜在竞争者；产品无明显

特色，需求弹性大，低价会有效刺激需求增长；大批量销售会使企业成本显著下降，企业总利润明显增加。

（1）直接低价策略。

直接低价策略是指产品价格在公布时就比同类产品定的价格要低。它一般是制造商在网上进行直销时采用的定价方式，如戴尔公司的电脑定价比同性能的其他公司产品低。采用低价策略的前提是开展网络营销、实施电子商务为企业节省了大量的成本费用。

（2）折扣低价策略。

这种定价策略是指企业发布的产品价格是网上和网下销售通行的统一价格，而对于网上顾客又在原价的基础上标明一定的折扣率来定价。这种定价方式可以让顾客直接了解产品的低价幅度，明确网上购物获得的实惠，以吸引并促进顾客的购买。这类价格策略常用在一些网上商店的营销活动中，它一般按照市面上的流行价格进行折扣定价。例如，亚马逊网站的图书价格一般都要打折，而且折扣有时达到 3 折以下。

（3）促销低价策略。

这种定价策略是指企业虽然以通行的市场价格将商品销售给顾客，但为了达到促销的目的还会通过某些方式给顾客一定的实惠，变相降低销售价格。如果企业为了达到迅速拓展网上市场的目的，而产品价格又不具有明显的竞争优势，那么由于某种考虑不能直接降价时则可以考虑采用网上促销低价策略。例如，许多企业为了打开网上销售局面和推广新产品，常常采用临时促销低价的策略。比较常用的促销低价策略有有奖销售和附带赠品销售等策略。实施低价渗透策略需要具备以下几个条件：低价不会引起实际和潜在的竞争；产品需求价格弹性较大，目标市场对价格高低比较敏感；生产成本和营销成本有可能会随产量和销量的扩大而降低。

网络营销活动中，采用低价策略需要注意：（1）由于互联网是从免费共享资源发展而来的，因此顾客一般认为网上商品应该比从其他渠道购买的商品便宜，所以，在网上不宜销售那些顾客对价格敏感而企业又难以降价的产品。（2）在网上公布价格时要注意区分消费对象，对于一般消费者、零售商、批发商、合作伙伴，分别提供不同的价格信息发布渠道，否则可能因低价策略混乱而导致营销渠道混乱，甚至影响企业的形象，造成不必要的公关危机。（3）网上发布价格信息时要充分考虑同类站点公布的可比商品价格水平，因为消费者可以通过搜索功能很容易地在网上找到更便宜的商品，如果企业产品定价明显高于同类商品价格，不仅不能促进销售而且还将在顾客心目中形成定价偏高或不合理的形象。

2. 高价撇脂策略

与低价渗透策略相反，高价撇脂策略是指在产品生命周期的投入期，企业产品以高价投放市场，以攫取高额利润，犹如从牛奶中撇走奶油一样。以后，随着销量和产量的扩大、成本的降低，再逐步降低价格。根据营销实践，实施高价撇脂策略，一般应满足以下条件：

（1）产品的质量与高价相符。

(2) 市场有足够多的顾客能接受这种高价，并愿意支付高价购买。

(3) 在高价情况下，竞争对手在短期内不易打入该产品市场，例如有专利保护的产品。

网络营销中，不同类别的产品应采取不同的定价策略。对于日常生活用品等购买率高、周转快的产品，适合采用薄利多销、宣传网站、占领市场的定价策略；而对于周转慢、销售与储运成本较高的特殊商品、耐用品，价格可定得高些，以保证必要的赢利。对于那些具有独特属性的产品，因为消费者无法通过网络利用感官直接了解产品的价值，主要依赖价格来判断产品价值，所以企业可以借助高价位树立产品在网络市场上的独特形象。

案例

小米的营销策略

说起小米，大家一定不会陌生。简单补充一下背景知识：小米公司是2010年4月成立的年轻公司，它的第一款手机是2011年8月发布的。创业不到4年时间，年销售额做到280亿元人民币，公司估值已超过100亿美元。更令人不解的是，小米几乎采取“零投入”的营销模式，通过论坛、微博、微信等社会化营销模式，凝聚起粉丝的力量，把小米快速打造为“知名品牌”。小米创业不到4年，在产业链的每一个环节上尝试着颠覆，也渐渐地形成一套自己独特的理论。比如雷军的“小餐馆理论”，即最成功的老板是小餐馆的老板，因为每一个客户都是朋友。再比如互联网七字诀：专注、极致、口碑、快。再比如，不计成本地做最好产品，让用户尖叫。

3. 定制生产定价策略

定制生产定价策略是在企业具备定制生产条件的基础上，利用网络技术和辅助设计软件，帮助消费者选择配置或者自行设计能满足自己需求的个性化产品，同时承担自己愿意付出的价格成本。例如，戴尔公司的用户可以通过其网页了解本型号产品的基本配置和基本功能，根据实际需要和能承担的价格水平，配置自己满意的产品。目前这种允许消费者自行定制生产、自行规定价格范围的营销方式还处于不太成熟的阶段，由于受技术或其他因素的局限，消费者还只能在有限的范围内进行挑选，企业还不能做到完全按照消费者的个性化需求组织生产与供货。

4. 免费价格策略

(1) 免费价格策略的概念。

简单地说，免费价格策略就是将企业的产品和服务以免费的形式提供给顾客使用，以满足顾客的需求。免费价格策略是网络营销中常用的策略之一，这种策略一般是一种

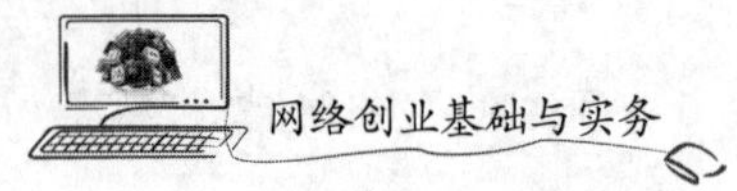

短期的和临时性的促销策略。在网络营销中，免费价格策略不仅是一种促销策略，而且是一种非常有效的产品或服务的定价策略。

(2) 免费价格策略的形式。

1) 完全免费，即产品或服务购买、使用以及售后服务所有环节都免费提供。例如，美国在线公司成立之初，在商业展览会场、杂志封面、广告邮件，甚至飞机上，提供免费的美国在线公司软件，连续5年后，吸收到100万名用户。雅虎率先提供免费电子邮件、聊天室、网上寻呼等服务，也吸引了大量用户。

2) 有限免费。有限免费即产品或服务可以被有限次使用，超过一定期限或者次数后即不再享受免费。

3) 部分免费。这是指对产品整体的某一部分或服务全过程的某一环节的消费可以享受免费的定价方式。例如，一些著名研究公司的网站公布部分研究成果，如果要获取全部成果则必须付款；一些电影或VCD常常免费播放某一片段，要想观看全部内容，则需要付费。

4) 捆绑式免费。在购买某种产品或服务时可以享受免费赠送其他产品和服务。例如，美容院为了促进美容药品的销售，在顾客购买药品后可以享受免费美容服务。

免费价格策略之所以被网络营销所青睐，并在互联网上流行，是有其深刻背景的。互联网作为20世纪末最伟大的发明，它的发展速度和增长潜力令人惊叹，任何富有战略眼光的企业都不愿放弃这一潜力极大的发展机会，在网上市场的初级阶段，免费价格策略无疑是最有效的市场占领手段之一。目前，在网络营销实践中，企业实施免费价格策略，一方面是为了使顾客在免费使用过程中形成习惯或偏好，再逐步过渡到收费。例如，金山公司允许消费者在互联网上下载使用有限次的WPS2000软件，其目的是使消费者对其产品使用形成偏好后再购买正式软件。显然，这种免费价格策略的主要目的是实现促销。企业实施免费价格策略，另一方面是通过市场占领来发掘网上市场后期潜力极大的商业价值，它是从战略发展的需要来制定免费价格策略的，其主要目的是先占领尽量大的市场份额，然后再通过绝对优势参与市场竞争。

5. 产品组合定价策略

产品组合定价策略是指企业制定一系列产品价格，从而使产品组合取得整体的最大利润。这种定价策略主要有以下三类：

(1) 产品线定价策略。

通常企业开发出来的产品是一大类产品，而不会只是单一的产品。当企业生产的系列产品存在需求和成本的内在关联性时，为了充分发挥这种内在关联性的积极效应，需要采用产品线定价策略。在定价实践中，首先确定产品线中某种产品的最低价格，它在产品线中充当领袖价格，主要用来吸引消费者购买产品线中的其他产品。其次，确定产品线中某种产品的最高价格，主要用来塑造品牌形象和收回投资。最后，依次确定产品线中其他产品的价格。

(2) 产品群定价策略。

为了促进销售，企业可以把在消费上有连带关系的产品组成一个群体一并销售，这在营销实践中也叫搭配销售、配套销售或捆绑式销售。例如，影剧院不单卖一场的影剧票，而是将几部影片合在一起售票或出售季票、月票等；各旅游景点推出的通票制等。实施这种定价策略，必须使价格优惠到有足够的吸引力，否则不会有人购买。

(3) 互补品定价策略。

互补品是指需要相互结合才能供顾客消费的一组产品。其中价值较高、价值周转或更新周期较长的产品一般为主产品，必须与主产品结合一同使用、价值较低、价值更新周期比较短的产品一般称为次产品或附带产品。例如，刮胡刀与配套刀片等产品之间的组合关系就是互补关系。互补品间的交叉弹性系数为负值，即A产品的价格上升，与其互补的B产品需求量就要下降。所以，对于互补品的价格策略，要综合考虑影响具有互补关系的一组产品的各种因素。根据企业的营销实践，主产品一般采用低价渗透的价格策略，而附带产品则常常采用高价撇脂价格策略。

(三) 网络营销的促销策略

促销是企业快速扩大市场份额的重要方法和手段。网络促销是指利用现代化的网络技术向虚拟市场传递有关商品和服务的信息，以激发消费者的需求欲望，引起消费者购买行为的各种活动的总称。

1. 网络促销的特点

(1) 网络促销通过网络技术传递商品和服务信息，它是建立在计算机与现代信息技术基础之上的。因此，网络促销不仅需要营销者熟悉传统的营销技巧，而且需要具备相应的计算机和网络技术，包括各种软硬件的操作和使用。

(2) 网络促销是在虚拟市场上进行的，虚拟的网络社会聚集了庞大的人群，融合了众多的文化。因此，电子商务网络营销人员必须充分了解网络社会的特点和网络文化，用虚拟市场的思维方式进行促销。

(3) 互联网虚拟市场的出现，将所有的企业都推向一个全球统一的大市场。全球性的竞争，迫使每一个企业都必须学会在全球统一的大市场上做生意。

2. 网络促销的形式

传统营销的促销形式主要有五种：广告、直销、销售促进、公关与宣传人员推销。网络促销是在虚拟市场上进行的促销活动，其促销形式主要为网络广告、网络直销、销售促进。

(1) 网络广告。

网络广告是主要的网络促销形式。网络广告的类型很多，根据不同形式可以分为旗帜广告、电子邮件广告、电子杂志广告、新闻组广告、电子公告栏广告等。网络广告具有以下优点：

极强的互动性。首先，网络广告能够实现多种功能，消费者不但可以自由地查询信息，还可以通过电子邮件向该公司进一步咨询、订货，从而在单一媒体上实现整个购买过程，这一点是传统媒体难以做到的；其次，网络广告的趣味性较强，能够引起上网浏览者的兴趣和注意力；再次，网络广告实现了个体化沟通模式转化；最后，网络广告增强了目标顾客的选择性。

网络广告可以涵盖企业概况、各类产品信息、新产品信息以及企业各项促销和公关活动的详细信息。浏览者可以在任何时间上网查询所需信息的具体细节。

网络广告消除了时间和空间的限制。网络广告的成本较低，但效果较好。网络广告的形式多样，具有非常强的动态性和即时性。

（2）网络直销。

网络直销是指商品生产者通过网络销售渠道直接销售产品。目前通常有两种做法：一种是企业在互联网上建立自己的网站，申请域名，制作主页和销售网页，由网络管理员专门处理有关产品的销售事务；另一种是委托信息服务商在其网站发布信息，企业利用有关信息与顾客联系，直接销售产品。

网络直销有以下优点：一是能够促成产品销售而无须直接见面。企业可以直接从市场上收集到真实的资料，合理安排生产。二是对买卖双方都会产生直接的经济利益。由于网络营销使企业的营销成本大大降低，从而能够使企业以较低的价格销售自己的产品，同时消费者也能够买到低于线下市场价格的产品。三是营销人员可以利用网络工具，如电子邮件、电子公告栏等，随时根据网上消费者的愿望和需要开展各种形式的促销活动，迅速扩大产品的市场份额。四是能够使企业及时了解用户对产品的意见、要求和建议，从而使企业针对这些意见、要求和建议向顾客提供技术服务，解决疑难问题，提高产品质量，改善企业经营管理。

（3）销售促进。

运用多种激励工具，这些工具多是短期的，用于刺激消费者或经销商较快或较大量地购买特定产品和服务。网上促销就是在网络市场上利用销售促进工具刺激顾客对产品的购买和消费。互联网作为沟通渠道和媒体，具有传统渠道所没有的优势，在刺激产品销售的同时，企业还可以与顾客建立互动关系，了解顾客的需求和对产品的评价。促销的常用方式如下：

1）建立消费者组织。企业的一般做法是以零售商店为中心，把喜爱和常用本企业产品的消费者吸收为会员。如东芝公司的“东芝沙龙会”，资生堂的“花椿会”“花之友会”等。通过这些活动的开展，促使会员进一步增强对企业及产品的好感和忠诚度，成为本企业产品坚定的爱好者，成为社会舆论的引导者、义务宣传员，利用他们自身的体验，向其他消费者宣传。同时，会员及会员组织又可以成为企业收集消费者需求的重要信息来源。企业对会员应经常给予不同形式的优惠和招待，如免费赠送本企业的宣传刊物、纪念品、小包装试用品，提供优惠购买本企业某些产品的机会等。

2）发放样品。发放样品是依靠商品本身进行的一种强有力的促销手段。为了让消费者了解本企业产品的特点，无偿地提供非卖品的实物（一般为特殊小包装）以赢得众多消费者的好感和信任。这种方式效果较好，但是费用较高，而且只适用于价格不高的一般日用消费品。在实施这种方法时，一定要认真选择接受样品的对象和发放的方法，要有目的、有计划地进行。并且应在发放样品之后，利用回访、征求意见的机会，力争在销售上有所收获。

3）现场操作表演。这是一种既受消费者欢迎，同时又能促进企业扩大销售的方法。

“百闻不如一见”，特别是对一些带有新技术以及使用方法比较复杂的商品，利用现场操作表演的方法能够收到较好的效果。例如，农业机械、电器产品等，通过现场操作，可以引起人们的兴趣并易于消除消费者的顾虑，促进购买。

4）随主商品销售附带赠品。采取这种方法，一般来讲效果较好，但是费用支出也比较大。产品的畅销应当依靠产品本身的优点和特点，企业不宜过分热衷于采用这种方法来扩大销售。

5）优惠券。对一些经常惠顾的顾客赠送优惠券，顾客可以凭此券低价格或免费得到某些商品。

6）实行折扣价格销售。企业对中间商及用户实行折扣的目的是有效地刺激购买。折扣的形式多种多样，有按购买数量大小决定的数量折扣，其目的是鼓励对方大量购买；有按货款支付形式决定的现金折扣，其目的是鼓励对方即买即付货款，以利于企业的资金周转和减少出现呆账的风险；有按季决定的季节折扣，这有利于企业平衡销售淡季与旺季之间的生产；有按地区、距离决定的运费折扣，其目的是扩大本产品在全国各地区的市场占有率。

7）店头广告，也称销售时点广告。店头广告，是为了在销售现场吸引更多顾客而进行的一种广告宣传形式。由于它对产品销售有很大的促进作用，所以受到普遍的重视。店头广告以进入商店的顾客为特定对象，其作用是引起顾客的注意，激发其强烈的兴趣和购买欲望，促使其最后采取购买行为。店头广告放置的场所主要是商店临街的陈列窗内外、商店门口、店内墙壁、柜台内外等。

8）对经销商店的协助指导。经销商店的经营状况和工作态度直接影响到企业产品的销售。对企业来说，加强对经销商店的指导和帮助是一件很有必要的工作。具体工作主要有介绍企业和产品的情况、协助指导搞好店内的广告陈列、帮助培训店员等。

9）提供商品目录及说明书。商品目录及说明书是便于顾客及中间商选择、购买而印制的有关商品详细内容的印刷品。产品目录的作用是能比较详尽地向对方提供商品的情况（如服务项目、服务系统、价格等）。产品目录与说明书应做到易懂、易选择、易使用。

（四）网络营销的品牌策略

在传统的中国商业界，品牌类似于“金字招牌”，但在现代西方的营销领域，品牌是企业的一种无形资产，涵盖的意义比表象的标记或注册商标更重要。品牌是一种信誉，由产品品质、商标、企业标志、广告口语、公共关系等组合交织形成。企业通常会用理性与感性兼具的营销活动，再配合公关造势，创建出价值无穷的品牌，让顾客一看到某个品牌就会产生一种肯定的感觉，甚至会毫不犹豫地消费。由于网上市场的竞争激烈，而且网上交易是基于信息交换的虚拟交易，购买者往往不接触产品实体，因此品牌优势在网上市场竞争中尤为明显，网上品牌对网上市场有着非常大的影响力。根据美国一家市场调查公司的资料，由于担心送货不及时或买不到称心如意的产品等原因，超过半数的被调查者说他们首先会选择知名商家的网站，网上品牌是有力的保证，网上销售受品牌影响较大。

1. 以企业策略为导向的品牌命名策略

品牌命名的目的是让品牌名称尽可能直接地服务于营销，通常采用以下三种基本的策略：目标市场策略、产品定位策略和全球化策略。

（1）目标市场策略。它是根据目标市场的特征（包括人口统计、心理和行为等）进行命名，在具体做法上是让品牌名称发挥暗示作用，暗示产品消费对象或迎合目标对象所处的特定文化背景和心理需要。

（2）产品定位策略。它是让品牌名称引发消费者对产品特征、利益、使用场合、档次（价格）和其所属类别的有利联想。这种策略目前在中国的网络产品中应用广泛。例如，金山词霸、Kill 等。

（3）全球化策略。随着全球经济一体化和跨国营销的发展，品牌命名必须考虑全球通用的策略。这种策略可以和以上几种结合起来运用，如在选用产品定位策略时考虑品牌在全球的通用性。

2. 以产品为导向的品牌命名策略

企业是决定所有的网络产品使用一个或几个品牌，还是不同网络产品分别使用不同的品牌，这就是品牌名称决策。在这个问题上，大致有以下四种决策模式：

（1）个别品牌名称，即企业决定不同的产品分别使用不同的品牌名称。网络产品很少使用这种决策，因为这样会使消费者对所期望的服务的可实施性产生怀疑。

（2）对所有产品使用相同的家族品牌名称，即企业的所有产品都使用同一种品牌。对于享有高声誉的著名企业，全部产品采用统一品牌名称策略可以充分利用其名牌效应，使企业所有的产品畅销。同时企业宣传介绍新产品的费用开支也相对较低，有利于新产品进入市场。这种决策方式在网络产品中非常常见。

（3）各大类产品使用不同的家族品牌名称。企业使用这种策略，一般是为了区分不同大类的产品，一个产品大类下的产品使用共同的家族品牌，以便在不同大类产品领域中树立各自的品牌形象。

（4）个别品牌名称与企业名称共用，即企业决定不同类别的产品分别采取不同的品牌名称，且在品牌名称之前都加上企业的名称。企业多把此种策略用于新产品的开发。在新产品的品牌名称上加上企业名称，可以使新产品享受企业的声誉，而采用不同的品牌名称，又可使各种新产品显示出不同的特色。网络产品中，网络的实体产品多是以生产厂商命名的，这样可以向消费者给出重要的“技术保证”信息，例如计算机主板、CPU 等。

3. 网络域名品牌策略

域名是由个人、企业或组织申请的独占使用的互联网网上标识，是对提供的服务或产品的品质进行承诺和提供信息交换或交易的虚拟地址。因此，域名在本质上也是一种商标，是企业所建立的品牌。虽然大多数企业还未能从网络中获取商业利润，但由于网络是未来的重要商业模式并具有战略意义，这些企业对上网注册域名尤其重视。大多数商业机构注册的域名与企业商标或名称有关，如微软公司、IBM 公司、可口可乐等。

4. 企业域名品牌管理

考虑到域名的商标资源特性，域名的命名应与一般商标命名一样，必须审慎从事，否则就会与不适当的商标名称一样，对企业发展产生不必要的负面影响。域名命名首先要按照国际标准选择顶级域名，在确定次级域名时还应考虑以下两点：

（1）与企业已有商标或企业名称具有相关性。例如，将企业名称与域名统一，可以营造一个完整立体的企业形象，不但便于消费者在不同环境中都能准确识别，而且在宣传企业及其网站时可以起相互补充、相互促进的作用，目前大多数企业都采用这种方法。

（2）简单、易记、易用。域名不但要容易记忆识别，还应当简单易用，因为域名作为地址，需要方便消费者直接与企业站点进行信息交流。

案例

网络品牌联合——裂帛并购天使之城

2013年的第一个月，电子商务领域传来重磅新闻，淘宝女装原创品牌裂帛并购另一家淘宝原创品牌天使之城，成为淘品牌大型整合的第一例。业内预测创立于2006年的裂帛在2012年销售额为5亿元～6亿元，2004年入驻淘宝的天使之城曾是2011年淘宝女装类的销售冠军，2012年销售额超过3亿元。如果双方整合顺利，将诞生一家年营收达10亿元的中型电商品牌。作为淘宝大型整合的第一案，裂帛并购天使之城将掀开淘宝原创品牌整合大幕，预示着淘宝原创品牌的运作开始进入转型期。

这次并购案的主角裂帛和天使之城都是天猫平台下的“淘品牌”（目前已更名为“天猫原创”）。所谓淘品牌，就是从淘宝网发展起来的销售业绩较好、顾客认可度相对较高的网络草根品牌。

淘宝网发展的初期，为了扶持业绩好的大C店更好地发展，从而留住并吸引更多的顾客，对这些大C店免费赠送大量流量资源，比如在首页免费提供链接位置等方式给卖家带来数以百万计的流量。靠着这些流量资源的扶持，大量大C店获得了迅猛的发展，其中就包括天使之城。作为早期入驻淘宝网的卖家，依靠着自己“全球实景拍摄”的特色和来自淘宝网的流量扶持，天使之城的销售额曾一度保持着每年300%的惊人速度增长。而裂帛也借着“流量红利”的东风迅速成长壮大起来。2009年天猫商城提出“淘品牌”的概念，最有实力的大C店成为拥有自己品牌的销售明星，进一步推动了它们的成长。

但是这种依靠免费流量资源的粗放型品牌管理并不能维持太久，随着淘宝平台的壮大，更多的大C店涌现，越来越多的大C店进驻“淘品牌”名单，使得有限的流量资源越来越稀缺，最终造成了流量红利消失且流量购买成本水涨船高。激烈的竞争和上涨的成本都极大地打击了依靠流量扶持生存、缺少精细品牌管理的“淘品牌”卖家。除了来自C店同行的竞争压力，另外一个沉重的打击是线下品牌（大B店）陆续入驻天猫，多年的品牌塑造聚集起的顾客信赖度、管理专业度、资金丰厚度使得大B店的综合实力远高于“淘品牌”卖家。

可见，“淘品牌”所依托的淘宝平台的市场环境与早期相比已经发生了巨大的变化，不再有免费的流量资源、不再有让卖家可以舒适生存的环境，取而代之的是不断抬高的流量成本、运营成本和来自C店、B店两方面夹击的激烈竞争。裂帛并购天使之城，很重要的原因之一就是通过强强联手以应对不断恶化的环境。

三、效果监测

营销活动广告一旦投放到网络媒体，广告主最关心的是广告所产生的效果，那么自然就需要对网络广告的效果进行监测和评估。这个评估结果是衡量广告活动成功与否的标准，也是广告主实施营销策略的基本依据。网络推广效果的评估，不仅能对企业的营销活动做出客观的评价，而且对企业以后的营销推广起到有效的指导作用，它对于提高企业的广告效益具有十分重要的意义。

基于互联网营销活动监测与效果评估系统，企业可进行以下方面的分析：

（一）营销活动总体效益分析

如何有效衡量和评估一个营销活动效益的好坏，就目前而言，主要从营销活动的经济效益指标来进行综合评估。其包括营销活动广告的投放费用、广告带来的收入等。因此要评估一个营销活动广告投放是否成功，绝不能从某一个单一的数据指标就得出结论，而是要从多方面来评估。一般而言，我们主要关注三个指标：曝光数、点击数、转化率。

（1）曝光数。广告曝光次数即广告展现在受众面前的次数，一般用广告所在的页面被打开的次数来计算。曝光次数越高，表示该广告被看到的机会就越多，获得的注意力就越多。然而，我们在使用此指标时要注意，广告曝光数并不等于实际浏览广告的人数，只能大概反映受众对营销活动的注意程度。

（2）点击数。用户点击网络广告的次数称为点击数。这里说的是有效点击数，排除恶意点击和刷流量的情况。点击数是用来衡量网络广告投放所带来多少潜在客户的重要指标，因为一旦用户点击了某个营销广告，说明他已经对广告的内容产生了兴趣，可以客观准确地反映营销活动广告的效果。

（3）转化率。营销活动的最终目的是促进产品的销售。转化率是用来衡量营销活动广告投放所带来的直接经济利益，也是很多企业最为关注的重点。

（二）营销活动推广效益分析

对营销活动不同推广渠道［包括但不限于付费搜索引擎（SEM）、门户广告、第三方展示类广告（DSP）、网站联盟推广、社交媒体（SNS）、软文（DIC）、邮件营销（EDM）等渠道］进行效益评估分析，帮助企业实时监控各营销渠道的推广效益，发现问题渠道并及时调整推广策略。

评估指标包括曝光数、点击次数、跳出率、浏览量、UV、访问、平均访问时长、户均浏览量、订单数、转化率等。

（三）营销活动广告创意评估

对不同创意形式的广告进行效果追踪和评估，如文字、图片、视频、动画等，了解吸引受众的创意元素在哪里，如何对其进行强化。

对创意元素进行诊断，结合不同营销推广渠道进行分析，找出推广渠道和广告类型的最佳效益组合，为优化创意提供依据。

（四）营销活动产品效益评估

网站科技对产品效益的评估主要包括以下内容：

（1）营销活动推广的产品是否有效吸引了潜在购买客户？营销活动贡献的产品订单如何？

（2）推广媒体与推广产品的组合效益如何？哪种组合方式带来了最大的营销效益？

（3）营销产品的优惠策略力度是否合理？是否能激起受众的购买欲望？未参与营销推广的产品贡献效益如何？是否应该参与营销推广？

评估指标包括产品浏览量、加入购物车、填写订单、订单数、支付成功数。

（五）营销活动组织效益评估

活动组织效果主要评估以下内容：

（1）营销广告发布策略运用是否合适？例如广告发布的时机和发布频率是否正确、合理。

（2）发布媒体选择及其内容组合是否科学合理？发布的广告信息是否准确抵达目标消费者？通过该研究，可以为以后媒体策略的制定和优化提供数据参考。

（3）营销活动着陆页面设计是否合理？是否准确引导消费者参与营销商品的购买，缩短广告浏览到购买的距离？

（4）营销活动的受众群体参与覆盖率是否合理？跟之前的活动相比较，与整站的流量与转化贡献相比较，是否达到了预期？在活动的过程中，是否还有一些用户群体可以激活？

小　结

本项目主要介绍了实施网络创业的途径，包括网络创业计划书的规划与撰写、创业路演的策划和网络创业的营销推广的内容。项目中包含了一系列与实施网络创业相关的案例、创业计划书的模板、创业计划书的真实案例等，为创业者们进行创业模拟训练和今后进行真正的创业活动提供了真实的指导，为今后的实践打下了坚实基础。

简答题

1. 简述网络创业策划书的组成部分。
2. 简述“路演”的含义，以及如何组织开展一次路演。
3. 企业创办前需要做哪些准备？

4. 简述企业工商注册的一般流程。

5. 何谓网络营销？网络营销的策略有哪些？

案例思考

韩都衣社——“互联网韩风快时尚”第一品牌

韩都衣舍（HSTYLE），由山东韩都衣舍电子商务有限公司全资经营。韩都衣舍品牌创立于2008年，专注于互联网时尚品牌运营。2009年4月，经过了一年的探索和人员培养，韩都衣舍转型为互联网自有品牌，并开始了“基于产品小组制为核心的单品全程运营体系”这一独特商业模式的探索。2010年获得了“全国10大网货品牌”“全球最佳实践网商”“全球网商30强”等荣誉称号。2011年入驻京东、凡客诚品、当当、麦考林等各大电子商务平台，确立了“互联网韩风快时尚”第一品牌管理的行业地位，并获得了国际知名风投IDG以及韩国KIP的投资。

其中韩风快时尚女装品牌（HSTYLE）是韩都衣舍旗下的第一品牌公司，旗下拥有百余位专业的时尚选款师和设计师，并在韩国拥有分公司，同800余家韩国时尚品牌保持紧密的、全方位的合作关系。以产品“款式多，更新快，性价比高”迅速赢得都市时尚人群的信赖。

目前，韩都衣舍基于互联网的多品牌运营已经完成基本布局：韩风快时尚女装HSTYLE、韩风OL时尚女装Soneed、韩风快时尚男装AMH、韩风快时尚童装Mini-Zaru、欧美风快时尚女装niBBuns、东方复古设计师品牌素缕Souline共6个子品牌可支撑未来几年的发展，另外还有3个种子品牌已经立项，为5年后的发展做准备。

品牌网络推广情况分析如下：

1. 推广思路：线上推广，多渠道宣传

做互联网营销要勇于尝鲜，敢做第一人。行业的竞争是源源不断的，企业营销不管是传统营销还是网络营销，要做行业的第一人。任何行业发展都提倡创新，富有新意的东西也往往可以获得更多关注，企业营销也是同样如此。企业要懂得抓住先机，争做行业创新营销第一人。

韩都衣舍的成功之处在于大范围地扩大品牌的影响力，韩都衣舍如今在年轻朋友中的影响是非常大的，这和品牌创立之初的定位是远远分不开的。韩都衣舍作为典型的淘品牌，有鲜明的特色：定位于中国“互联网韩风快时尚”，目标对象为18～35岁的都市时尚人群，拥有百余位专业选款师和设计师，在韩国拥有分公司，同800余家韩国时尚品牌有合作关系。强大的品牌影响是韩都衣舍强大销售数据的有力支撑，如今做网络营销品牌影响力也是不可小视的。

目前上网时间的碎片化、移动电商的普及，是电商碎片化越来越明显的表现。但这对卖家而言，流量碎片化、消费者需求的碎片化，为站长导购网站及社会化分享网站等不同渠道提供了良好的发展机遇。做网络营销的企业可抓住新媒体进行营销。新媒体的普及带来了消费者行为模式和购买决策的改变，如时下的微信营销、微博营销等都已成为各大电商网站的主要流量来源。

韩都衣舍的高性价比首先体现在商品本身定价的实惠，同时，韩都衣舍还用常规的折扣促销提升重复消费的黏性，拓展用户价值的广度和深度。韩都衣舍目前的常规折扣主要以两种方式进行：会员制度和舍友独享优惠。尤其是后者造就了韩都衣舍的高性价比，套牢了顾客的心，在提高销量的同时有效降低了营销策划成本，为韩都衣舍带来了重复消费的黏性。

2. 推广工具

淘宝上的一些付费推广方式，如淘宝直通车、Cps 广告，都是按照成交来计费的推广模式。由淘宝客（个人或网站）帮助淘宝卖家推广商品，买家通过推广的链接进入完成交易后，淘宝卖家支付一定比例的佣金给帮助推广的淘宝客。推广工具还有站外的百度搜索引擎推广、论坛推广，以及在社会化媒体轻电商网站的推广如蘑菇街、美丽说。韩都衣舍的店铺流量来自搜索的免费流量占比 30%，通过淘宝客、直通车和钻展等付费推广方式获得的流量占比 30%，来自老客户的流量占比 30%，其他等碎片化的流量占 10%。同时韩都衣舍也在试图和国内的广告联盟进行更广泛的合作。另外，韩都衣舍还推出专门的“韩都衣舍”手机客户端，方便消费者随时随地进行购物体验。

3. 广告宣传

“没空去韩国？就来韩都衣舍！”广告词朗朗上口，定位准确，告诉消费者“在韩都衣舍就可以买到所有需要的韩国潮流服饰，没有必要特意跑到韩国去。”韩都衣舍的视频广告都有一种亲民、时尚、活泼的感觉，没有大品牌给人的一种高高在上的疏离感。韩都衣舍在各大浏览器首页都有链接广告，并且会定时搞各种促销活动，在淘宝和天猫商城首页都会定期投放链接广告。另外韩都衣舍还拍摄情人节微电影，以一种新颖，打动人心的方式博得消费者的好感。

另外，韩都衣舍定位十分精准，主打韩国风，网罗“哈韩”人群。近年，随着韩剧的流行，韩国明星在中国频频出镜、亮相，韩式着装被越来越多的年轻消费者认可、韩国服饰销售一直呈上涨之势。

问题：

1. 韩都衣社和传统的实体店铺服装品牌相比，有什么特点？
2. 韩都衣社的网络营销方法和推广方法有哪些？
3. 韩都衣社获得成功的因素有哪些？

资源推荐

1. 大学生创业网——创业计划书：http://www.dxs518.cn/html/dxcy

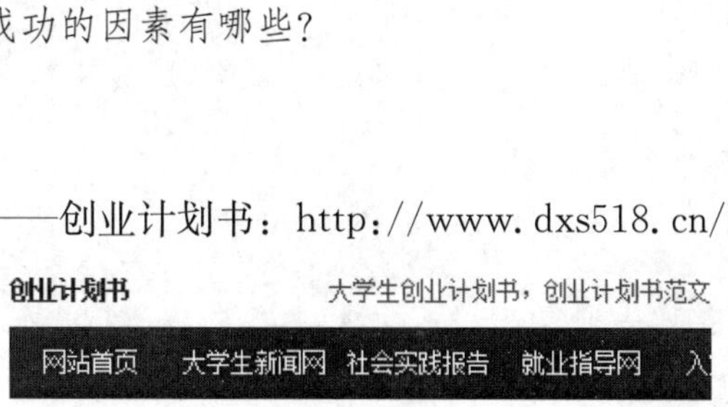

创业计划书　大学生创业计划书，创业计划书范文

网站首页　大学生新闻网　社会实践报告　就业指导网　入

大学生校内网　您所在的位置：大学生网 > 求职创业网

2. 知乎——如何进行商业路：https://www.zhihu.com/compatibility/index.html

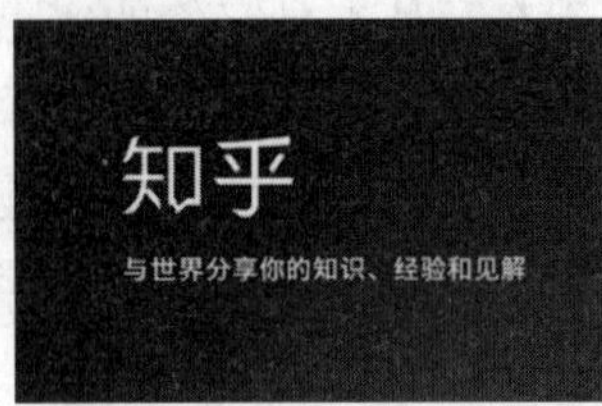

3. 青年创业网——创业计划书的撰写：http://www.qncye.com/qibu/jihua

4. 商业计划在线——商业计划书和 PPT 模板：https://www.shangyejihua.com/features

项目五
网络创业管理

项目介绍

从创业的角度而言，由于互联网行业的整体特征，创业方向及盈利预期的不确定性，竞争环境变化、资金引入方式等特点，管理者对创业团队的组织和管理的结果，对项目本身成功与否至关重要。

通常，在商业模式尚未明确之前或资金并不充足的情况下，谨慎尝试、小步快走的策略较为稳妥。初期的关键，需要依据业务方向及计划目标控制团队规模。在产品（或服务）尚未进入市场化阶段前，人力成本占总体支出的比例最大，甚至会超过80%，因此，创建“小而精”的团队是绝大多数经验管理者的首选。

同样，正因为这种“人人皆骨干”的情况，在企业成立之初，人员磨合阶段、流程及规范化机制尚未建立和成熟，导致管理者需要大量时间和精力用于企业的组织和管理，这注定对管理者自身的要求较高。因此本项目针对网络创业管理过程中可能遇到的问题进行探讨。

项目目标

知识目标

➢ 正确理解创业团队的内涵，熟悉网络客户服务管理，熟悉网络创业法律与法规，熟悉网络创业物流管理，掌握网络创业财务管理。

能力目标

➢ 能够正确理解网络创业团队文化建设的重要性，能正确运用网络创业客户服务管理、遵守相关法律和法规，认识互联网背景下新型物流模式内容以及相关的财务管理，从而在宏观和微观上对管理网络创业团队有深层次的认识。

素质目标

➢ 培养网络创业团队文化建设的意识。

【引导案例】

妖精的口袋新型网络创业团队打造互联网时代创业新篇章

为了迎合时代发展，从2010年年底开始，妖精的口袋开始试水电子商务，虽然在天猫和京东两个销售平台取得了不错的业绩，但是线上线下冲突的问题也一直没有得到很好的解决。2013年1月，妖精的口袋宣布暂停电商业务，妖精的口袋在线商城及天猫旗舰店、京东店铺停止运营，原有妖精的口袋品牌退出电商渠道。不过，两个月之后，妖精的口袋集团大胆做出创新决定，将线上团队单独独立，由新生代年轻人接手负责进行管理，并开始谋划推出网络专供品牌。2013年3月21日，妖精的口袋的网络专供品牌A21在天猫旗舰店正式上线，主要面向年轻人群，价格略低于线下品牌，但是风格却更加丰富多元，品牌受到年轻人的欢迎和追捧。

案例思考：在网络信息化迅速发展的今天，妖精的口袋为什么要发展线上业务？妖精的口袋如何协调线上线下业务之间的冲突？妖精的口袋线上团队单独独立后，在网络营销业务方面应该注意什么？

模块一　网络创业团队文化建设

一、网络创业企业文化的内涵和作用

（一）网络创业企业文化的内涵

1. 网络创业企业文化的概念

被誉为“美国文明之父”的思想家爱默生曾说：“有如语言之于批评家，望远镜之于天文学家，文化就是指一切给精神以力量的东西。”团队文化就是赋予团队以灵魂的东西，能够用崇高的精神力量说服人、吸引人、团结人、鼓舞人，就像人的经脉一样贯穿于人的全身，牵动人的各个部分。

网络创业企业文化主要是指网络创业企业的环境与个性，是网络创业企业员工所共有的价值观念、遵循的制度规范以及表现出来的行为模式等。与一般企业的文化一样，网络创业企业文化也具外部适应和内部整合两大职能。外部适应强调对外部支持者和环境关系做出积极反应，内部整合强调在企业内部建立共同愿景，实现员工以及业务单元之间的价值观共享。

2. 创业团队文化的特性

（1）无形性。即团队文化主要是从道德、理念与心理层面对成员发生潜移默化的影响。它是一种深入人心，会对团队成员的言行举止、工作职责等方面产生无形的制约力量。（2）软约束性。即团队文化虽有制度化的一面，但是更多的是依靠团队成员的自觉性、主动性和积极性，从而自觉遵守团队制度、主动承担工作重任、积极维护团队利益。（3）相对稳定性和连续性。文化的特性就是形成慢、改变也慢，团队文

化影响塑造了成员精神层面的品质，具有相对的稳定性和连续性。(4) 个性与差异性。组成每个团队的人是不一样的，每个团队的个性也肯定各有不同，由此形成的团队文化自然风格迥异、千差万别。这正是团队文化不能复制、难以模仿的原因所在。

3. 团队文化表现

一般而言，团队文化主要表现在以下 3 个方面：

(1) 团队意识。团队意识就是成员与成员之间、成员与团队之间的认可程度，就是团队第一、个人第二的意识，个人利益无条件服从团队利益的意识。一个团队能否体现出较高的团队意识，一方面靠团队领导的严格要求和平时培养，另一方面靠成员个体的亲身感受和自我教育。作为领导者，首先要大力提倡和宣传团队意识，注意在日常工作中培养大家的团队意识，而且必须以身作则，当一个好榜样。其次在团队中要打造出一种团结、和谐、积极、向上的好氛围，明确“队荣我荣、队辱我辱”的理念，在团队的奖惩制度、荣誉制度中也要有明确规定，做好团队意识的制度保障。

(2) 团队精神。团队精神至高无上，是团队文化的最高表现，也是团队的核心竞争力。团队容许个人奋斗、自我实现的存在，但必须融于统一团队之中。完成一项重要工作或任务后，要将功劳与荣耀分享给团队的每一位成员。团队成员要对团队高度忠诚，对团队有着强烈的归属感、一体感，强烈地感受到自己是团队不可缺少的一员，决不允许有损害团队利益的事情发生；并衷心地把自己的前途与团队的命运牢牢地系在一起，愿意为团队的利益与目标尽心尽力。团队精神还提倡相互补台，尤其在一些容易被人们疏忽或者遗漏的地方，要有主动补台的自觉性和成人之美的胸怀。团队精神还体现在成员之间、成员与领导之间的彼此尊重和相互信任。团队内部要充满活力与热忱，勤于学习，敢于挑战，不断进取。

(3) 团队氛围。一个氛围好的团队，特别能吸引人、团结人、凝聚人、激励人。整个团队具有很强的成就取向，整个群体都具有做好工作的良好愿望，同时团队中每个成员都愿意为团队的发展做出贡献。团队的工作追求卓越，团队效率与效益都在提高，团队内部充满活力，团队成员表现出很强的灵活性、创新性和竞争性，团队具有很强的竞争能力。整个团队都强调解决实际问题，整个群体都能从全局的利益出发分析和解决问题。团队内部的每个成员都关心和珍惜团队的名誉，并经常自觉地与其他团队进行比较。团队内部成员都有一起追求实现组织目标的动力，整个团队都关心队员能否有学习更多知识的机会。

4. 团队文化层面

(1) 深层的精神文化。主要是指团队的领导和成员共同信守的基本信念、价值标准、职业道德及精神风貌，它是团队文化的核心和灵魂。

(2) 中层的制度文化。主要是指对团队成员和团队行为产生规范性、约束性影响的部分，集中体现在团队的各种规章制度中。

(3) 浅层的行为文化。主要是指生产经营、公共关系、文体活动中产生的行为现象，也是团队精神的一种表现。

(4) 表层的物质文化。指的是企业的名称、产品的外观及包装、建筑风格、纪念物等外显的标志，它们往往能折射出团队的经营思想、工作作风和审美意识。

团队文化中有没有精神层是衡量一个团队是否真正形成了自己的团队文化的主要标准。团队文化的物质层、行为层、制度层和精神层紧密相关、不可或缺。一提起团队文化，人们总会想到欧美和日本等成功团队。其实，我们更应该用中国文化的博大精深来塑造我们民族特有的团队文化。早在几千年前，我们的老祖宗们就已经将团队文化提出来了，只是当时的人们并没有意识到并给它命名。孟子说："天时不如地利，地利不如人和"，荀子说："和则一，一则多力，多力则强，强则胜物"。还有，墨家主张的"尚同""非物"，道家提倡的"不争"。儒家更是把"和"作为理想境界。这都是在追求一种和谐美，重视人的因素，强调人际关系的协调，用良好的合作关系来解决天下之事。而《周易》中的"天行健，君子以自强不息；地势坤，君子以厚德载物"，可以说是团队文化的一个缩影。"自强不息"说明了刚健向上、奋斗不息之意。"厚德载物"指用大地的胸怀包容他人，接纳不同的意见，光明正大，真诚待人，严于律己，讲究信用，言行一致。

(二) 网络创业企业文化的作用

作为一个刚刚创立的企业，由于缺乏完善的组织结构、充足的人力资源储备、成熟的生产制造技术、稳定的市场份额以及丰裕的现金流，所面临的风险及不确定性很高。在此背景下，网络企业文化建设对于创业企业克服困难、迅速成长具有特殊重要意义。具体而言，网络创业企业文化的作用表现在以下三个方面：

(1) 网络创业企业文化具有导向作用。网络创业企业文化集中反映网络创业团队以及全体员工共同的价值观念、理想信念和共同利益，对企业中的每一位人员都具有一种无形的巨大感召力。网络创业企业文化决定了企业的行动方向，规定着企业的行动目标，引导着企业员工朝着既定的发展目标前进。

(2) 网络创业企业文化具有凝聚作用。在资源匮乏、条件艰苦的创业环境下，通过共享价值观、信念及利益追求，网络创业企业文化可将创业团队以及全体员工凝聚在一起，增强了企业的内聚力。对一个企业而言，拥有共同目标并为此努力奋斗是企业发展的动力源泉。因为存在共同目标，企业才会产生极强的向心力；因为存在共同的价值追求，企业员工才会具有坚强的精神支柱。此时，为了实现企业的目标，企业员工凝聚成一个强有力的团队，迸发出巨大的能量。

(3) 网络创业企业文化具有规范作用。相对而言，创业初期的企业存在着机构不健全、制度不完善等问题，此时的企业文化体现着一种"软"约束。通过企业文化，员工知道什么可以做，什么不可以做，哪些活动将受到瞩目和奖励，哪种类型的人才将得到重用。网络创业企业文化可使员工产生心理认同并逐步内化为自觉行动和自我约束，从而真正达到规范约束的目的。

案例

阿里巴巴的企业文化

阿里巴巴集团及其子公司基于共同的使命、愿景及价值体系，建立了强大的企业文化。新员工加入阿里巴巴集团的时候，需在杭州总部参加全面的入职培训和团队建设课程，该课程着重于公司的使命、愿景和价值观，企业也会在定期的培训、团队建设训练和公司活动中再度强调这些内容。无论公司成长到哪个阶段，这强大的共同价值观让企业可以维持一贯的企业文化。

阿里巴巴集团使命：让天下没有难做的生意。

阿里巴巴集团的愿景：分享数据的第一平台；幸福指数最高的企业："活 102 年"。

阿里巴巴集团拥有大量市场资料及统计数据，为履行集团对中小企的承诺，阿里巴巴努力成为第一家为全部用户免费提供市场数据的企业，希望通过分析数据，掌握市场先机，继而调整策略，扩展业务。同时希望成为员工幸福指数最高的企业，并成为一家"活 102 年"的企业，横跨三个世纪（阿里巴巴于 1999 年成立）。

阿里巴巴集团的价值观：阿里坚持"客户第一、员工第二、股东第三"。

阿里巴巴集团有六个核心价值观，是阿里企业文化的基石和公司 DNA 的重要部分。该六个核心价值观为：

1. 客户第一——客户是衣食父母

（1）尊重他人，随时随地维护阿里巴巴形象。

（2）微笑面对投诉和受到的委屈，积极主动地在工作中为客户解决问题。

（3）与客户交流过程中，即使不是自己的责任，也不推诿。

（4）站在客户的立场思考问题，在坚持原则的基础上，最终达到客户和公司都满意。

（5）具有超前服务意识，防患于未然。

2. 拥抱变化——迎接变化，勇于创新

（1）适应公司的日常变化，不抱怨。

（2）面对变化，理性对待，充分沟通，诚意配合。

（3）对变化产生的困难和挫折，能自我调整，并正面影响和带动同事。

（4）在工作中有前瞻意识，建立新方法、新思路。

（5）创造变化，并带来绩效突破性地提高。

3. 团队合作——共享共担，平凡人做非凡事

（1）积极融入团队，乐于接受同事的帮助，配合团队完成工作。

（2）决策前积极发表建设性意见，充分参与团队讨论；决策后，无论个人是否有异议，必须从言行上完全予以支持。

（3）积极主动分享业务知识和经验；主动给予同事必要的帮助；善于利用团队的力量解决问题和困难。

（4）善于和不同类型的同事合作，不将个人喜好带入工作，充分体现“对事不对人”的原则。

（5）有主人翁意识，积极正面地影响团队，改善团队士气和氛围。

4. 诚信——诚实正直，言行坦荡

（1）诚实正直，表里如一。

（2）通过正确的渠道和流程，准确表达自己的观点；表达批评意见的同时能提出相应建议，直言有讳。

（3）不传播未经证实的消息，不背后不负责任地议论事和人，并能正面引导，对于任何意见和反馈“有则改之，无则加勉”。

（4）勇于承认错误，敢于承担责任，并及时改正。

（5）对损害公司利益的不诚信行为正确有效地制止。

5. 激情——乐观向上，永不放弃

（1）喜欢自己的工作，认同阿里巴巴企业文化。

（2）热爱阿里巴巴，顾全大局，不计较个人得失。

（3）以积极乐观的心态面对日常工作，碰到困难和挫折的时候永不放弃，不断自我激励，努力提升业绩。

（4）始终以乐观主义的精神和必胜的信念，影响并带动同事和团队。

（5）不断设定更高的目标，今天的最好表现是明天的最低要求。

6. 敬业——专业执着，精益求精

（1）今天的事不推到明天，上班时间只做与工作有关的事情。

（2）遵循必要的工作流程，没有因工作失职而造成的重复错误。

（3）持续学习，自我完善，做事情充分体现以结果为导向。

（4）能根据轻重缓急来正确安排工作优先级，做正确的事。

（5）遵循但不拘泥于工作流程，化繁为简，用较小的投入获得较大的工作成果。

二、网络创业团队的组建

（一）网络创业团队组建的原则

网络创业团队属于一般性创业团队中一种较好的类型，创业起点较高，综合实力较强，成功概率相对较大。其组建的原则，首先是符合一般性创业团队组建的基本原则；其次是具有网络的特性，更强调建立在网络背景下共同的理念与价值观。具体原则如下：（1）共同的理念与价值观原则。例如，以志同道合的毕业生为主体或以毕业生为创业团队领导人，在相互了解、相互信任的基础上，组建具备共同理念与价值观的创业团队。（2）目标明确合理原则。只有目标明确，才能让每个创业团队成员都知道自己的努力方向并吸引更多认同创业目标的人加盟；目标也要合理，必须是通过集体的智慧和力量能实现的，这样创业才更容易成功。（3）互补原则。只有团队合作才能弥补成员个人在知识、技能、经验、资源、性格等方面的不足，强强联合，优势互补，效率提升，往往会迸发出惊人的集体合力。

（二）网络创业团队的成员组成

金无足赤，人无完人。从管理学的角度上看，没有完美的个人，但有完美的团队。

当一个团队拥有了各种适当的角色，一方面分工明确，都在合适的岗位上尽职尽责地工作；另一方面成员之间又分工不分家，同心同德，互助互补，那么它的成功势在必然。

英国剑桥大学贝尔宾教授（1988）经过多年在英国和澳大利亚的研究和实践，在其《管理团队：成败启示录》一书中提出了著名的贝尔宾团队角色理论，即结构合理的理想团队应由九种角色组成，每个团队成员都了解其他人扮演的角色，擅长相互弥补不足、发挥优势，以提升团队与个人的绩效。具体角色如下：

(1) 创新者。创新者的优点是知识渊博、智慧超群、富有想象力、不拘一格；可以容忍的弱点是不重细节、不拘礼仪、高高在上。在团队中的作用：提供建议；提出批评并引起内部的讨论。

(2) 信息者。信息者的优点是外向、开朗、热情、好奇心强、联系广泛、消息灵通，是信息的敏感者；可以容忍的弱点为见异思迁，一旦事过境迁，兴趣马上转移。在团队中的作用：提出建议，并引入外部信息；接触持有其他观点的个体或群体。

(3) 协调者。协调者的优点是比较客观、宽容、公正，能不带偏见地兼容各种比较有价值的意见；可以容忍的弱点为，协调者一般在智能和创造力方面不是十分突出。在团队中的作用：时刻坚持团队的目标和方向；选择需要决策的问题，并明确它们的先后顺序；帮助确定团队中的角色分工、责任和工作界限；总结团队的感受和成就，综合团队的建议。

(4) 推进者。推进者的优点是积极、主动、有干劲，并随时准备向传统、向效率、向自我满足发起挑战；可以容忍的弱点为易急躁、爱冲动、好激起争端。在团队中的作用：寻找和发现团队讨论中可能的方案；使团队内的任务和目标成形；推动团队达成一致意见，并督促团队成员为实现目标而积极行动。

(5) 监督者。监督者的优点是比较讲求实际，分辨力、判断力都很强；可以容忍的弱点为，一般缺乏鼓励和激发他人的能力，自己也不容易被别人鼓动和激发，缺乏想象力，缺乏热情。在团队中的作用：分析问题和情况；对繁杂的材料予以简化，并澄清模糊不清的问题；对他人的判断和作用做出评价。

(6) 凝聚者。凝聚者的优点是擅长人际交往，有适应周围环境及人的能力，能促进团队合作；可以容忍的弱点为，在危机时刻容易优柔寡断。在团队中的作用：给予他人支持，并帮助别人；打破讨论中的沉默；采取行动解决团队中的分歧。

(7) 实干家。实干家的优点是有组织能力，注重实践经验，工作勤奋，有自我约束能力；可以容忍的弱点为，一般比较缺乏灵活性，表现为对没有把握的主意不太感兴趣。在团队中的作用：把谈话与建议转换为实际步骤；考虑什么是行得通的，什么是行不通的；整理建议，使之与已经取得一致意见的计划和已有的系统相配合。实干

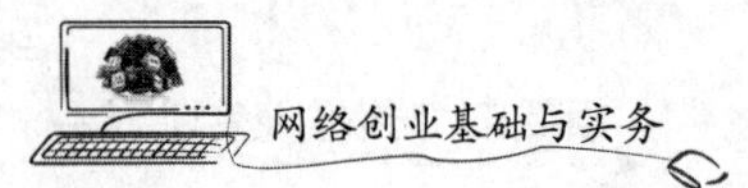

家就是好的执行者，能够可靠地执行一个既定的计划，但却未必擅长制订一个新的计划。

（8）完美主义者。完美主义者的优点是对工作能够持之以恒，且追求十全十美；可以容忍的弱点为，容易拘泥于细节，不洒脱。在团队中的作用：强调任务的目标要求和活动日程表，在方案中寻找并指出错误、遗漏和被忽视的内容，刺激其他人参加活动，并促使团队成员产生时间紧迫的感觉。

（9）专家。专家的特点是诚实、从我做起、专注、能在急需时带来知识和技能。可接受的弱点：专业领域比较狭窄，只懂自己擅长的特殊专业领域，对其他事情兴趣不大。

原则上，网络创业团队的成员要按照以上九种角色来挑选和配备。在组建初期由于规模、时间、人才的制约，短期内团队很难做到九种角色一个不缺，可能一人暂时担任两三种角色。但是，团队最终必须向九种角色齐全的目标靠拢，缺少任何一种角色，团队都是不完整的。长期由一人担任多角，势必导致精力分散、顾此失彼。此外，在团队中承担某一种角色的人才过多，团队成员之间角色和优势存在重复，也会引发各种矛盾，甚至导致整个创业团队的散伙。

案例

“携程网”是中国最大的网上旅游服务提供商之一，已在美国纳斯达克顺利上市。其成功除了抓住互联网快速发展的契机之外，关键是拥有一个角色齐全、各方面互补的创业团队。“携程网”的团队成员来自美国甲骨文公司、德意志银行和上海旅行社等，是技术、管理、金融运作和旅游业务的完美组合。大家共同创业，分享各自的知识和经验，避开了很多创业“雷区”。

三、网络创业团队的企业文化建设

企业文化对企业绩效以及企业发展具有重要影响。在创业企业文化形成过程中创业团队发挥着关键作用，因此，创业团队是创业企业文化建设的出发点。具体而言，创业企业可以采取以下措施，推动网络创业企业文化建设进而促进企业快速成长。

（1）科学构建网络创业团队，提高创业团队效能。创业团队价值观是创业企业文化的基础，因此构建一个团结、高效、富有活力的创业团队是建设创业企业文化的前提。创业团队组建没有一个标准化的途径，但是选择优秀的创业伙伴并发展与他们的合作关系无疑是一项复杂的工作。因此，基于互补性而不是相似性组建创业团队通常是一种有用的策略，这将极大提高创业团队的效能。

（2）有效管理网络创业团队冲突，形成优秀网络创业团队文化。创业团队文化是创业企业文化的内核，优秀的创业团队文化是形成优秀创业企业文化的基础。在企业创业初期，创业团队成员是不稳定的，而且由于经验、背景不同导致了价值观和行为模式不同，创业团队成员之间存在着较多的冲突。企业应通过互动过程对创业团队成员个人价值观和行为进行吸收和扬弃，以最终形成有利于知识分享、集体创新、共担风险、协作进取的创业团队文化。

（3）强力贯彻网络创业团队文化，促进网络创业企业文化形成和发展。企业文化建设应是企业的长期行为，要真正触及员工内心，只靠短期突击或者只关注有形环境（服装、标志等）建设往往难以取得良好成效。在创业企业文化形成和发展过程中，创业企业员工不仅要做出相应的取舍决定，而且要同自身原有文化做反复较量、长期斗争，只有经过长时间的消化、领会，才能把新文化吸收进自身原有文化中。因此，创业企业必须持之以恒地宣传、落实创业团队文化，而且应辅之以必要的强制性措施（考评、薪酬等）加以强化，最终通过全体员工的认同，形成基于创业团队文化的企业文化。

案例

阿里巴巴武侠文化

武侠是中华民族社会、文化、思想的产物，是中华民族宣泄情感的一种表现形式，它有着中华民族特有的气质和情感，也带有中国社会固有的道德伦理色彩。

武侠文化中的侠义精神是一种民间文化精神，社会大多数的普通民众崇拜侠义精神是因为他们盼望武侠能够作为一种政治力量来为他们的经济目的和政治目的服务，渴望着武侠出来除暴安良、主持公道、伸张正义，使负屈含冤者得以平反昭雪，社会秩序得以暂时相对安定，人们的生活在一定程度上得到保障。

当代侠义精神虽然是继承了中国传统的侠义精神，但也有其鲜明的时代特色，阿里巴巴将传统的武侠文化代入企业文化与马云个人的价值观有着密不可分的关系。

马云外号“风清扬”，这位被员工和外界一致认为长相奇特的老板，最钟情的就是金庸武侠。而深受其影响的阿里巴巴更是一个充满武侠味道的江湖。从“独孤九剑”到“六脉神剑”，阿里巴巴的武侠文化深刻而又坚定地影响着每一个进入公司的员工。

阿里巴巴在2000年就推出了名为“独孤九剑”的价值观体系。“独孤九剑”的价值观体系包括群策群力、教学相长、质量、简易、激情、开放、创新、专注、服务与尊重。这“九剑”帮助阿里巴巴度过了艰难的创业期。现在，“独孤九剑”已被精练成“六脉神剑”：三剑说做人，诚信、激情和敬业；二剑说做事，团队合作、拥抱变化；一剑刺中要害，说的是“客户第一”。

在淘宝网，所有的员工都拥有属于自己的独一无二、耳熟能详的武侠“花名”。段誉、语嫣、乔峰、胡斐、小龙女等来自金庸小说的“武侠人士”出没周边，而“风清扬”也会在论坛里面偶尔出没。如今，庞大的员工队伍已导致金庸武侠小说无法命名了，古龙等武侠大家的小说人物开始在阿里巴巴生长。在阿里巴巴，员工讨论江湖大事，不是聚首“光明顶”，就是笑傲“侠客岛”，因为这里所有的会议室也都是以金庸武侠小说里的地名来命名的。

武侠文化中的正义感和团队精神已渗透到了公司员工的一言一行，并在创造商业价值上频频发力。这种基于中国传统文化与武侠文化上构建的企业文化在创业初期起到了很强的凝聚作用与文化认同感，独特的"江湖花名"使员工在与阿里巴巴的高管在一同展望未来的同时又能更加融入其文化并激发个人潜力与存在感。对于一个刚起步的企业来说，降低内耗、提高员工凝聚力是企业初期发展达到目标最牢靠的保障。

小知识

美国思想之父约翰·霍尔特提出企业文化建设的内容主要包括物质层、行为层、制度层和精神层四个层次的文化。

物质层文化：是产品和各种物质设施等构成的器物文化，是一种以物质形态加以表现的表层文化。

行为层文化：是指员工在生产经营及学习娱乐活动中产生的活动文化。指企业经营、教育宣传、人际关系活动、文娱体育活动中产生的文化现象。包括企业行为的规范、企业人际关系的规范和公共关系的规范。企业行为包括企业与企业之间、企业与顾客之间、企业与政府之间、企业与社会之间的行为。

制度层文化：包括企业领导体制、企业组织机构和企业管理制度三个方面。企业制度文化是企业为实现自身目标对员工的行为给予一定限制的文化，它具有共性和强有力的行为规范要求。它规范着企业的每一个人。企业工艺操作流程、厂纪厂规、经济责任制、考核奖惩等都是企业制度文化的内容。

精神层文化：指企业生产经营过程中，受一定的社会文化背景、意识形态影响而长期形成的一种精神成果和文化观念。包括企业精神、企业经营哲学、企业道德、企业价值观念、企业风貌等内容，是企业意识形态的总和。

模块二　网络创业客户服务管理

一、客户服务管理概述

（一）客户服务的概念

由于不同的公司所专注的领域有所不同，比如零售业、工业、制造业或者服务行业，它们都有一套提供客户服务的独特方式。客户服务实际上是一种员工能力，它通过员工为内部和外部客户销售产品和提供服务时所具备的知识、能力高低和工作热情度等展现。

客户服务是指致力于使客户满意并继续购买公司产品或服务的一切活动的总称。企业在适当的时间和地点以适当的方式和价格为目标客户提供适当的产品或服务，满足适当需求，使企业和客户的价值都得到提升的过程，在这整个过程中，全企业所能做的一切工作都叫作客户服务工作。真正的客户服务是根据客户本人的喜好而使其获得满足，最终使客户感觉到其受到重视，把这种好感铭刻在心里，成为企业的忠实客户。

（二）客户服务管理

客户服务管理是指企业为了建立维护、发展顾客关系而进行的各项服务工作的总称，目标是为了建立并提高顾客的满意度、忠诚度、最大限度地开发和利用顾客。它包括营销服务、部门服务和产品服务等服务内容。

客户服务管理的一个重要任务就是深刻理解客户服务的含义、特征和目标，树立正确的客户服务理念，掌握客户服务的基本流程和方法，为客户提供优质服务。

客服一般分为人工客服和电子客服，其中又可细分为文字客服、视频客服和语音客服三类。文字客服是指主要以打字聊天的形式进行的客户服务，视频客服是指主要以语音视频的形式进行的客户服务，语音客服是指主要以移动电话的形式进行的客服服务。

（三）客户利润链理论

服务利润链理论是由詹姆斯赫斯克特等哈佛商学院的几位教授在1994年研究“服务利润链”的模型时提出的。服务利润链认为利润、增长、顾客忠诚度、顾客满意度、提供给客户的商品和服务的价值与员工能力、满意度、忠诚度和生产率之间存在直接而显著的关系。在对服务利润链进行初步检验时所收集的数据表明下列因素之间存在显著关系：（1）利润和顾客忠诚度；（2）员工忠实度和顾客忠诚度；（3）员工满意度和顾客满意度。在服务背景下，这些关系是相互促进的，也就是说满意的顾客会提高员工的满意度，反之亦然。

（四）客户满意度理论

顾客满意度指顾客对其明示的、通常隐含的或必须履行的需求或期望已被满足程度的感受。满意度是顾客满足情况的反馈，它是对产品或者服务性能，以及产品或者服务本身的评价，给出了（或者正在给出）一个与消费的满足感有关的快乐水平，包括低于或者超过满足感的水平，是一种心理体验。

企业的整个经营活动要以客户满意度为指针，要从客户的角度、用客户的观点而不是企业家自身的利益和观点来分析客户需求，尽可能全面尊重和维护客户的利益。客户满意度是在市场结构与企业的经营理念发生重大变革环境下产生的，这不仅代表着客户地位的提升，而且给企业的生存与发展指明了方向。

良好的客户满意度将给公司带来好的声誉，从而使客户或消费者接受其他产品或者提高他们的购买意向；良好的产品、服务、和质量都会影响客户满意度。所以当客户感到满意时，客户将会重复购买。客户满意度的评估是客户对产品或服务的感知。而这些评估因素包括产品价格、产品质量、公司的内部运营效率和客户服务系统，以及公司员工的服务态度，专业知识和能力等。

（五）网络客户关系管理理论

客户关系管理，指企业利用相应的信息技术以及互联网技术来协调企业与顾客间在销售、营销和服务上的交互，从而提升管理方式，向客户提供创新式的个性化的客户交互和服务的过程。其最终目的是吸引新客户、保留老客户以及将已有客户转为忠实客户。

客户关系管理就是企业用来管理与客户之间的关系，是选择和管理有价值客户及其关系的一种商业策略。它要求以客户为中心的商业哲学和企业文化来支持有效的市场营销、销售与服务流程。如果企业拥有正确的领导、策略和企业文化，将有助于企业实现有效的客户关系管理。客户关系管理的主要内容如图 5-1 所示。

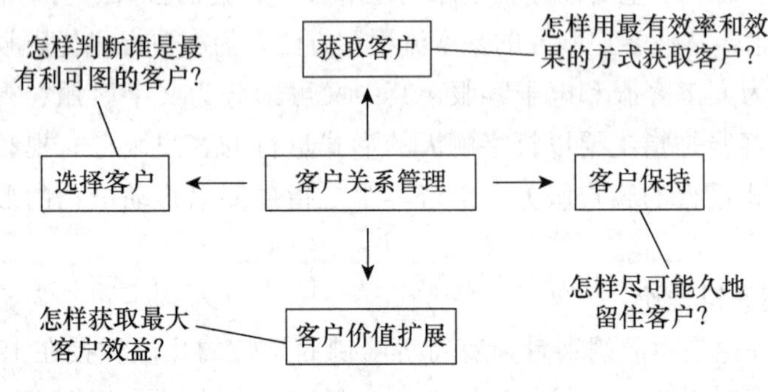

图 5-1 客户关系管理的主要内容

二、网络环境下的客户服务管理

由于网络本身的特性，它具备为企业客户服务管理提供一个不同于传统环境的网络创业活动环境，下面将对这种环境进行详细介绍。

（一）客户服务管理的网络环境探析

客户服务管理的网络环境包括两个方面，一个是企业内部网络创业活动实施所带来的内部环境，另一个是企业外部整个社会网络创业活动发展所带来的外部大环境。这两个环境为客户关系管理提供了一个良好的平台。

1. 软环境

总括起来网络软环境包括三个方面，一个是由外部网络创业活动发展带来的客户价值观的变化，另两个是企业内部网络创业活动实施所带来的企业组织结构竞争方式的变化、人员支持的变化。

(1) 客户价值观的变化。

互联网的出现给人们的工作、学习以及生活带来了很大的变化，这种变化使得客户的价值观也随之发生了很大的改变。首先，客户“个性化”日益增强。一方面商品的极大丰富、人们收入水平的不断提高为客户“个性化”提供了客观基础；另一方面由于社会文明不断进步所带来的个性解放为“个性化”提供了主观需求。主客观的条件共同使得客户不再仅仅满足被动地接收企业标准化的产品或者多样化的选择，而是要求符合自己“个性化”的定制产品。

1) 客户的主动性增强。以互联网为标志的信息媒体的发展为客户提供了强大的信息通道以及信息手段，这些通道以及手段可以使客户主动地获得自己所需要的商品或服务的信息，消费者通过这些信息对商品进行自主选择，在这种情况下企业与客户的权利平衡逐渐向客户转移，推销式的营销策略已经不再奏效，如何吸引并保持客户就成为客户关系管理的重点。

2) 客户对购买便利性以及娱乐性追求并存。进入 21 世纪，一方面，人们的生活节奏加快，客户对购物的方便性有了越来越高的要求。另一方面，购物又成为部分客户的生活乐趣，他们要通过购物增强自己的成就感，减少心理的孤独。娱乐性就成为这一部分客户进行消费的追求。

(2) 企业组织结构以及竞争方式变化。

一方面，随着网络的推行，企业打破了时间和空间的限制，出现一种新型的企业组织形式——虚拟企业。这种虚拟企业打破了企业之间、产业之间、地区之间的界限，把现有资源优化组合成为一种没有围墙、超越时空约束、利用电子手段联系、统一指挥的经营实体。另一方面，网络创业活动使得企业向扁平化结构方向转变。扁平化结构使得中间管理人员减少，但是却可以获得更多的直接信息，提高了他们在企业决策中的作用，而管理者也可以集中精力于非结构化决策，从而扩大管理幅度，降低管理层次。

同时在网络创业活动的影响下，企业竞争的时间、空间以及规模都发生了质的转变。首先，网络创业活动的开展，消除了时空限制。企业可以通过 Internet 等手段每星期 7 天，每天 24 小时为客户提供即时服务。其次，网络创业活动给客户和企业提供了更多的选择消费与开拓销售市场的机会，也提供了更加密切的信息交流场所。

2. 硬环境

与网络软环境相对的就是网络的硬环境。这里需要强调的是，硬环境是指电子商务基础设施而非硬件，它包括网络创业活动实施过程中所使用的硬件和软件。网络环境下的客户服务管理首先要解决的就是客户服务管理信息基础设施的建设问题。企业在实施网络创业活动过程中建立相应的网络创业活动基础设施，这些正是客户服务管理所必需

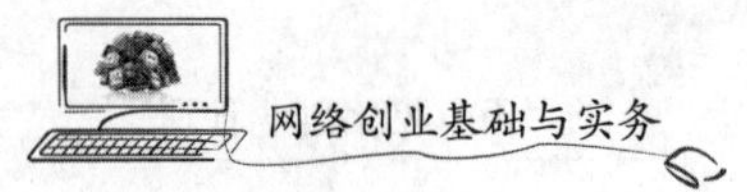

的。这些设施可分为物理设备、系统应用软件、Web 环境。

物理设备包括计算机硬件平台（数据库服务器、Web 服务器、电子邮件服务器、用户平台等）、网络支持平台（网络设备、线路等）、企业内部网络（Intranet、局域网等）以及传统的设施（电话、广播等）。这些都是任何企业信息化要配备的基础设备，客户服务管理当然也不例外。

系统应用软件包括企业操作型系统（Corporate Operational System）、企业数据仓库（Enterprise Data Warehouse）、企业数据集成环境（Corporate Data Mart Environment）、探索型数据仓库（Exploration Environment）、可选存储/近线存储环境（Alternative Storage/Near Line Storage Environment）、操作性数据存储（Corporate Operational Data Store）等。这些软件用于企业日常操作，存储企业以及客户的数据，并且将原始的数据进行抽取、转化和装载，使之无缝地集成到企业应用中，帮助企业决策以及运作。

Web 环境一般指的是 Internet、防火墙和企业网站本身。利用 Internet 企业不仅可以与客户联系，还可以与其他企业联系，这些联系为企业实施客户服务管理系统提供了广阔的运行空间，创立了全新的信息沟通模式。网站的功能是负责解释和管理这些活动，使企业与客户在商务站点上的实时沟通变成可能。而防火墙则负责过滤掉网络外部那些不必要的未经认可的信息。

技术环境基础设施建立后，企业还必须有相应的技术支持。客户服务管理主要在三个方面需要技术支持：(1) 客户服务、销售、市场营销技术；(2) 数据存储处理以及决策支持、商业智能技术；(3) 企业内部信息集成技术。这三个方面的技术都可以在成熟的网络创业活动环境下得到。

首先，网络创业活动为企业销售、营销以及客服提供了新的技术支持。在传统商务环境下企业只能通过传统手段对企业的产品进行销售、营销以及客户服务。销售依靠销售人员，营销通过电视、广播、报纸杂志等传统媒体，客户服务只能依靠传统的电话呼叫中心。在网络创业活动环境下，这些传统手段得到了扩展：网站建设技术以及安全技术等的成熟使得企业在线销售成为可能，增加了企业的销售渠道并提高了销售效率；网络营销技术以及企业门户网站的 E-mail、FAQ 等技术可以让广大网络消费者获得更好的产品信息渠道，有利于客户更方便地与企业交互；网络创业活动技术也改善了企业传统的电话呼叫中心，产生了网络创业活动环境下的呼叫中心，使得销售人员和客户服务人员得到了“解放”，提高了销售以及客服的效率。

其次，大型的数据仓库技术、数据挖掘技术以及智能技术使得客户数据得到了及时的处理以及应用。在网络创业活动技术支持下，客户服务管理可以在网络中实现同步操作，利用大型数据库来管理客户的一些信息。同时，这些技术使得企业的营销、销售和技术等一些部门和模块之间可以共享数据。此外，企业还可以利用数据挖掘和数据仓库技术对海量的客户数据和一些商业数据进行智能化分析，针对分析得出具有建设性的意见，最终帮助企业进行有效的客户关系管理。

（二）网络环境下客户服务管理的优势

网络创业活动环境下客户服务管理的环境以及客户都发生了很大的改变，这种改变使得网络创业活动环境下客户服务管理较传统的客户服务管理有了新的优势。具体如下：

1. 业务的灵活性

业务的灵活性是网络创业活动环境下客户服务管理相比传统商务环境下最大的优势。这种灵活性既含有时间概念也含有空间概念。在网络创业活动环境下，通过门户网站以及自动化的呼叫中心，企业能真正实现“365×24”服务模式，而且由于网络以及电话的普及性，客户可以在任意有网络或电话的地方获得所需要的服务，时差与地域限制已经不是企业与客户业务往来的障碍。

2. 客户的主导性

网络的出现使企业和客户通过因特网联结，购物意愿掌控在客户手中，从而实现了客户行为的主导性。此外，它还将传统的向客户推销的方法改变为以客户为主导的个人营销，客户通过交互媒介来查询有关商品或服务的信息，变被动为主动。

3. 管理的自动性

与传统商务环境下的客户服务管理相比，网络创业活动环境下的客户服务管理可以充分利用先进的信息技术，真正地实现无纸化客户关系管理。在网络创业活动环境下，企业可以将所有的数据资料直接输入数据库，然后利用网络共享技术实现数据交换，并且利用计算机的强大计算、处理能力对这些数据进行及时以及准确的处理。

三、客户服务管理的策略

(一) 营销沟通策略

网络创业环境下基于客户关系管理的营销沟通有以下特点：

(1) 目的性强。根据网站的资源条件、产品特点、潜在客户群特征，有目的、有选择性地向目标客户进行沟通和推荐，使其实质性产生消费欲望和购买行动。

(2) 针对性强。根据客户信息档案（CIF），对不同客户的消费心理、真实需求和购买特点设计不同的沟通信息内容，并采用客户易于接受的沟通方式，使客户的购买需求转换为实际行为。

(3) 低成本。由于网站的客户服务管理系统建立在功能强大的客户数据库基础之上，能够与客户进行一对一的及时和有效的沟通，与传统营销沟通的大量化媒体、直邮广告等方式相比，成本大为降低，回应率却大大提高。

(4) 持久性提高。网站可以对处于不同客户关系阶段的客户进行持续的跟踪、分析，并逐步采取措施提高其忠诚度和满意度。与传统营销沟通相比，网络创业活动实现持久沟通将更简单、成本更低。

(二) 流程策略

客户服务管理是一个通过积极使用和不断从信息中学习，从而将客户信息转化成为客户关系的循环流程。该流程从收集资料建立客户知识开始，直至形成高影响的客户互动。这种互动可以保证企业或机构建立长期的、资源可管理的且赢利的客户关系。

1. 知识发现

这一系统需要从各种客户互动和设在各地的商业网点交易资源中收集详尽的数据，并把它们转化成为管理层和计划人员可以使用的信息和知识。这些信息来源可以是销售点、自动应答机、因特网途径、客户跟踪应用系统、呼叫中心档案和呼叫记录、投诉档案、直销接触和被拒记录，以及第三方的预测信息。除此之外，很多企业还把政府和行业的分析（竞争）信息包含在信息来源之中。客户关系管理必须使用知识发现来感受客户购买行为的细微变化。

2. 市场计划

这个流程决定了具体的客户方案、配送渠道、时间表以及所依赖的条件。这就提高了市场营销人员、服务管理团队、生产计划者和分销链的工作效率，并且提高了企业在客户互动、分销网点（渠道）、处理计划以及产品和服务中的投资机会。市场计划使策略性问题计划和程序的发展成为可能，有助于预先确定专门的活动类型、渠道偏好以及处理计划，并且选择或发展事件和初始触发。

3. 客户互动

这是一个借助相关的、及时的信息和提供来执行和管理客户（及潜在客户）沟通的关键性活动阶段，它使用了各种各样的互动渠道和前端办公应用系统，包括客户跟踪系统、销售应用系统、客户接触应用和互动应用系统。这一阶段是从知识发现和市场计划中创造出的计划和信息的应用。

客户互动必须规划并标示出与客户之间的联系，扩展企业互动的潜在区域，以及对于销售和客户购买行为的策略。通过先进的技术和市场中正在发生的技术变化，渠道就可以收集有关客户信息。通过这些渠道，企业就有机会传递市场信息和销售时机，并且可以处理服务中出现的问题。

4. 分析提炼

这是一个不断地通过与客户对话进行学习的过程。这种对话可以捕捉和分析来自客户互动中的数据，并对信息、沟通方式、价格、销售额、销售地点、销售途径和时间安排的信息进行提炼，从而理解客户对刺激手段（营销或销售）所产生的具体反应。

（三）技术策略

客户服务管理本质上是一种基于数据的管理，对数据的收集、分析、处理和共享手段决定了客户服务管理的功效。对于网络创业活动而言，其客户服务管理系统综合了网络技术、通信技术和数据库技术等的最新成就，集成了如知识发现、数据挖掘和数据仓库等最新技术，大大提高了网站对数据的处理能力，为相关决策提供了更强大、及时的支持。

在网络创业活动发展初期，在营销、销售、服务和技术支持的过程中，网络以外的因素可能更为重要。当然，这并不是说网络不重要，但至少它不是唯一重要的东西。毫无疑问，对网络创业活动时代而言，网络是其生存发展应该首先思考的问题，但是绝不应该忽视传统的渠道，例如传统的广告、直销、电话服务等培育发展市场和为客户更好的服务。

小知识

卡耐基提出客户服务管理需要技术支持表现在三个方面：

(1) 客户服务、销售、市场营销技术；

(2) 数据存储处理以及决策支持、商业智能技术；

(3) 企业内部信息集成技术。

这三个方面的技术都可以在成熟的网络创业活动环境下得到。

模块三　网络创业物流管理

一、网络与物流

(一) 网络创业活动对物流的影响

物流实际是网络创业活动的一个部分，是完成商务活动必不可少的“四流”之一。因此，当商务活动的形式发生革命性的变化、出现网络创业活动的时候，必然对物流产生极大的影响。而且，这个影响是全方位的，从物流业的地位到物流组织模式，再到物流各个作业、功能环节，都在网络创业活动的影响下发生了和正在发生着巨大的变化，反过来物流体系的完善也会进一步推动网络创业活动的发展。

网络创业活动对物流的影响主要表现在以下几个方面：

1. 网络创业活动可使物流实现网络的实时控制

传统的物流活动在其运作过程中，不管是以生产为中心，还是以成本或利润为中心，其实质都是以商流为中心，从属于商流活动，因而物流的运动方式是紧紧伴随着商流来运动的。而在网络创业活动下，物流的运作是以信息为中心的，信息不仅决定了物流的运动方向，而且也决定着物流的运作方式。

2. 网络创业活动要求物流实现信息化、自动化和智能化

网络创业活动的发展要求物流实现信息化。因为网络创业活动的一个优点是能保证企业与各级客户间的即时互动，企业能与客户一起就产品的设计、质量、包装、交付条件、售后服务等进行交流，在物流系统中每一个功能环节能得到即时信息支持。只有在信息化的基础上，物流才能实现自动化，从而大大提高物流的效率。网络创业活动也要求物流实现智能化，以提高物流的现代化水平。物流的智能化已成为网络创业活动下物流发展的一个新趋势。

3. 网络创业活动能提高物流的运作效率

网络创业活动可使得企业寻求到物流的合理化，使商品实体在实际的运动过程中，达到效率最高、费用最省、距离最短、时间最少的效果。网络创业活动对物流的最大影

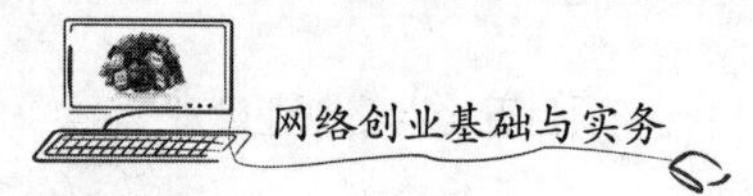

响就是提高运输速度，以缩短客户在网络中产生的产品虚拟可得性与实际产品可得性之间的差距。

（二）物流在网络创业活动中的地位与作用

网络创业活动是一场商业领域的根本性革命，然而它在中国发展的实际情况却远远没有预想中那么顺利，其中物流能力的滞后是一个重要的原因。网络创业活动的优势之一就是能大大简化业务流程，降低企业运作成本。而网络创业活动下企业成本优势的建立和保持必须用可行和高效的物流运输作为保障。现代企业要在竞争中取胜，不仅需要生产适销对路的产品，采取正确的营销策略以及拥有强有力的资金支持，更需要加强品质经营，其核心在于强调时效性，即服务的及时性、产品的及时性、信息的及时性和决策反馈的及时性，这些都必须用强有力的物流能力作为保障。

具体来说，物流在网络创业活动中的作用体现在以下几个方面：

1. 物流是实现网络创业活动的根本保证

物流是实现网络创业活动的重要环节和基本保证。

首先，物流保障了生产。合理化、现代化的物流，通过降低费用从而降低成本、优化库存结构、减少资金占压、缩短产生的周期，保证了现代化生产的高效进行。缺少了现代化的物流，无论网络创业活动是怎样便捷的贸易形式，仍将是无米之炊。

其次，物流服务于商流。在网络创业活动下，消费者通过上网点击购物，完成了商品所有权的交割过程，即商流过程。但网络创业活动的活动并未结束，只有商品和服务真正转移到消费者手中，商务活动才终结。在整个网络创业活动的交易过程中，物流实际上是以商流的后续者和服务者的姿态出现的。没有现代化的物流，多么轻松的商流活动都仍会退化为一纸空文。

最后，物流是实现“以顾客为中心”理念的根本保障。网络创业活动的出现，在最大程度上方便了最终消费者。物流是网络创业活动中实现以“以顾客为中心”理念的最终保证，缺少了现代化的物流技术，网络创业活动给消费者带来的购物便捷等于零，消费者必然会转向他们认为更为安全的传统购物方式，那网上购物就没有存在的必要。

2. 物流能够扩大网络创业活动的市场范围

我国加入 WTO 后，网络创业活动的应用将更加重视跨区域物流。只有建立完善的物流系统，才能解决网络创业活动中跨国物流、跨区物流可能出现的问题，才能扩大网络创业活动的市场范围。

3. 物流能够提高网络创业活动的效率与效益

通过快捷、高效的信息处理手段，网络创业活动能较容易地解决信息流、商流和资金流的问题。但只有将商品及时送到用户手中，即完成商品的空间转移，才标志着网络创业活动过程的结束。因此，物流系统的效率高低是网络创业活动成功与否的关键，只有拥有高效率的物流系统，才能有高效率的网络创业活动，才能支持网络创业活动的快速发展。

二、网络创业活动下企业物流的基本特点

(1) 技术性。网络创业活动是现代通信技术、信息技术和网络技术发展的产物。网络创业活动时代，企业物流为了适应网络创业活动的发展，必须积极采用现代科学技术，全面改造和提升企业物流的技术能力。

(2) 服务性。服务性作为现代企业物流的本质特征，在网络创业活动发展过程中表现得更加突出。企业物流的服务性主要表现在：物流柔性化和物流增值性。物流柔性化是企业物流系统在为企业生产经营活动服务、为物流客户服务的过程中，本着“以需求为导向，以顾客为中心”的经营理念而提出的。物流柔性化就是根据企业物流需求的变化来重组物流资源，科学设计物流系统，灵活安排物流作业。

(3) 系统性。在网络创业活动发展影响下，企业物流的系统性特征充分地表现为物流运作的系统化和物流管理的系统化。首先，企业物流运作必须以系统的思想来设计和安排物流运作的作业系统，把多种物流资源和物流功能要素合理地组合起来，形成一个高效运行的作业体系。需要广泛采用现代先进设施设备和技术手段，不断完善和优化物流运作系统，适应网络创业活动的发展需要。其次，企业物流管理必须以系统优化为目标，以现代供应链管理的思想和技术全面整合物流管理资源，系统思考和统筹解决物流管理的决策问题，实现物流系统化管理。

三、网络创业活动下的物流管理内容与目标

(一) 网络创业活动下的物流管理内容

网络创业活动作为一种新的数字化生存方式，代表着未来的贸易、消费和服务方式，因此要完善整体生存环境，就需要打破原有工业的传统格局，发展建立以商品代理和配送为主要特征，物流、商流、信息流有机结合的社会化物流配送体系。由于网络创业活动所独具的电子化、信息化、自动化等特点，以及拥有高速、廉价、灵活等诸多好处，使得网络创业活动下的物流在运作、管理等方面也有别于一般物流。网络创业活动下的物流管理包括网络创业活动下的物流系统、网络创业活动下的物流过程、网络创业活动下的物流技术、网络创业活动下的物流费用的管理，以及网络创业活动下的物流管理方法等内容。

(二) 网络创业活动下的物流管理目标

概括地讲，网络创业活动下的物流管理应实现以下目标：

(1) 高水平的企业管理。网络创业活动物流作为一种全新的流通模式和运作结构，要求达到科学和现代化的管理水平。管理科学的发展为流通管理的现代化、科学化提供了条件，促进流通产业的有序发展。同时要加强对市场的监管和调控力度，使之有序化和规范化。

(2) 高素质人员配置。网络创业活动物流能否充分发挥各项功能和作用，完成应承担的任务，人才配置是关键。网络创业活动物流的发展需要大量的各种专业人才，从事经营、管理、科研、仓储、配送、流通加工、通信设备和计算机系统维护、贸易等业务。因此必须加大人才培养的投入，利用各种先进的科学技术和科学方法，促进物流产

业向知识密集型方向发展。

(3) 高水平的装备配置。专业化的生产和严密组织的大流通对物流手段的现代化提出了更高的要求，如对自动分拣输送系统、立体仓库、水平垂直、分层、分段旋转货架、自动导向系统、商品条码分类系统及悬挂式输送机这些新型、高效、大规模的物流配送机械系统有着广泛而迫切的需求。

四、网络物流模式

网络创业的物流模式主要有以下几种：

(一) 第三方物流

第三方物流，通常又称之为“契约”物流，是指从生产到销售的整个流通过程中进行服务的第三方，它本身不拥有商品，而是通过合作协议或结成合作联盟，在特定的时间段内按照特定的价格向客户提供个性化的物流代理服务。网络创业活动的迅速发展对物流服务提出了更高的要求。由于技术先进，配送体系较为完备，第三方物流成为网络创业活动物流配送的理想方案之一，这也是社会分工日益明确的产物。

我国第三方物流的发展比较特殊，由于我国市场经济发展不够成熟，小生产式单一或独立的外包物流服务活动较多，与现代化的第三方物流企业同时并存，并且还不能在很短时间内解决这个问题。因此，针对我国的第三方物流，应该从狭义的角度来理解，指由供方与需方以外的物流企业提供物流服务的业务模式，所提供的这种物流服务是在特定时间段内按照特定的价格向使用者提供的个性化、系列化的服务，是建立在现代电子信息技术基础上的一种高水平、现代化、系统的社会物流服务方式，是网络经济时代社会物流服务的发展方向。第三方物流管理系统功能模块如图 5-2 所示。

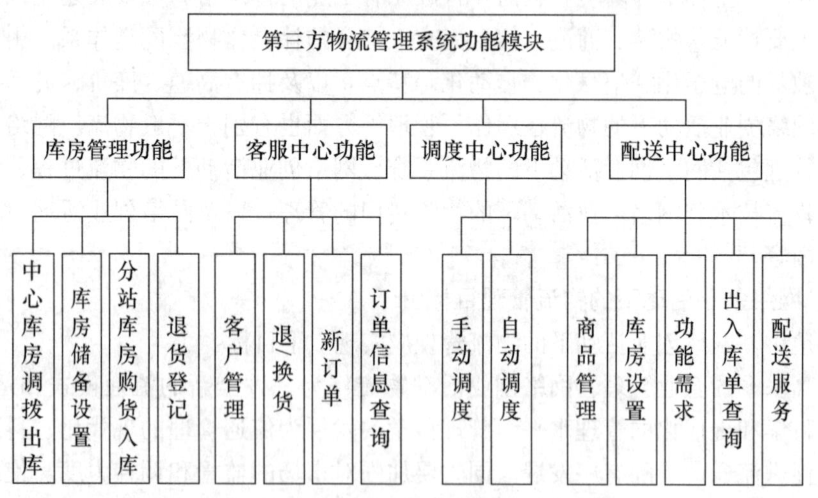

图 5-2 系统功能模块

只有用较高水平的适应客户能力和解决物流问题能力来衡量我国的第三方物流，才能促使我国单一或独立的外协物流业务加快步伐向真正意义上的第三方物流靠近。我国第三方物流的模式可以分为以下三类：

(1) 以提高物流环节的服务附加值为目标的第三方物流运作模式。这种类型主要是适用于我国传统运输配送物流企业的初步转型。该模式比较现实，根据企业的实际情况，通过自己擅长的物流活动增加商品附加值，实现物流环节的系统化和标准化，为客户提供物流服务，使物流的整体综合效益达到最佳。

(2) 以综合物流代理为主的第三方物流运作模式。在整个运作过程中，此类第三方物流模式运用自己成熟的第三方物流管理经验和强大的资本实力，为客户提供高质量的服务。采用这种模式的企业经过多年的完善，具有很强的实力，同时拥有发达的网络体系，可为客户提供全方位的服务。

(3) 以个性化物流服务为目标的第三方物流运作模式。由于客户需求的多样性，特别是中小型客户，自身的商务功能有限，需求更具特殊性，但却是一个巨大的潜在客户群。我国的某些第三方物流企业如果能为这些客户提供差异性服务，将会发现有很多发展空间。所以，第三方物流服务提供者可以利用原有的信息咨询能力与企业客户的实际组合相结合来创造新价值，将其自身的行业优势转化为新的生产力资源融入企业客户之中。

(二) 新型物流

1. 第四方物流

作为一个全新的概念，第四方物流联盟的提出融合了诸多现代管理思想。从本质上讲，“第四方物流供应商”是一个供应链的集成商，它充分利用包括第三方物流、信息技术供应商、合同物流供应商、呼叫中心、电信增值服务商、客户以及自身等多方面的能力，对公司内部和具有互补性的服务供应商所拥有的不同资源、能力和技术进行整合和管理，提供一整套供应链解决方案。资源整合、优势集成是这一联盟方式的特点。在实际运作过程中，第四方物流联盟以探寻发挥集体竞争优势的最佳机遇为目标，采用虚拟企业管理模式，根据特定的需要构建特定的组合。第四方物流联盟是网络创业活动环境下的新兴产物，包含有较多的管理创新意识。由于其强调协同合作，对第三方物流并不构成威胁，相反，二者能相互补充，可进一步扩大物流服务范围，增强物流服务能力，提高物流管理水平。

2. 精益物流

精益物流是在物流系统优化的基础上，剔除物流过程中的无效和不增值作业，用尽量少的投入满足客户需求，实现客户的最大价值，并获得高效率、高效益的物流。运用精益思想对企业物流活动进行管理，其基本原则是从顾客的角度而不是从企业和职能部门的角度来研究什么可以产生价值，并按整个价值流确定供应、生产和配送产品中所有必需的步骤和活动，创造无中断、无绕道、无等待、无回流的增值活动，不断消除浪费，追求完善。运用供应链管理的整体思想，站在顾客的立场，无限追求物流总成本的最低是精益物流真正的核心所在。

3. 绿色物流

物流的发展必然要求我们从环境保护的角度对物流体系进行改造，形成一种环境共生型的物流管理系统，改变原来经济发展与物流、消费生活与物流之间的单向作用关系，在抑制物流对环境造成危害的同时，形成一种能促进经济和消费生活健康发展的现代物流系统，即向绿色物流转变。在网络创业活动模式下，绿色物流的运作以信息为中心，信息不仅决定了绿色物流的运作方向，而且决定着绿色物流的运作方式。在实际运作过程中，绿色物流可充分利用巨大优势建立网站和平台，开展商品物流跟踪、客户响应模式，通过网络上的信息传递，有效地实现对绿色物流的实时控制，完成网上购物及连锁经营等活动，提供更加完善的配送和售后服务。物流企业应该认识到，网络创业活动与绿色物流是合作博弈，网上网下及早合作可共创双赢模式。那么网络创业活动环境下，该如何发展和实施绿色物流呢？

(1) 利用网络创业活动中的信息流优化绿色物流。

在网络创业活动时代，运输已无法与现代通信以及计算机系统相分离。绿色物流必须有高水平的信息流通与之配合，包括物流本身加快运动所需要的信息收集、传递和处理。在物流中提供准确而迅速的信息联系能力越来越重要，这不仅是经济运行高效率、低成本的需要，也符合可持续发展的要求。

(2) 交通运输企业应围绕电子化、自动化进行整合。

降低运输成本有两个途径：一是交易主体尽量利用电子化手段来进行交易，运输企业在自己的运输环节中提供电子化的业务接口；二是通过运用新技术、提高业务效率来提高运输速度和质量，降低运输成本。总之，网络创业活动环境的形成为运输企业提供了降低费用的基本条件。

(3) 对运输线路实行电子化整合以形成社会物流基础。

随着社会经济的发展，依靠扩大路网规模来解决日益增长的交通需求，远远满足不了交通量增长的需要，交通拥挤、阻塞现象日趋严重。“智能运输系统”被提到日程上，即利用高新技术对传统的运输系统进行改造，从而形成的一种信息化、智能化、社会化、绿色化的新型运输系统。它使路网上的交通流运行处于最佳状态，改善交通拥挤和阻塞，最大限度地提高路网的通行能力，提高整个公路运输系统的机动性、安全性和生产效率。

五、网络物流配送

(一) 物流配送分类

不同产品的配送有所差别，从配送对象品种、数量的多少来看，物流配送可分为三类：

(1) 少品种、大批量配送。在大量生产、大量消费的条件下，单一产品需求量大，往往不需要与其他产品混载就可构成大批量进行配送。这种方式便于安排运输工具，易于进行计划管理，是传统的配送模式

(2) 多品种、少批量配送。这是为适应需求多样化而出现的配送形式，作业难度大，技术要求高，操作时要求有严格的管理制度和周密的计划进行协调，是一种高水平的配送活动，也是网络创业活动下配送的主要方式

(3) 配套型配送。这是按照生产企业要求，将其所需的多种物资配齐后直接送到生

产线上的一种配送形式。生产零配件的企业通常采用这种方式向组装厂实施物流配送，其与生产方式和零库存是相连的，也是今后物流配送的趋势之一。

（二）物流配送系统及其构成

物流配送系统遵循一般系统模式的原则，配送系统可以分为作业子系统和信息子系统。这两大系统的机能是相互联系的有机整体，通过各要素的相互结合，利用必要的资源开展物流配送服务，使商流得以有效、顺利、合理地进行，实现低成本、高效率地满足顾客需求的目的。其中，作业子系统包括配货、储存保管、分拣配货、包装、流通加工、输送等机能，以及为实现配送的各机能而采用的设备、设施、装置等。信息子系统包括订货、发货、在库、出库管理、控制等机能，利用现代通信技术、信息处理技术和信息处理终端如计算机、通信网络等。物流配送系统的输入部分包括顾客查询、订货，提供有关物流信息等。输出部分包括商品实体从卖方经配送过程送达买方手中，交齐各种单证，结算、收款、提供有关物流服务等。物流配送系统的转化部分包括备货、落实货源、商品加工整理、包装、标签、存储、运输、配送、制单等活动及现代物流管理方法、手段和物流设施设备的介入。此外，许多外界不可控因素的干扰，也会使系统运行偏离原计划内容，如政策法令、经济、技术等因素的制约。物流配送系统中合作协调的供应链关系如图 5 - 3 所示。

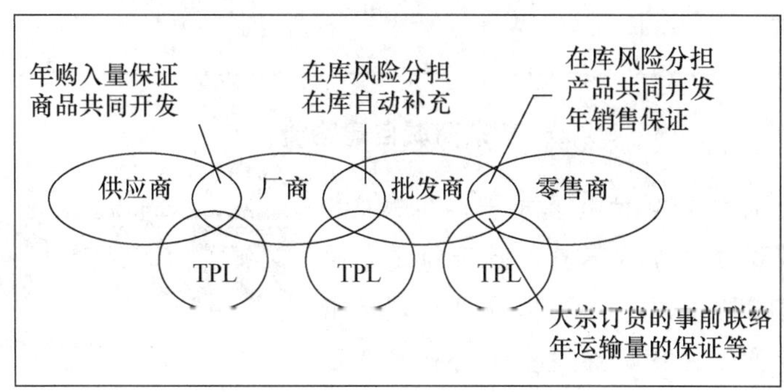

图 5 - 3　合作协调的供应链关系

（三）物流配送系统的运行条件

物流配送系统作为经济系统的一个运行子系统，是生产发展到一定阶段的产物，要考虑到现阶段我国生产力发展水平，要在外部经济环境条件下，综合运用各种物流设施和设备，采用一定物流技术，实施有效的物流配送活动，以达到用较小的成本提供顾客期望的服务水平的目的。建立和完善物流配送系统，涉及系统内部与外部多方面的因素，要处理方方面面的关系，以保证使系统正常运行和发展。

(1) 物流配送系统运行的主要外部条件：要有稳定的资源渠道，要有能够满足用户多种需要的充分资源，在物资品种、规格、数量及时间上的保障；要有公平合理的市场竞争环境；有便利的交通条件，道路要畅通；实行集中统一运送物资，能及时将物资运送到用户手中。

(2) 物流配送系统运行的内部条件：必须拥有配套的物流基础设施和机械设备，如仓储设施、理货设施与设备、运输、装卸工具等；有足够的周转资金支持配送的规模化；需具有专业人才；建立起科学合理的配送制度；要建立完整信息系统；配送要通过广泛的信息支持，才能得以实现合理化、系统化。此外，配送网点布局的合理化及配送方案的选择也是配送系统得以高效运转的内部条件。

小贴士

刘强东分享京东面向第二个十二年的战略规划，表示京东将全面走向技术化，大力发展人工智能和机器人自动化技术，将过去十二年以传统方式构筑的优势全面升级。

刘强东表示，下一个十二年，京东会进一步走向开放，将已有的供应链、数据、物流向社会开放，带动全行业、全社会提升效率，成为中国商业零售领域基础设施的提供商。京东将通过AR/VR技术、深度学习、人工智能、机器人自动化等创新科技，实现物流智能化、无人化，不断降低行业和社会运营成本，提升用户体验，最终发展成为真正实现智能化的商业体。

案例

京东商城自建物流

京东商城宣布其货到付款城市已经突破300个，给电商行业树立了新的标杆。对于物流仓储来说，京东商城布局已久。从2008年开始，京东商城就自建物流配送系统，经过多年的积累，目前，京东商城已经具有完善的物流体系，仓储辐射范围以及终端配送辐射能力覆盖全国大部分城市。

京东商城已拥有北京、上海、广州、成都、武汉、沈阳六大物流中心，在超过300座重点城市建立了城市配送站，并在全国大部分高校建立高校代理点和自提点。京东商城在北京正式开通地铁自提服务，此举进一步提升了用户最后一公里的购物体验。有业内人士表示，长远来看，京东商城的物流战略相当值得肯定，有电子商务基因的配送肯定是未来的一个趋势。网购竞争的主战场无疑是B2C商城，比拼的核心将是物流这个引擎的马力。

物流环节依然是B2C市场的痛点。现在网购已逐渐成为大多数人的生活习惯，中国已然成为全球最大的网购市场，电子商务的发展和竞争也更趋激烈。除了价格优惠力度加大外，物流配送等售后服务也成为电商吸引消费者的利器。由于国内第三方物流整体服务水平相对滞后，很难完全满足电商物流配送快捷高效的需求，顾客投诉率居高不下。而对于B2C企业而言，仓储是保证商品丰富度和周转率的关键，配送直接影响用户的重复购买，这两点构成了企业自建物流的原动力。因此，在某种程度上说，电商自建物流其实是被逼出来的。

对于电子商务公司来说，在自己的实际需求下打造出来的物流配送体系无疑是最符合电商企业的，而物流的开放也可以成为未来的赢利增长点。以京东商城为例，近年来，京东商城不断深化开放战略，并推出JOS开放服务，而京东商城强大的物流体系是支撑京东商城这一战略的重要因素。联营商家可以借助京东商城的物流、服务、平台系统等资源改善用户的购物体验，让消费者在售前、出库、配送、客服、售后等环节，享受到更加贴心的服务，从而提升销量。在此背景下，越来越多的优质商家积极、主动地选择与京东商城合作。与此同时，京东商城满足用户一站式购物需求的目标也得到实现，开放共赢的电商产业链体系正在逐步形成。

模块四 网络创业财务管理

一、网络财务管理概述

随着现代信息技术的不断发展，在全球经济一体化的大环境中，财务管理作为企业的核心环节，也要随着环境的变化而做出相应改变以适应不断发展的经济。尤其是电子商务的出现，这一基于现代网络信息技术和新型商业活动的结合，要求企业改变传统的财务管理模式。

（一）网络财务管理的概念

网络财务管理是基于网络信息技术，以财务管理为核心，将业务管理与财务管理一体化，支持电子商务，能够实现各种远程操作（如远程记账、远程报表、远程查账、远程审计、远程监控等）和事中动态会计核算与在线财务管理，能够处理电子单据和进行电子货币结算的一种全新的财务管理模式，是电子商务的重要组成部分。网络财务管理是一种新型的企业财务管理模式，表现在：第一，它的实施不仅依靠传统企业自身的局域网，还要连接可以同时对内和对外的开放式网络环境；第二，它不是以往的只是以财务会计为一体的传统财务管理模式，它所建立的会计系统融入企业各个部门，强调财务与业务的协同；第三，它能更好地服务于电子商务，推动企业各方面的发展。

（二）网络财务管理的主要特点

(1) 协同业务。通过网络环境，各项业务数据可以实时、全面、快速地传递，实现远程在线管理，财务可以渗透到采购、生产、销售等企业内部业务环节。除了同内部业务的协同外，还包括与供应链的协同和社会各部门的协同，如网上询价、网上报税、网上银行等。这些在互联网出现前棘手的财务管理问题，在网络财务下可以得到快速解决。

(2) 集中式管理。随着竞争的加剧，越来越多的企业采用集中式的财务管理模式，网络财务管理则可使集中式管理得以实现。企业利用网络可以实现对各部门的集中财务管理，如集中的资金调配和账务管理。

(3) 电子单据和电子货币。会计电算化的出现促使会计工具由纸质账务升级到磁盘文件，不单是账本，更多的财务信息和单据（如各种发票、结算单据）将会电子化。货币的电子化可以实现网上支付、网上结算，加快了资金的周转速度，提高了结算速率，降低了企业的资金成本。单据和货币的电子化将进一步提高财务工作的效率。总的来说，网络财务以互联网为载体，通过网络信息技术手段，将企业的整体财务具体分为财务核算、财务分析、财务预测和财务监督等现代化财务管理模式。它将现代化的网络信息技术与企业财务管理相融合，使企业可以通过网络与供应商、消费者、股东和政府有关部门进行联络，公众可以足不出户，在家通过互联网浏览自己想要的关于企业的各项信息。网络财务管理系统结构如图 5-4 所示。

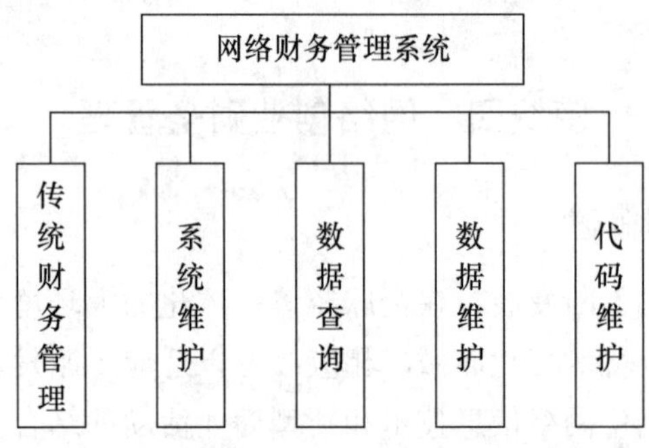

图 5-4 网络财务管理系统结构

二、网络创业活动对财务管理的影响

网络创业活动时代的到来，使企业管理发生了一场深刻的革命，作为企业管理重要组成部分的财务管理也毫不例外地受到了前所未有的影响。财务管理的对象、内容、目标、组织结构、业务流程等均发生了重大变化。下面从网络创业活动下财务管理的环境着手，探讨网络创业活动对财务管理的影响。

（一）网络创业活动下财务管理环境的变化

财务环境是指财务管理以外的对财务系统有作用的一切因素的总和，它包括政治经济形势、国家法规制度的完善程度、企业所面临的市场、企业的生产条件等。财务管理理论因财务管理环境的变化而不断发展。从 20 世纪财务管理的发展过程可以看出，理财环境对财务管理目标、财务管理方法、财务管理内容具有决定作用，是财务管理理论研究的起点。网络创业活动时代的到来，企业理财环境发生了一系列重大变化，财务管理理论也应该进行相应的变化并不断完善。

企业在许多方面如同生物体一样，如果不能适应周围的环境，也就不能生存。环境的变化，可能会给企业财务管理带来影响，但企业财务管理人员若能根据环境的变化合理安排财务活动，就会不断地走向成功。

网络创业时代财务管理环境的变化具体体现在以下方面：

1. 从大规模生产到个性化生产

在传统工业时代，大众市场比较繁荣，企业强调集中内部资源，扩大生产规模以满足市场需要。在信息时代，"大众市场"已不复存在，生产过剩已呈现出全球化的趋势，消费者对产品的要求也越来越趋于多品种和多样化。因此，要求企业能够对不断变化的市场做出快速反应，并以最快的速度生产出满足用户需求的、定制的"个性化产品"去占领市场，以赢得竞争优势。

2. 从以产品为中心到以客户为中心

传统工业时代企业关注如何扩大生产规模、提高生产效率、降低生产成本以生产出更多的产品，企业之间的竞争完全是产品的竞争。现在，企业关注的是如何以更短的时间适应用户多元化的需求，如何在提高个性化服务水平的同时降低成本。因为赢得客户信赖是企业保持竞争力经久不衰的重要因素之一。赢得客户不仅要靠具吸引力的产品质量，而且还要靠信息技术的支持，实时、动态、全面地收集老客户、新客户以及潜在客户的信息，分析客户的需求、对产品改进的意见、销售流向等，以最快、最好的服务赢得客户、赢得市场。

3. 从传统的人、财、物竞争到信息竞争

传统工业时代企业竞争力依赖于人、财、物，然而在信息社会，信息和知识已成为企业提高竞争力的关键。大量信息的飞速产生和通信技术的发展迫使企业快速准确地获取信息和知识，知识和信息已成为企业重要的战略资源。一个企业将来是否能够实现持续的发展，取决于是否具备最大限度、最快速度地获取知识与利用知识的能力。

4. 从单个企业竞争到供应链/企业联盟竞争

网络创业活动下，为了节约成本、取得更大的市场，企业可以通过形成供应链或结为企业联盟的形式来经营。Internet 的应用不仅可以改善供应链/企业联盟中各部分间的沟通，提高供应链/企业联盟的效率，更重要的是 Internet 将会改变供应链/企业联盟的结构。网络交易将对现有零售、分销及服务方式带来极大的改变。因此，企业与企业之间的竞争将演变为一个企业供应链/企业联盟与另一个企业供应链/企业联盟之间的竞争。企业管理的范围不仅包括自身的资源，还要延伸到供应商、销售商、服务商和客户的资源。

财务管理工作是一定环境条件下进行的实践活动，一种有效的企业财务管理模式，必须与环境相适应，并根据环境的变迁而不断发展和创新，只有适应了环境，财务管理工作才能有生命力。在网络创业活动环境下，财务环境具有构成复杂、快速等特点，财务管理人员必须对环境进行认真的调查分析，预测财务管理环境的发展趋势，采取相应的财务策略，以便永远立于不败之地。

（二）网络创业活动下财务目标的变化

财务管理的目标是企业财务管理活动所希望实现的结果，是评价企业财务管理是否合理的基本准则。不同的财务管理目标会产生不同的财务管理运行机制，科学地设置财务管理目标，对优化财务管理行为和实现财务管理的良性循环具有重要意义。

网络创业活动下，企业财务目标发生了以下变化：

(1) 对公司或股东价值的过分强调，必然导致对社会责任或成本的忽视。现实中可以看到，公司的许多决策对增进公司或股东价值是有利的，但却给社会带来了巨大的成本。现实世界里，公司行为的外部影响非常显著，诸如环境污染成本等，是公司决策时不可忽视的因素。网络创业活动下，信息传播越来越畅通，如果不注意保护环境，带来的影响将更为严重。

(2) “股东财富最大化”或“企业价值最大化”的财务管理目标是与物质资本占主导地位的工业经济时代相适应的。随着网络创业活动时代的到来，经济时代开始由工业经济社会向知识经济社会过渡，知识资本在为社会创造巨额财富的同时，也为企业带来了高额收益。随着企业对知识资本的重视，企业的资本结构发生了很大的变化，物质资本的地位相对下降而知识资本的地位上升，不同资本所有者对企业均有经济利益方面的要求。这一重大变化，决定了企业在知识经济时代其经济利益不仅归属于股东，而且归属于“相关利益主体”。

(3) 当前，经济全球化和服务一体化成为时代的潮流，顾客对产品和服务满意与否成为企业发展的决定性因素。随着网络创业活动时代的到来，企业开始进入以客户为中心的管理，而在市场上需求运动的最佳状态就是满意，顾客的满意就是企业效益的源泉，因此，“客户满意中心论”——以客户为中心，以客户满意为目标，不断生产出客户个性化需要的产品，就是当今企业管理的目标。财务目标作为企业目标的一部分，应该与企业目标保持一致。

三、网络环境下的财务目标

基于电子商务的财务管理目标应向多元化发展，既追求本企业的利润和价值，追求社会的价值，也追求客户、知识资本所有者的利润和价值。可见，电子商务环境下财务管理目标主要体现在以下两个方面：

(一) 企业价值与社会价值的统一

根据绿色财务管理理论，财务目标既要考虑企业、自然、社会的和谐发展，还要结合环境资源和社会效益等问题，制定长远目标，寻求实现的途径和所要采取的措施。企业是社会中的企业，只有保护好了资源环境，实现了社会价值最大化，才能被社会接纳、被社会认可，在社会上才有立足之地，同时通过改善生态环境，使企业具有强大的竞争力，进而才能实现企业的价值。

(二) 相关利益主体的利益及利益协调化

这里的相关利益主体除了包括股东等传统的利益相关者外，还包括客户与知识资本所有者的利益。

(1) 电子商务时代的企业以客户利益为中心，客户是企业利润的源泉，只有实现了客户的目标，满足了客户的利益需要，才有可能留住原有的客户、吸引潜在的客户，进而争取到更大的市场，从而实现本企业的目标，达到企业利润最大化和企业价值最大化，实现相关利益者的多赢局面。

(2) 电子商务时代，无形资产越来越重要，创造无形资产的人力等智力资源越来越受到重视，企业财务管理目标不仅要追求股东利益，而且也要追求无形资产的所有者等其他相关利益主体的利益。

(3) 方便了电子商务环境下的企业的急需筹资。互联网可以提供即时沟通的平台以及大量信息检索的渠道，这样极大地节省了电子商务环境下的企业和资金提供方耗费在路途以及寻找信息的时间，提高了电子商务环境下的企业筹资的速度，解决了电子商务环境下的企业急需资金的困难。电子商务环境下的融资模式如图 5-5 所示。

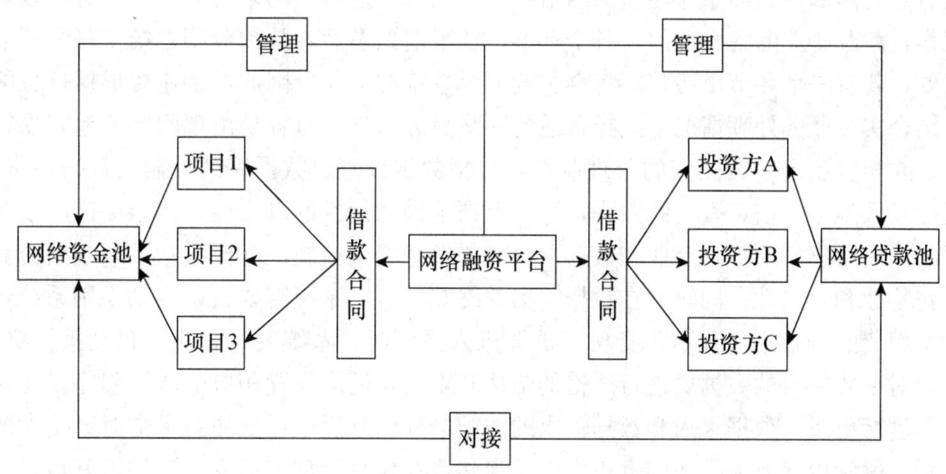

图 5-5 电子商务环境下的融资模式

四、网络创业活动财务管理发展中存在的问题

(一) 会计信息真实性的问题

网络财务因具特殊性，使得企业的整个财务系统处于开放的状态，内部和外部人员都可进入获取信息，这就难免有些人会出于某种利益而盗取信息、篡改信息，甚至破坏系统。如果软件或硬件的某些方面不达标，还会致使系统瘫痪；会计人员的操作不当也会造成会计信息的丢失。另外，借助互联网，会计信息变得更加透明，传播速度也变快，这就使得财务数据的收集和某些经济业务的处理缺少有效的标识，进而会影响到由这些数据信息而派生出的会计账目和财务报表的准确性及真实性。

(二) 网络财务理论尚不完善

传统的财务管理理论是建立在手工记账和简单的会计电算化基础之上的，没有太多的网络因素，不能指导网络财务的实际运用。目前来看，此理论部分虽然已开始探讨，但是并没有形成明确的理论体系。随着网络的发展和网络财务的广泛运用，对其运行环境等都提出了更高的要求，这都迫切需要财务管理理论进一步完善。只有理论框架的建立和不断完善，才能为网络财务制定相应的政策和法规来保护它的实施。

(三) 网络财务的安全性问题

网络财务带给企业的好处之一就是信息共享，企业既是信息的传送者又是信息的获取者，但这当中也存在着安全隐患。在会计信息交换的过程中，可能会受到竞争企业等黑客的攻击或者病毒的威胁，而且这些隐患很难避免。信息在传递过程中，利益驱使会借此机会篡改、拦截、泄露一些机密信息，会计信息的真实性和完整性将会受到威胁。网络软件和硬件系统本身的弱点和技术管理方面的缺陷也会危及数据信息的安全。

五、网络创业活动中财务管理发展的建议

(一) 完善内部控制

要确保企业会计信息的真实和完整，就需要企业有较为完善的内部控制体系，只有建立有效的内部控制体系才能保证网络财务顺利有效进行。网络财务是一个讲究系统性的工作，涉及企业的各个部门、各个环节，从事前到事后，从预测到总结，每个环节都很重要，若有一个环节出错，那将会影响整个系统的运作。因此，企业要根据自身的状况，结合实际业务处理情况来选择合适的网络财务软件。对容易出现问题的地方要特别注意，并相应制定一套完整的管理制度，包括数据处理、数据库的控制、数据备份等。数据的录入是会计信息真实的源头，只有保证了最初信息的真实性，才能保证后续环节数据的真实可靠。所以，企业在数据录入时要做好安全措施，确保最初录入数据的真实性、完整性和合法性。同时，在数据输出的终端入口，系统需要自备自动识别系统，防止非法用户的登录，当有不明身份者欲要进入系统时，系统要有相应的自动报警机制。此外，对于要输入的数据要进行严格的筛选和审核，还应设置相应的改错程序以便对错误数据进行更正。数据录入和数据输出的防护措施做好后，还要注意平常对数据库的信息维护，做到内部万无一失的真正安全。当然，在信息管理方面安全保护做好后，还需要建立一套好的工作制度规范来完善内部控制体系，这时就需要企业结合自身内外部情况来制定相应的工作制度规范。首先，明确会计核算方法和会计工作重点，对网络财务进行明确分工。其次，注重会计人员的整体素质，加强工作人员的协作性，并对其进行培训和管理。企业对于硬件和软件，都要高度重视，采取有效的措施对它们进行改进，使之不断发展和进步，并不断完善。

(二) 建立安全防范机制

安全问题在网络财务系统的实施过程中是难以避免的、必须要面临的问题。在网络财务体系下，处于网络中的计算机可能被病毒侵蚀，这样就使得企业的网络财务系统很容易受到威胁。为了保障网络财务系统的安全，首先，要构建一个安全、可靠的通信网络，以此来确保信息快速、安全地传递。其次，要维护网络财务硬件环境安全，制定严格的操作制度和管理制度，禁止无关人员接触系统。再次，要加强网络财务软件环境的安全，定时检查是否存在系统漏洞，是否存在违规操作，定期对系统进行维护和升级，及时更新数据库的信息，对旧信息进行存储，便于内部决策和外部投资者的使用。最后，要做好对外技术上的防范措施，一些黑客会采用病毒等非法手段对企业财务网络进行攻击，以获取重要的、非公开的秘密信息，致使企业信息的丢失，甚至造成系统的瘫痪。为了防范这些情况的出现，企业可以采用设置防火墙、身份认证等安全技术方式，从内到外对整个网络财务系统进行有效的防护。

(三) 网络创业活动财务管理理论的创新

任何实践都离不开理论的指导，任何理论都需要实践来完善。网络创业活动财务管

理是经济信息化的产物，在此之前已有大量学者对网络创业活动财务管理由产生到发展等进行理论总结，但若止步于对现有网络创业活动财务管理发展状况的总结，只怕这些理论会阻碍网络创业活动财务管理的发展，这就要求对现有理论不断创新，更新传统的财务管理模式，健全法律法规，加强对新知识的学习，使财务人员跟上时代的步伐，不断地学习和接受新知识、新事物，促进网络创业活动财务管理更好的发展。

小知识

给创业者的10条财务建议

如果你是一个创业者，我要为你鼓掌，我由衷地佩服你。创业是我所经历过的最艰难的事情。一年半之前，我辞掉了工作，开始了我梦想已久的创业，这段时间以来我积累了一些经验教训，希望创业的兄弟姐妹们可以避免这些很多年轻创业者容易犯的错误：

1. 时间就是金钱

在我刚创业时，我好多时间是用在参加各种会议上，甚至可以说我不是在会上就是在为参加会议做准备。现在我非常后悔，我多想找回那些浪费在各种会议上的宝贵时光。创业者最宝贵的财富就是自己的时间，你花在那些无关紧要的事上的每一分钟都是时间和金钱的浪费。刚创业时有人对我说："时间不够，就是重视度不够"(a lack of time is a lack of priorities)。这真是真知灼见，如果你的很多时间浪费在了无意义的会议上面，你会发现你的财务状况一般很糟糕。

2. 抱最大的希望，做最坏的打算

坏事有可能落在你头上，所以一定要有所防备。如果你还没准备好创业所需的启动资金，那先不要辞职。在你有足够的实力创业前，没理由放弃你的收入来源。对创业的未婚人士，我建议要至少预留三个月的生活费。在你开始创业后，账户上的资金要确保可以支撑6～9个月，因为糟糕的事极有可能发生，客户付款到账也会需要一定的时间，在艰难时刻，要有自己的救命钱。

3. 管理好你的现金流

我的一个顾问曾跟我说，一家公司倒闭的原因有三个：(1) 资金周转不灵；(2) 资金周转不灵；(3) 资金周转不灵。我很乐观，他很现实，但是他所言极是。现金流是你运营企业首先要学会管理的最重要的财务指标。如果你不知道你的钱从哪来，到哪去了，你就非常危险了。认真做个预算，按预算执行对创业企业是非常重要的。

4. 制定清晰明确的目标和阶段性任务

如果你是一个早期创业者，你很有可能会把很多时间花费在翻来覆去地设想你的产品概念上，不找潜在的目标客户测试、论证你的产品，而只是空想概念，这纯粹是浪费时间。为避免这样的错误，在一开始就要制定一个可行的时间表，明确每个阶段的任务及截止日期。设置阶段性任务可将你们怎样一步步实现最终目标的路径清晰展示出来。

5. 记录出项

如果你是第一次创业，那你肯定有好多要忙活的，会有点手忙脚乱。很多创业者认为做出项记录可没做商业计划、与客户沟通等重要。但是，每个月做好这些记录是非常重要的，等你真正需要时就不会焦头烂额了。当你要报税或要向银行提交报告时，如果没有了之前的记录，缺了相关的资料，那可糟糕透了。

所以，与其到时浪费时间再往回刨，不如从第一天开始就做好相关准备。我建议你在最初的几个月可以采用 Quickbooks 之类的在线记账软件记录自己企业的简单账务。如果你没时间做这些，可以招个记账员。如果你的信息资料越来越多、越来越复杂，在你报税的时候就要请个会计了。当然如果你自己能搞定这些，就没必要花钱聘请这些专业人员。

6. 你曾经的员工福利

当我还在银行工作时，我把医疗保险、停车补助等众多优厚福利视为理所当然。在你开了自己的公司后，很多福利就没有了。所以在交你的辞职信前，花时间想想你的医疗保险、养老保险接下来要怎么办。

7. 多花些精力在你的目标客户上

没有客户，何来生意？与其花费时间、金钱“空想”谁才是你的目标客户，不如找到一些潜在的目标客户，问问他们这个简单的问题“你会买这个吗？”如果不会，问下具体原因。这个工作你做得越早，你的公司越容易成功。这是我之前犯的最严重的问题之一。我找到我认识的一些人，他们对我很好，我问他们“你们喜欢这个吗？”出于善意他们给的一般都是肯定的回答，这让我的自我感觉非常良好，但这并不能帮助我建立一家成功的企业。所以不要找你的母亲、你的朋友，而要找到那些真正的潜在客户，看看他们的真实反馈

8. 对资方坦诚相待

在商业往来中，没有比不诚信和沟通不到位带来的麻烦更大的了。特别是对那些正在融资或找贷款的创业企业来说。如果你表现得遮遮掩掩、行为可疑，人们就不会相信你。同样地，如果你不愿意透露公司运营的相关数据，你就不会赢得资方的信任。现在我的投资人就是我的朋友和家人，让他们了解公司的财务状况已经成了我的定期工作。虽然双方的沟通会有不愉快，但这有助于提高信任度，他们可以帮我度过发展的困难时期。如果你没有融资，找几个顾问，每个季度开会讨论下运营数据，这样还可为公司带来外部的支持和一些好点子。

9. 给自己发薪水

在吃了一年的方便面和墨西哥煎饼后，我才发现我吃不起像样的大餐。很多早期的创业公司没有实力发高薪，但你也要为自己发薪水。如果不发，不要觉得自己很伟大，其实这样做对公司、对你自己都很不利。在投资者看来，没有什么把钱投给那些“需要钱”的人风险更大的了。那些独立于公司财务系统之外的人被认为是不靠谱的。为了避免这样的风险，不要怕给自己发工资。投资人也理解你不能只靠方便面和煎饼生活。

10. 降低固定支出

在创业的早期，要尽最大的可能降低固定成本支出。在上海的繁华商业区租间大办公室可不是明智之举。虽然说你的营收会逐步增长，可以预支一些费用，但是要耐心一些。看看是否有价格低些、可以月付的办公室可租用。如果你所在的城市有孵化器，详细了解下。同时，可以考虑把你的家或公寓当办公室。在要签一个租金不菲、为期两年的租房合同前，要确保你不会被这些大额开支给压垮。

模块五　网络创业法律与法规

一、网络创业活动法律、法规概述

(一) 网络创业活动法的概念

广义的网络创业活动法所包括的范围比较宽广，涵盖了对所有以电子通信为手段来开展的商事行为进行规范的法律法规，其又可以分为两种规范，其中一种规范调整以网络创业活动为交易形式的商事行为，另一种规范调整以电子资讯为交易客体的商事行为。狭义的网络创业活动法是调整以电子通信为交易手段而形成的因交易形式所引起的商事关系的规范体系。

(二) 网络创业活动法的特征

作为规范网络创业活动的法律规范，网络创业活动法本质上是以商法为核心，以商人的行业惯例为其规范标准，具有传统商法所共有的某些特征。此外，网络创业活动法独特的调整对象，决定了网络创业活动法还具有以下特征：

1. 主体具有虚拟性

在互联网网络创业活动中，从交易谈判到合同订立，从合同履行到价款支付等环节，参与的当事人之间无须正式会面，只要通过网络联系即可完成交易各环节的操作。由此可见，网络创业活动法律主体已经相对虚化，甚至已虚拟成网络上的数据电文信息或符号。

2. 法律规范具有任意性和开放性

网络创业活动是全新的商务形态，许多制度还处于探索阶段，因此，调整网络创业活动时，就不应当用僵硬化的规范将正处于发展中的网络创业活动禁锢。同时，由于网络创业活动法主要以电子交易法为中心，而交易对象的选择、交易形式的确定、交易内容的构成和交易责任的承担从意思自治原则来看，也应允许交易主体自由决定。就此看来，授权性的网络创业活动规范恰好能满足这一要求。

3. 内容具有程式性

网络创业活动涉及合同、税收、知识产权、交易安全、消费者权益、管辖制度方面的法律问题，在传统的法律体系中，这些制度不仅早已建立，而且权利、义务的内容也相当完善。网络创业活动法产生后，主要是对传统法律难以调整、规范的问题进行补充性规定，而不需要完全抛弃原有的法律制度另行创制一套新的法律体系。由此可见，网络创业活动法具有程式性。

(三) 网络创业活动法律关系

网络创业活动法律关系，是指在网络创业活动中形成的、由相关法律法规进行调整的以权利和义务为主要内容的社会关系。讨论网络创业活动法律关系，就不得不讨论其构成要素。所有的民事法律关系都是由主体、客体和内容三要素构成，网络创业活动法律关系也不例外。

1. 主体

网络创业活动法律关系的主体是指参加网络创业活动法律关系，享受权利和承担义务的具有民事主体资格的人。即网络创业活动法律关系的参与者，权利的享有者和义务的承担者。

2. 客体

网络创业活动法律关系的客体，是指网络创业活动活动法律关系中主体的权利和义务所指向的对象。客体是确立权利义务的性质和内容的客观依据，客体的确立和转移是经济法律关系形成和实现的客观标准。网络创业活动法律关系客体主要包括以下几类：

(1) 有形商品和无形商品。网络创业活动法律关系的客体是与网络创业活动有直接联系的物，包括有形商品和无形商品，即传统商务中的商品与服务，通过网络实现交易。它们具有传统民商法中物的特点。

(2) 在线商务行为。在线商务行为包括通过互联网的上传、下载行为，网络广告，网络拍卖，网络招、投标，网络信息服务等。

(3) 智力产品和无形财产。智力产品和无形财产是网络商家在长期的经营过程中不断积累而形成的无形资产，如商誉、商标权、专利权、著作权、商业秘密与专有技术等。

3. 内容

网络创业活动法律关系的内容，即该关系中主体享有的权利和承担的义务。由于当事人在具体的网络创业活动中选择的交易关系不同，其上所体现的法律关系也是多种多样的，因此，网络创业活动法律关系的内容，以及所享有的权利和所承担的义务，也是非常丰富的。

二、网络创业所涉及的法律问题

(一) 网络创业实体法律问题

1. 电子合同的订立问题

(1) 关于收到和证实问题。“收到”这一概念，在贸易过程中具有相当重要的法律意义。电子合同的随时发生性以及各国法律制度的分歧加上受到通信手段的限制，对于合同是否成立以及何时成立，存在着许多不确定因素，因此，确有商讨的必要。

(2) 关于要约与承诺问题。各国合同法都规定，合同的成立需要经过要约与承诺两个阶段，而且要约与承诺应能反映当事人的真实意图。而电子合同的决策过程属于计算机自动化操作，无须计算机所有人直接控制。

(3) 关于合同成立的时间和地点问题。一项承诺在其发出时生效，还是在其送达对方时生效，各国合同法对承诺生效有不同的规则，导致合同成立的时间和地点也有所不同。对电子合同来说，因为电子讯息可以在任何不同地点发出，如发送人的营业地、拥有计算机的任何地点，甚至经由手提式计算机在旅途中发出电文，从而使得适用何种承诺规则有着很重要的意义。

2. 电子合同的形式问题

(1) 关于书面问题。许多国家法律要求以书面形式的交易单证作为证明交易有效或作为交易的根据，否则该交易不具备法律效力。而采用网络创业活动进行国际贸易活动时，贸易伙伴之间进行电子交易，交易的主要条款是通过计算机屏幕加以显示的，不存在任何等同意义的书面形式。唯一可以作为当事人双方存在合同证据的，只有在计算机内储存的电子信息。至于电子数据能否视为书面形式，并取得与书面文件等同的效力，是各国及国际上推广应用网络创业活动所必须解决的一大障碍。

(2) 关于签字问题。许多国家规定，交易的单证必须有“签字”或书面认证予以确认才有效。传统的签字是指由签署者在文件上手写签字。通过网络创业活动进行交易，很难满足法律对手写签名的要求，因为人们无法利用电子数据传递亲笔签名。因此，签字问题不仅是网络创业活动技术上的一大难题，也是进行网络创业活动所面临的一个重要法律问题。

(二) 网络创业活动第三方的法律地位

网络创业活动与传统商务的一个最大区别是“无纸”的信息传递，这就必须在网络创业活动当事人之间加入传递信息、提供信息技术设备服务、搭建网络创业活动平台的第三方。网络创业活动能否安全、可靠地进行，网络创业活动第三方有着举足轻重的作用，因此，探讨网络创业活动第三方的法律地位问题有着十分重要的意义。

(三) 网络创业活动第三方享有的权利

1. 获得报酬权

网络创业活动第三方与其客户之间，一般需签订服务协议，服务协议一般是以格式合同的形式出现。依合同约定，网络创业活动第三方为客户提供技术支持、信息传递等服务，理所当然地获取一定的报酬。网络创业活动第三方得到报酬的权利主要体现为各贞服务费用的收取，费用主要包括网络通信费、信箱使用费和存储费、消息处理费、资源利用费和投递费、数据交换费等。

2. 电子报文归属确认权

在 EDI 系统的运作环境中，所有的数据都是以电子报文的形式传输的。电子报文是按照一定标准进行格式化的信息，是结构化的数据。例如订单、发票、提货单、许可证等经济往来中的单证，按照标准，采用一定的规则转化成报文，并通过网络传送给接收方的贸易伙伴，接收方取回标准报文，经翻译器，转化成用户可识别的各种单证。按行业划分，电子报文可划分为管理报文、运输报文、海关报文、金融报文、保险报文等。

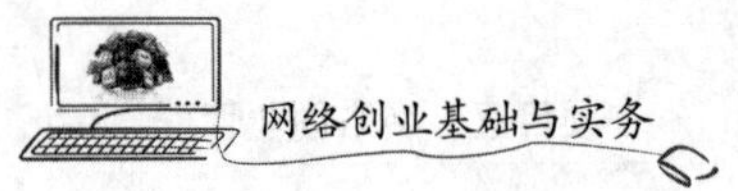

按应用划分，报文可划分为采购报文、库存报文、记账与付款报文等。在服务系统中，其客户是非常多的，既包括正常的交易客户，又包括海关、运输商、银行、保险等部门，所以网络服务中心的基本职能之一就是联结发送方与接收方，转发各客户之间的电子报文。网络服务中心根据电子报文的信息及其附属信息确定电子报文的归属。

3. 网络创业活动第三方的其他权利

除上述的两种主要权利外，可依据合同约定，网络创业活动第三方享有相应的其他权利，例如超过一定期限用户不缴纳服务费，网络创业第三方有中止对其提供服务的权利。

（四）网络创业活动第三方履行的义务

（1）提供性能良好、安全可靠的电子网络服务，负责本网络的安全保护管理工作，建立健全安全保护管理制度，落实安全保护技术措施，保障本网络的运行安全和信息安全。

（2）按照协议的约定准确、及时、无误地传递信息、实现支付，保证依约提供充分的防止数据在传递中受删除、篡改，或受黑客非法入侵的技术措施，保证对中转传递的电文不得做未经授权的改动，并保证不得将其内容透露给未经授权的任何人。

（3）保证对个人数据和个人隐私的尊重，除得到当事人同意并严格用于认证的制发和保存的目的外，不得为其他目的选用当事人的个人数据。

（4）网络信息服务供应商应当在其网站主页的显著位置标明其经营许可证编号或备案编号，向网络用户提供良好的服务，并保证所提供的信息内容合法，对委托发布信息的单位和个人进行登记，并对所提供信息内容的合法性进行审核。建立信息网络电子公告系统的用户，在登记和信息管理制度网络接入服务供应商时应当记录上网用户的时间、用户账号、互联网地址或者域名、主叫电话号码等信息。

（5）认证机构必须保证对用户身份认证的真实性与准确性，保证署名人持有与署名相关的数据，审查用户有效的身份证明和其他证明文件，做好用户登记，实行对用户经营资格及相关条件的年审制，监督用户从事合法经营活动，制止用户从事违法交易活动，保护交易者的合法权益。对用户在登记中隐瞒真实情况、弄虚作假以及利用电子证书从事非法经营活动，应当给予警告或报告国家管理部门予以处罚。

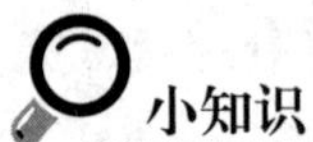

小知识

实用互联网法规——网络创业者不能忽略的法律知识

1. 《网络出版服务管理规定》
2. 《总局解读〈网络出版服务管理规定〉热点问题》
3. 《移动互联网应用程序信息服务管理规定》
4. 《互联网广告管理暂行办法》

5.《互联网广告管理暂行办法》

6.《互联网直播服务管理规定》

7.《关于加强网络视听节目直播服务管理有关问题的通知》

三．我国网络创业活动相关法律规范存在的问题

（一）网络创业活动立法存在的问题

1．立法所涵盖的范围过于狭窄

从立法涉及的范围来看，我国网络创业活动立法大多只涉及网络创业活动发展的一些边缘化的问题，除电子签名外，对于网络创业活动运行中最为核心的问题，如电子交易、电子合同、消费者权益保护等问题，基本没有涉及或者涉及过少，这样的立法状况根本无法满足我国网络创业活动发展的现实需要。

2．立法层次较低

当前我国网络创业活动立法属于法律层次的非常少，大多数的立法都属于立法层次较低的行政法规、部门规章等，这就使网络创业活动的法律规范效力不足，难以产生强有力的监管效果。此外，各政府部门立法往往从本部门的利益出发，部门之间缺乏统一的协调，部分问题获得多个部门的关注，出现重复立法，浪费立法资源；部分问题又无人关注，长期缺少法律规范，造成法律真空。这种立法现状显然无法适应快速发展的网络创业活动。

3．缺乏统一的网络创业活动立法

我国并未出台统一的网络创业活动基本法，当前的网络创业活动立法主要属于查漏补缺型的立法，即网络创业活动中某一个环节或者某一种行为需要由法规做出规范时，相关部门就出台法规予以规定。受技术创新的驱动，网络创业活动发展变化的速度远远超过其他领域，目前的这种立法模式始终滞后于网络创业活动的发展，无法起到法律所应有的指引和规范的作用。

4．我国网络创业活动立法缺乏可操作性

如原信息产业部发布的《互联网电子邮件服务管理办法》对于未经许可的电子邮件的规定，只是简单地写上“未经许可的电子邮件不得发出”，这样的规定太过原则，不具有可操作性。

（二）网络创业活动立法有关问题产生的原因

1．网络创业活动快速发展的特性使立法不易

网络创业活动产业作为全球最为活跃、发展最快、技术更新最快的产业之一，留下很多有待逐一解决的难题及法律上的疑惑和尴尬。立法者在很多情况下是左右为难，因为当一部新法或原有法律中的新规定经过漫长的立法周期终于出台的时候，人们可能会发现这些规定已经过时了，因为它所立足的产业环境已经有了较大的变化。

2．立法缺少统一协调与规划

目前我国网络创业活动立法以部门规章和地方法规为主，存在着政出多门、多头管

理的现象，部门间的规章缺乏应有的协调，地方间的法规也缺少必要的配合，使企业无所适从。造成这种局面的主要原因是网络创业活动立法上缺乏统一的协调与规划。

3. 立法的指导思想产生偏差

目前我国网络创业活动立法主要还是从有利于政府管理和加强网络管制的角度进行规定，现有法规所规定的大部分内容，是规定通信企业、商业企业、网站及用户在网络创业活动中应当做什么或不应当做什么，如果违反规定要承担什么行政或刑事责任。

4. 惯有的漠视消费者权益

对个体权益的长期漠视，导致保护消费者权益相关立法长期缺位。网络创业活动发达国家如美国、澳大利亚、新加坡、韩国，在网络创业活动立法中都把消费者利益放在首位，优先制定保护消费者的立法。而我国的政策却是保障企业的利益为先，这就导致关乎消费者权益的网络创业活动立法长期缺位。毫无疑问，这种消费者权益长期得不到保障的局面，将严重影响消费者从事网络创业活动的信心，并对我国网络创业活动的发展产生不利影响。

小知识

创业中的法律问题应注意：

1. 如何选择合适的合作伙伴？
2. 如何约定章程？
3. 如何签订投资协议？
4. 如何约定干股？
5. 如何约定股权转让？
6. 如何约定利润分配？

小　结

本项目主要介绍了网络创业管理的相关内容，包括网络创业团队文化建设、网络客户服务管理、网络创业法律法规、网络创业物流管理和财务管理五个方面，还包含了相关的案例、小知识等。作为网络创业者，要正确理解网络创业团队文化建设的重要性，能正确运用网络创业客户服务管理，遵守相关法律和法规，认识互联网背景下新型物流模式内容以及相关的财务管理，从而在宏观和微观上对网络创业管理有深层次的认识。

简答题

1. 简述网络创业团队文化的具体建设思路与措施。
2. 简述在网络创业活动中如何进行客户服务管理。

3. 简述网络创业活动中的法律关系。
4. 简述网络创业环境下的物流管理的内容与目标。
5. 简述网络创业活动中企业应对财务风险时应采取的措施。

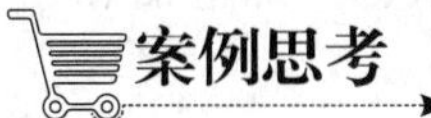

案例思考

万通六君子：江湖方式进入，以商人方式退出

1991年，6个有激情、有理想的青年共同创办了万通，他们是：冯仑、王启富、王功权、易小迪、刘军和潘石屹。1995年，万通已颇具规模，六兄弟却因理念不同而产生重大分歧，最终各奔东西。在当时，中国商业环境还远未成熟，处于“蛮荒时代”，很多企业都因创始人不和而导致企业四分五裂甚至销声匿迹。而万通六兄弟却是以理性的态度来面对分手，用现代企业合伙人的退出规则取代了江湖恩怨。之后，六兄弟也都各自成为成功的企业家。有人评价：以江湖的方式进入，使得万通生存下来，而以商人的方式退出，才使得万通这家公司能够成功发展至今。

“江湖聚义”

1991年9月13日，海南农业高技术联合开发投资公司（简称“农高投”）在海南成立，创始人为冯仑、王功权、刘军、王启富、易代昌（易小迪）和李宏（黎源）。为创办公司，六个人一共凑了三万多元钱，这些钱大都用在注册公司等前期工作上，拿到执照后只剩几百元钱，是一个典型的“皮包公司”。公司成立几个月后，易小迪找来了潘石屹，日后被称为“万通六君子”的冯仑、王功权、刘军、王启富、易小迪和潘石屹正式聚集在了一起。

和海南大部分淘金者不同，这几个创始人都是青年知识分子，因为拥有共同的理想和信念而逐渐走到一起。冯仑是西北大学经济系本科毕业，又在中央党校读了硕士，先后任职于中央党校、中宣部和国家体改委，1989年“下海”，在牟其中的南德公司干了两年。王功权毕业于吉林大学管理系，被分配到省委宣传部，利用照顾老婆生孩子的机会跑到海南。刘军毕业于北京理工大学，分配在成都一个国企，听说海南有机会，没给单位打招呼就离开了。王启富先后在哈尔滨工业大学和中国政法大学取得两个学士学位。在冯仑去南德后，王功权、刘军和王启富也相继进入南德。易小迪是北京师范大学地理系毕业生，是中国人民大学区域经济专业研究生，1988年，曾和冯仑在海南改革发展研究所共过事。海南改革发展研究所解散后，易小迪办了一个印刷厂，在1991年，成为其他几人回到海南的落脚点。

在创业之初，冯仑等人就提出“以天下为己任，以企业为本位，创造财富，完善自我”的原则和理想。1992年，以冯仑为首写了一篇文章，名为《披荆斩棘，共赴未来》，将自己描写为立志实业报国的青年知识分子，特别指明做企业不是为了赚钱，而是为当代中国知识青年探寻报国道路，并探寻如何有效地重整资源。文章相继被《海南开发报》和《中国青年报》转载，引起了很大反响。

从海南到北京

1992年，公司通过运作海口“九都别墅”项目，赚得了“第一桶金”。此后，冯仑等人拿着这笔钱去操作“莲怡庐”等项目，不断在海口、三亚炒房炒地。公司经济条件宽裕后，很多老员工都拥有了“四个一”，即一套房子、一万块钱存款、一部电话和一部摩托车。

1993年1月18日，“农高投”增资扩股，改制为有限责任公司形式的企业集团，即万通集团，主要股东除冯仑、王功权、刘军、王启富、易代昌（易小迪）外，还有后来加入的潘石屹以及中国华诚财务公司、海南省证券公司等法人股东，集团由代表创业者权益的公司法人耐基特（NGT）投资控股有限公司控股（占65%）。

1993年6月，由万通集团投资并以定向募集方式发起组建了北京万通实业股份有限公司（简称“万通实业”），公司实收资本金为8亿元人民币，成为北京最早成立的以民营资本为主体的大型股份制企业。

1993年，房地产市场面临宏观调控，北京华远房地产公司有意将阜成门“新世界广场”项目转出来，万通接下了这个项目。当时，香港利达行的主席邓智仁来到北京，要求代理销售。潘石屹觉得自己开发和销售的经验还远远不足，便毅然决定接受邓智仁的请求。

邓智仁将香港比较成熟的市场营销手段带到了万通，通过大手笔的策划和包装，万通新世界广场迅速引起了轰动和追捧，卖到了当时市价的三倍。更不可思议的是，项目12月下旬才动工，销售在11月初已经完成了百分之七八十，正式销售五天内就已经收回5亿港元资金。

万通新世界广场的成功，让大众和业界开始关注万通集团，同时，也奠定了两个地产大佬冯仑和潘石屹的“江湖地位”。

扩张的“快感”和失意

中国新兴民营企业完成原始积累后，往往会选择快速扩张，进行盲目的多元化发展，万通也不例外。1994年3月，为进行快速扩张，万通将总部迁到上海。当年10月，万通购买了上市公司东北华联16%的法人股，成为第一大股东。这是中国民营企业成功收购国企上市公司的首个案例，让万通名声大震，但事后证明，东北华联只是一颗苦涩的果实。

东北华联于1993年8月上市，是吉林省首家上市公司，由于盲目投资追求规模，公司业绩不佳。万通入主后，进行全线调整，关停了一批亏损企业，甚至从台湾地区请专业人才进行管理。然而，万通自身尚存在主业不突出、战略不清晰的特点，既无法为上市公司注入优质的资产项目，又缺乏运作上市公司的经验。此外，万通派到上市公司的高层和原有管理层一直很难融合。各种因素导致东北华联经营状况每况愈下，1996年和1997年累计亏损达到2.5亿元。面临东北华联的ST危机，万通准备退出，1998年1月，将股权转让给长春高斯达生化药业集团股份有限公司。据冯仑披露，东北华联一案让万通损失了4 000万元。

1995年，万通已涉及地产、金融、商业、通信、信息咨询、服装等多个领域。1996

年，万通的总资产达到了 60 亿元的规模，但负债就有 40 多亿元。

因为扩张，万通在财务上遭受了巨大危机，同时，公司在内部组织上也发生了巨变：曾经共创辉煌的万通六兄弟分手了，这让万通遭遇了自成立以来的最大危机。

以江湖方式进入，以商人方式退出

1993 年年初，第一次界定合伙人利益关系的时候，万通采取了“梁山泊模式”——“座有序，利无别”。冯仑提出，按照历史过程来看，缺了谁都不行，每个人的作用都是百分之百。因此，大家虽然职务不一样，但股权是均分的。由于股权是平均分配，所以说话的权利也一样，万通成立了常务董事会，重大决策都是六个人（冯仑、王功权、刘军、王启富、易小迪、潘石屹）一起确定。

1995 年之前，六兄弟配合得很好，也协调得很好。当时 6 个人以海南为中心，分散在广西、广东附近等省份，经常见面。从 1995 年开始，万通的摊子铺向各地，6 个人分开了，由于当时沟通不便，造成信息不对称。再加上 6 个人性格不同、地域和管理企业的情况不同，相互之间越来越不容易协调，很多事情无论怎么努力，也无法达成共识。

虽然资源和结构发生了变化，但 6 个人仍然保持个人收益上的平均主义。当时他们确定了 3 条土规则：第一，不许有第二经济来源；第二，不转移资产，不办外国身份；第三，凡是在公司生意上拿到的灰色收入统统交回公司，6 个人共同控制这笔钱。

在经济上 6 个人都没有计较，但大家对生意的看法和理解出现了分歧。首先是资源分配的问题，同样做房地产，有的人说深圳好，有的人说西安好，有的人说北京好，但资源是有限的。开常务董事会时，大家会互相认为对方的项目不好，由于实行的是一票否决制，大家很难达成统一。

另外，6 个人对公司的发展战略也产生了分歧。有的人主张进行多元化，有的人认为应该做好核心业务；有的人不愿意做金融，有的人不愿意做商业。有的项目在某几个人强力主导下，做的顺利还好，一旦不顺利就会导致怨言。

就在 6 个人都很痛苦、都很矛盾的时候，三个契机让事情有了转变。一是 1995 年，王功权去了美国管理分公司，在美国吸收了很多商务、财务安排的方法以及产权划分的理论。二是 1992 年，张维迎把《披荆斩棘，共赴未来》这篇文章带到了英国，张欣看到这篇文章后很兴奋，决定回国，张维迎就把张欣介绍给了冯仑。通过冯仑，张欣又认识了潘石屹，两人开始谈恋爱。张欣对问题的看法完全是西式的，认为不行分开就可以了——她把西方商业社会成熟的合伙人之间处理纠纷的商业规则带给了万通。

王功权和潘石屹都接受了西方的思想，开始劝说冯仑。冯仑开始不同意，但后来去了一趟美国，见到了著名经济学家周其仁。两人聊得很投机，冯仑讲了困扰自己已久的问题，周其仁讲了“退出机制”和“出价原则”，给冯仑很大启发。

回国后，冯仑提出“以江湖方式进入，以商人方式退出”，具体的做法是：走的人把股份卖给没走的人，没走的人股份平均增加，把手中的某些资产支付给走的人。1995 年 3 月，六兄弟进行了第一次分手，王启富、潘石屹和易小迪选择离开。1998 年，刘军选择离开，2003 年，王功权选择离开，至此，万通完成了从 6 个人到 1 个人（冯仑）的转变。

分手后，万通六君子都实现了各自的精彩。冯仑、潘石屹和易小迪成为地产大鳄，王功权成为知名的风险投资家，王启富和刘军也在其他领域开创了一番事业。在中国改革开放后的商业史上，万通六君子“以江湖方式进入，以商人方式退出”的事件成为一段佳话。

问题：如何评价万通六君子“以江湖方式进入，以商人方式退出”的事件？对新时代的网络创业者有什么启发？

资源推荐

1. 大学生创业网：http://www.studentboss.com

2. 中国法律网：http://www.5law.cn

3. 腾讯企业文化：https://www.tencent.com/zh-cn/culture.html

4. 宝洁公司财务管理报表分析：http://doc.mbalib.com/view/faa042d72a50058b4b9748f52623526e.html

参考文献

1. 陈光锋. 互联网思维：商业颠覆与重构［M］. 北京：机械工业出版社，2014.
2. 史达. 网上创业实务［M］. 大连：东北财经大学出版社，2011.
3. 夏徐迁，王维. 创业企业财务管理［M］. 北京：中国劳动社会保障出版社，2011.
4. 张莲. 大众创业当老板：新公司的财务管理［M］. 北京：中国铁道出版社，2016.
5. 李肖鸣，孙逸，宋柏红. 大学生创业基础［M］. 北京：清华大学出版社，2016.
6. 李毅学. 物流规划理论与案例分析［M］. 北京：中国物资出版社，2010.
7. 沈凤池. 网络创业［M］. 北京：高等教育出版社，2015.
8. 李伟，张世辉. 创新创业教程［M］. 北京：清华大学出版社，2015.
9. 罗春秋. 一看就懂的新公司财务管理全图解［M］. 北京：中国铁道出版社，2016.

图书在版编目（CIP）数据

网络创业基础与实务 / 张立平主编 .—北京：中国人民大学出版社，2019.2
职业教育电子商务专业实战型规划教材
ISBN 978-7-300-25957-4

Ⅰ. ①网… Ⅱ. ①张… Ⅲ. ①电子商务-职业教育-教材 Ⅳ. ①F713.36

中国版本图书馆 CIP 数据核字（2018）第 139670 号

浙江省绍兴市重点教材
普通高等职业教育“十三五”规划教材
职业教育电子商务专业实战型规划教材
网络创业基础与实务
主　编　张立平
副主编　吕新福　张仕军　姚雨婷
Wangluo Chuangye Jichu yu Shiwu

出版发行　中国人民大学出版社
社　　址　北京中关村大街 31 号　　**邮政编码**　100080
电　　话　010－62511242（总编室）　　010－62511770（质管部）
　　　　　010－82501766（邮购部）　　010－62514148（门市部）
　　　　　010－62515195（发行公司）　　010－62515275（盗版举报）
网　　址　http://www.crup.com.cn
　　　　　http://www.ttrnet.com(人大教研网)
经　　销　新华书店
印　　刷　北京七色印务有限公司
规　　格　185 mm×260 mm　16 开本　　**版　　次**　2019 年 2 月第 1 版
印　　张　11.5　　**印　　次**　2019 年 2 月第 1 次印刷
字　　数　250 000　　**定　　价**　28.00 元
